II. RECÜEIL DE

OUVELLES CONTREDANCES

nises en Chorégraphie,

une maniere si aisée que
utes personnes peuvent
acilem.t les aprendre sans
secours d'aucun maitre,
t même sans avoir eu au-
une connoissance de la
horégraphie.

PAR LE S.r DEZAIS

TRE, et Compositeur de Dance.

Prix 3.tt 10 s....

A PARIS.

hez l'Auteur Rüe de Bussi
ubourg S.t Germain a la Cour
ériale, pres la rüe des Mauvais Garçons.

vec Privilége du Roy. 1712.

Reliure serrée

LES Contredances sont certain
couplets de dance qui peuvent êt
toujours repetez, et qui sont exec
par tel nombre de personnes qu
s'en trouve dans une assemblée
CETTE sorte de dance à été inve
par les Anglois, et c'est deux qu'i
a passé chez toutes les autres n
de l'Europe, de sorte q. diverses pe
versees dans la dance en ont c
posé de nouvelles et ont travaill
sur le même goût.
MADAME la Dauphine, Victoire de Ba
en a amené l'usage en France, et l'in
tion particuliere que cet Auguste P
cesse parut avoir pour cette sorte
musement, en a fait naître une espe
de mode.
DEPUIS ce temps la, les Contredan
ont été un divertissement fort bi
receu dans les assemblées, et e
ont paru dautant plus agréables
les compagnies que par ce moyen o
unis ensemble un grand nombre
danseurs, et que l'on peut en même
satisfaire plusieurs personnes qui
de l'amour pour la dance.
IL NE manquoit a cet agréable am
ment, qui fait aujourd'hui l'hôneur

...citez, que de le representer aux ...ux, et de le faire connetre a la ...stérite. Feu Mr. Feüillet entreprit en ...6. de reduire les Contredances ...us les régles de sa Choregraphie. ... donné jusqu'a trente deux de ... dances, tant de celles qui avoient ...ru en Angleterre que de celles qui ...oient été composées par diverses ...rsonnes capables et habiles en cet ...t, en y ajoutant quelques unes qui ...ient de sa façon,

...MON égard j'ai rassemblé dans ... Recüeil tout ce que j'ai trouvé de ...illeur parmi les Contredances An: ...ises, j'y ay ioint celles de Messieurs ...sin et Charpentier Maîtres a dan... ... de Versailles, et pour rendre ...ouvrage complet j'ay composé la ...omphante, la Victoire, la Gentilly, ...a Cribelée.

...ELLES que j'ai eues de Mr. Voisin ...t la Follette et l'Alliance.

...ELLES de Monsr. Charpentier sont ... Badine, la Marechal et la Char: ...tier.

...ES autres me sont venuës d'Angle: ...re, en ont été composées par des ...rsonnes dont le nom m'est incon: ... s'ils iugent apropos de les récla... ... et se faire connoitre pour Au... ...s de ces piéces; Ie les prie d'être per...

persuadé de la Iustice que je s
toujours prés a leur rendre.

I'AUROIS r'appellé ici les reigl
la Choregraphie, mais comme
se trouvent expliquées a fond
le Recüeil des Contredances de
Feüillet. Ie suis persuadé que c
qui souhaiteront de s'instruire
cette matiere voudront bien y a
recours. Ils y trouveront une a
explication de ce qui regarde le
verses figures de la dance. les
rentes situations des piés, des
et des bras, et generalement p
toutes les sortes de pas qui sont
usage dans les Contredances.

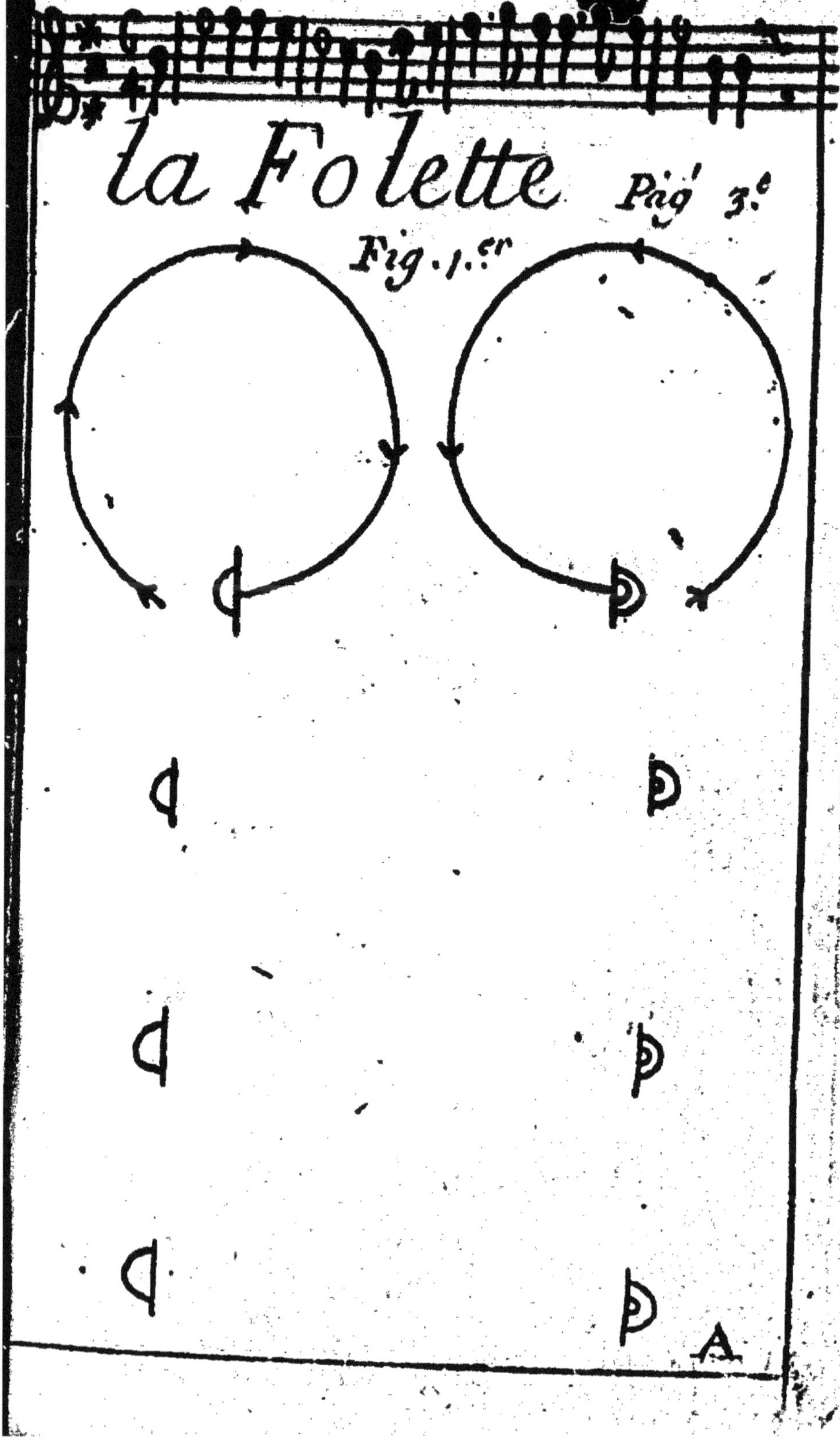

la Folette

Pag. 3.e

Fig. 1.er

A

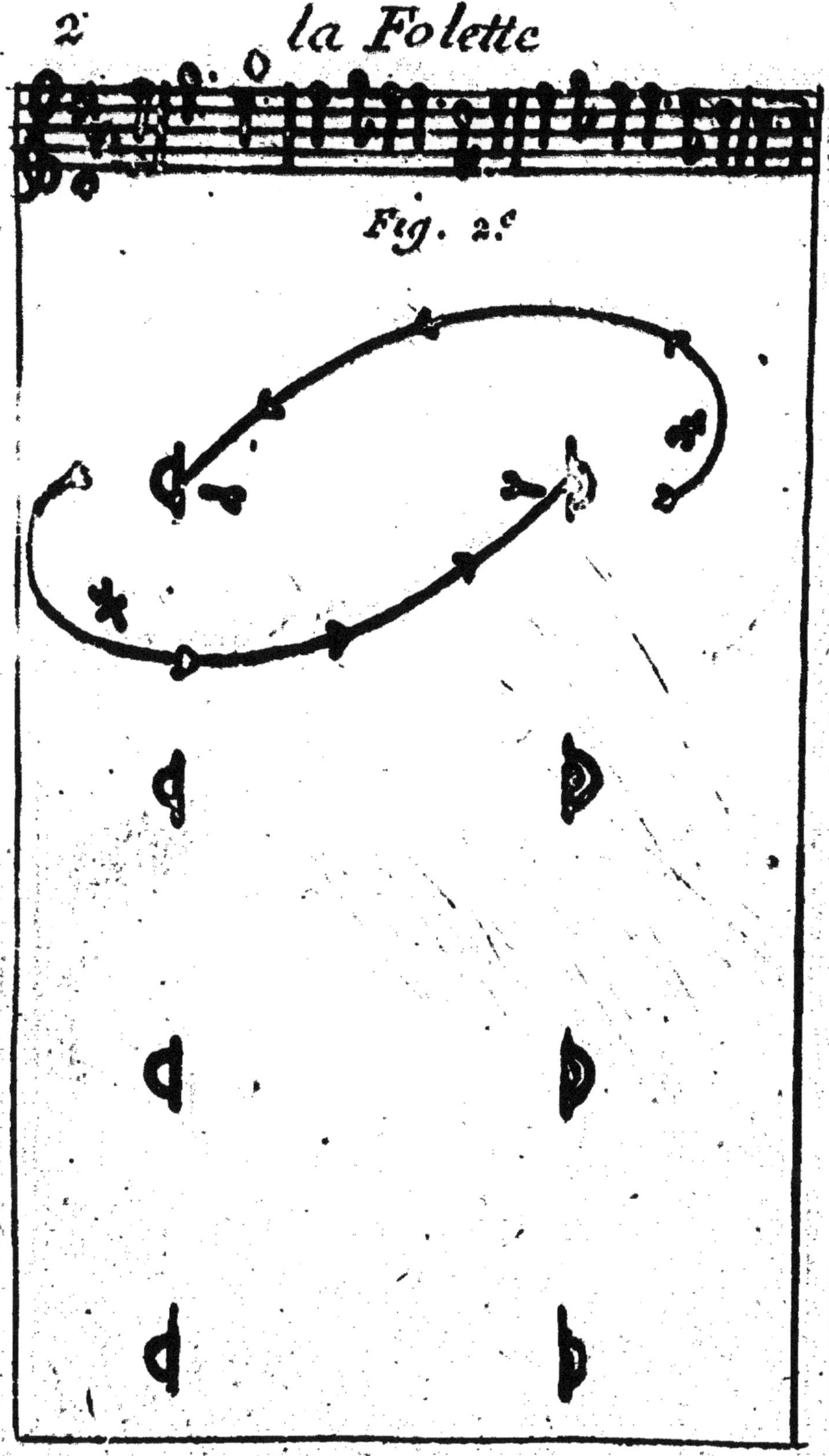
2
la Folette
Fig. 2.e

la Folette

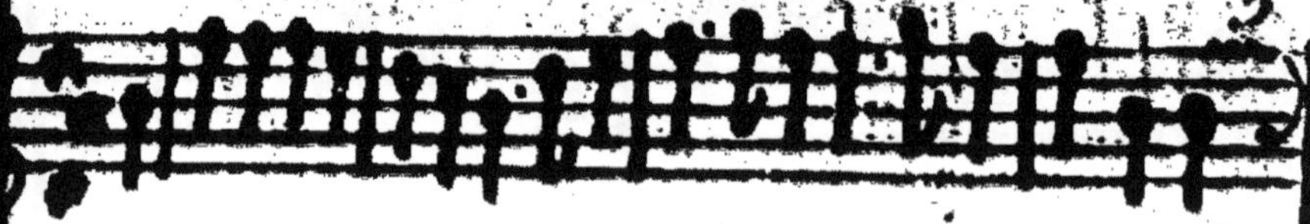

3

Fig. 3^e

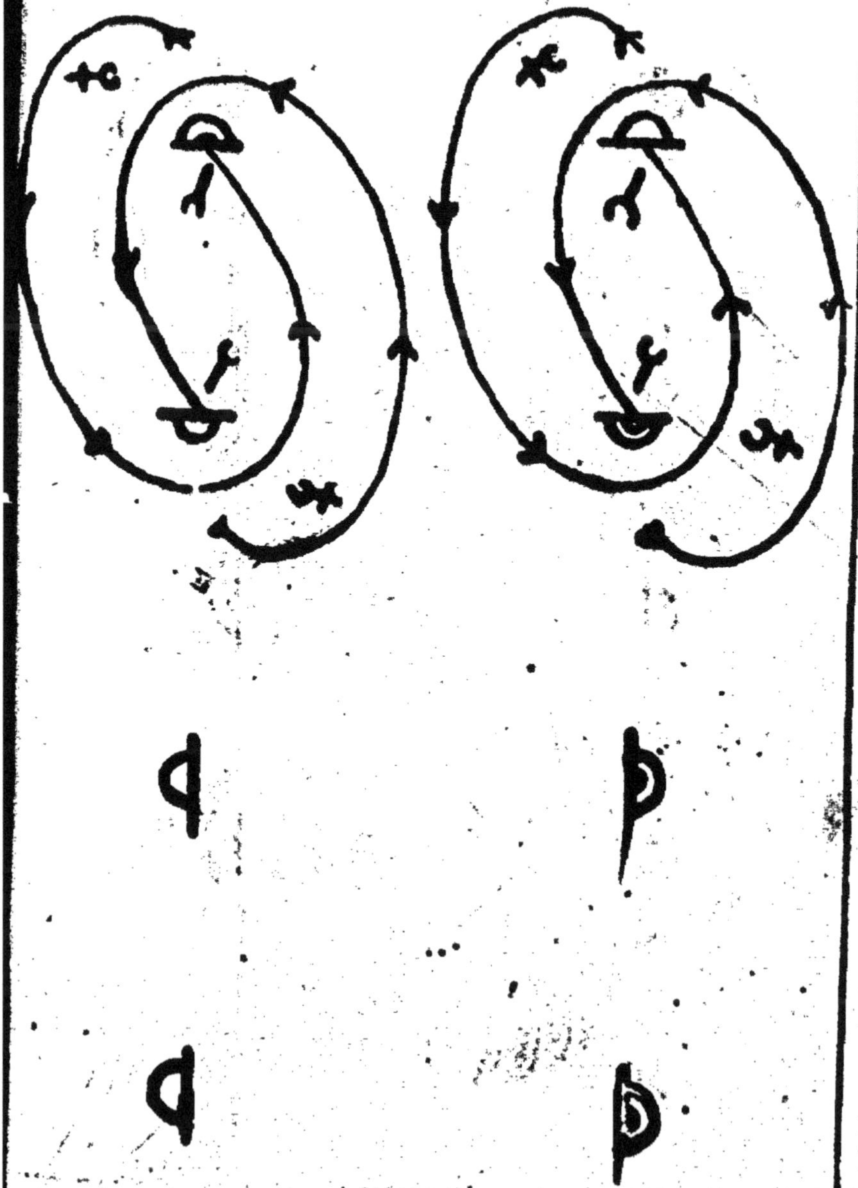

la Folette

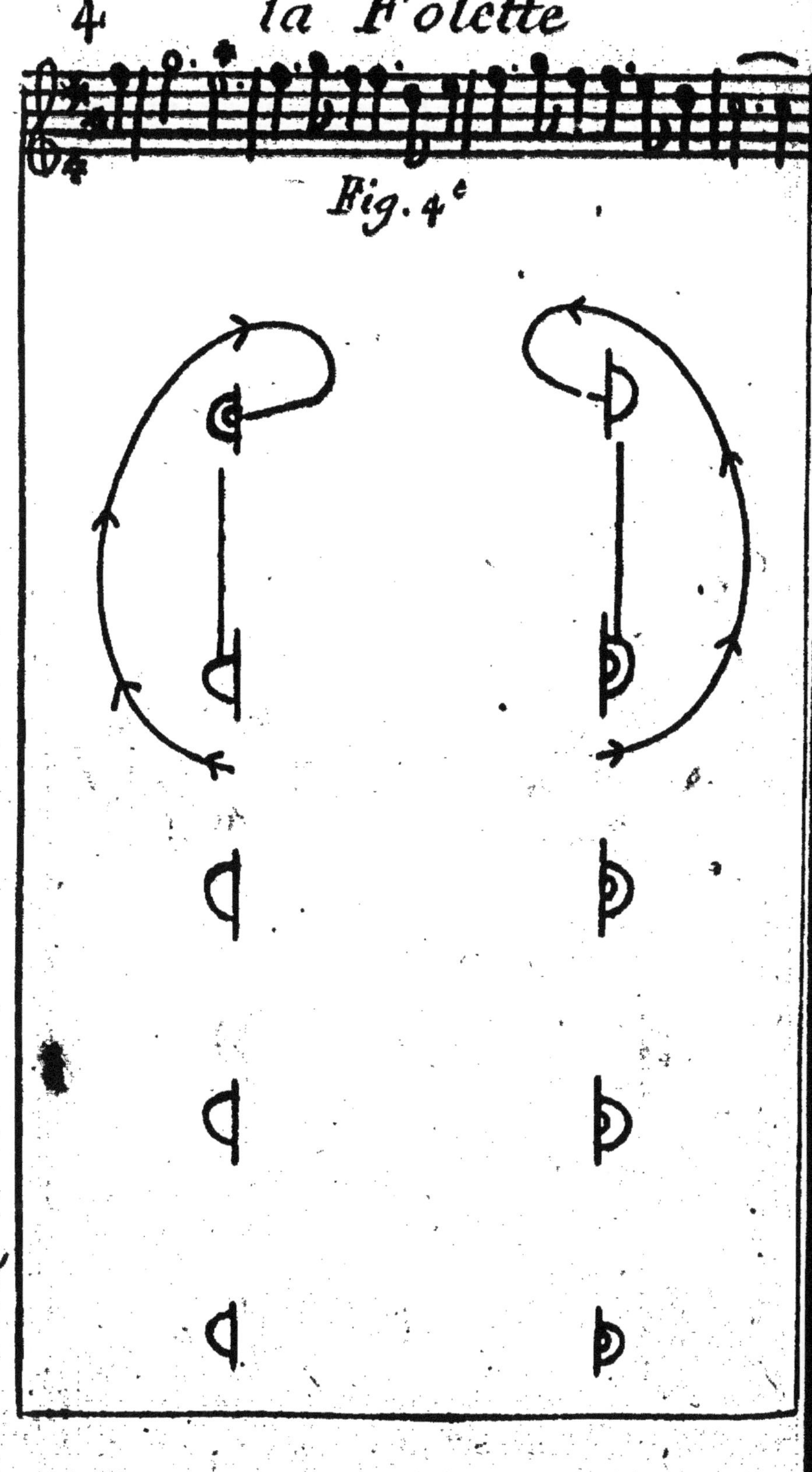

Fig. 4e

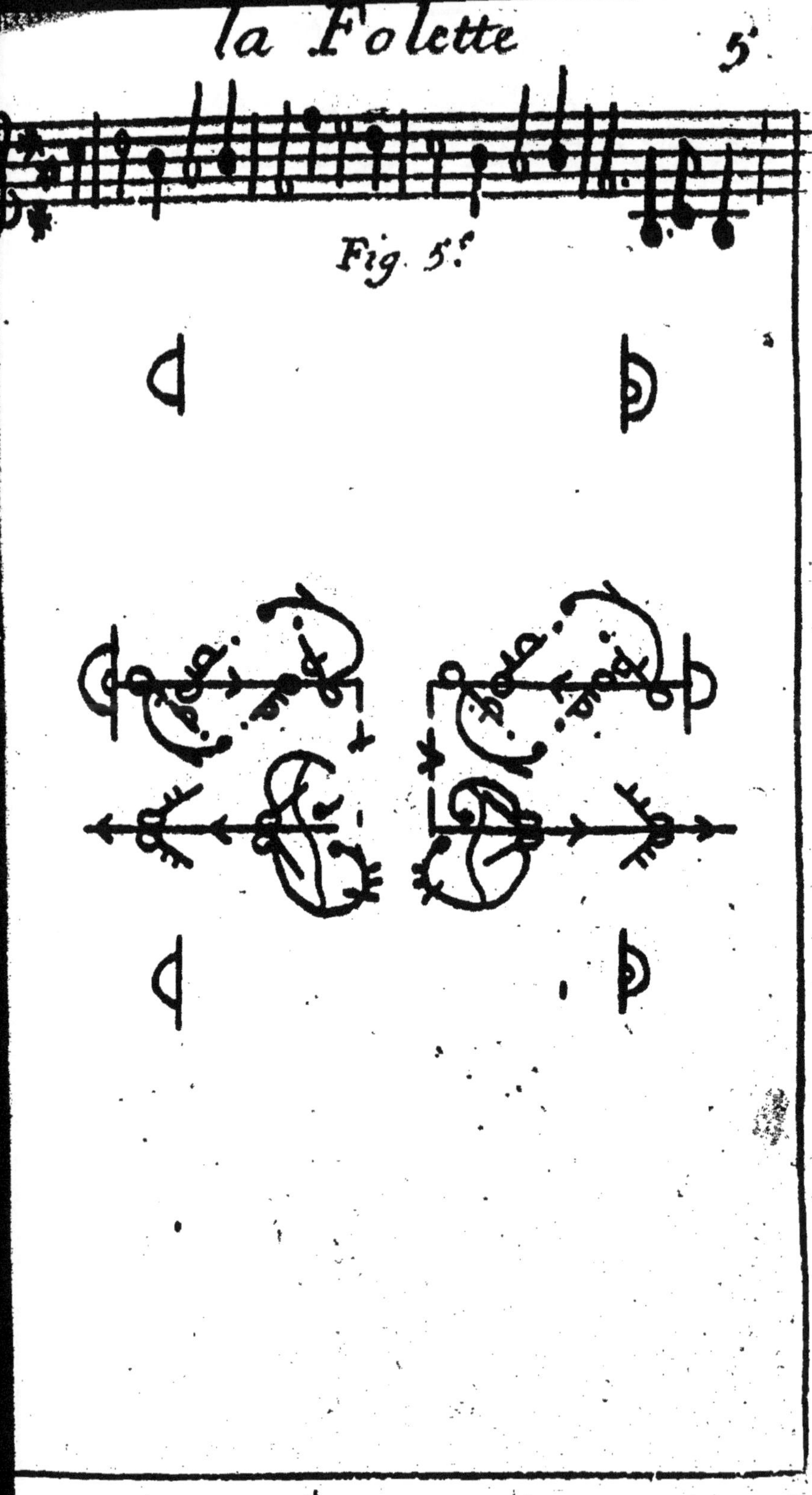

Fig. 5e

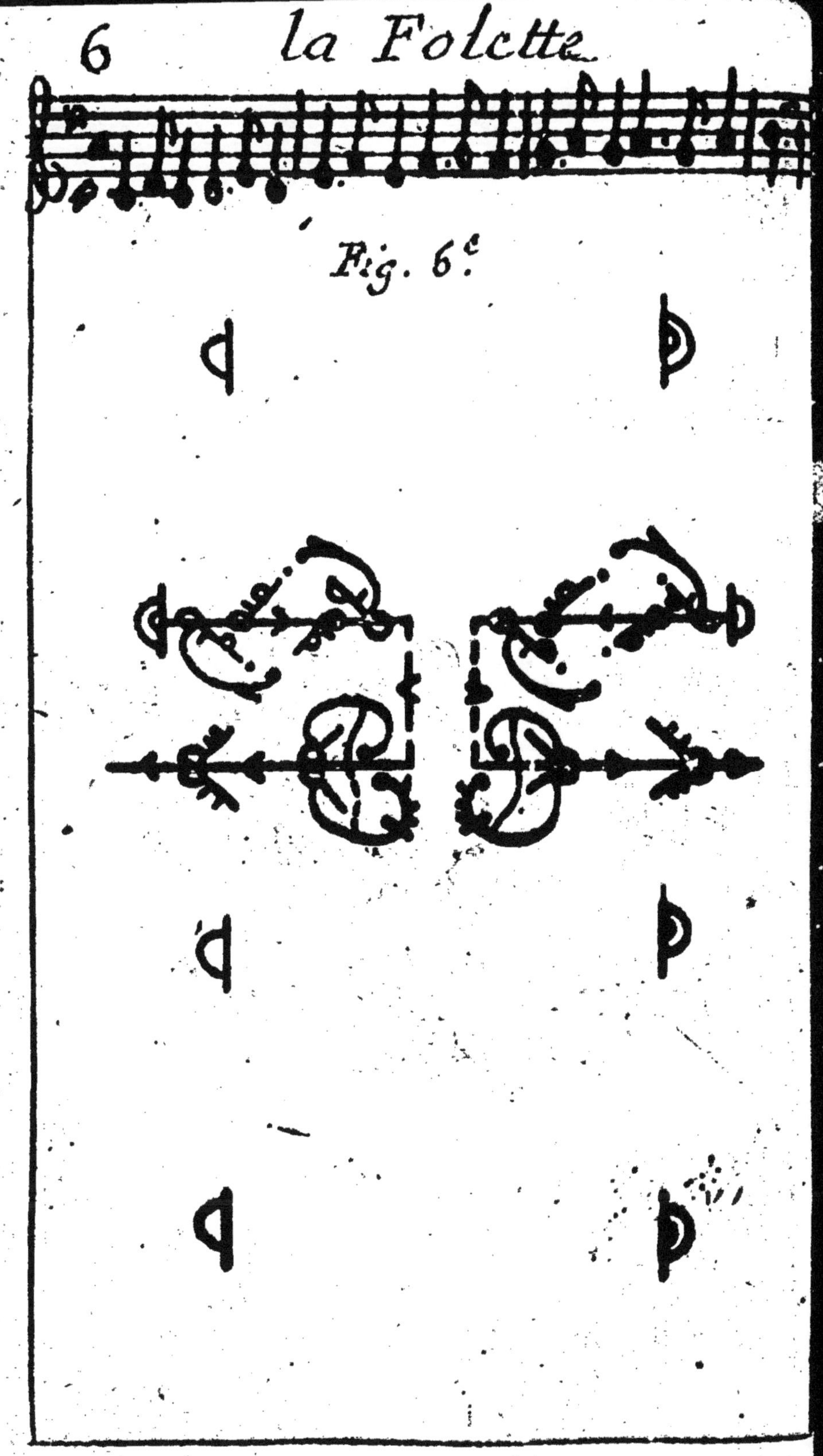
6
la Folette
Fig. 6e

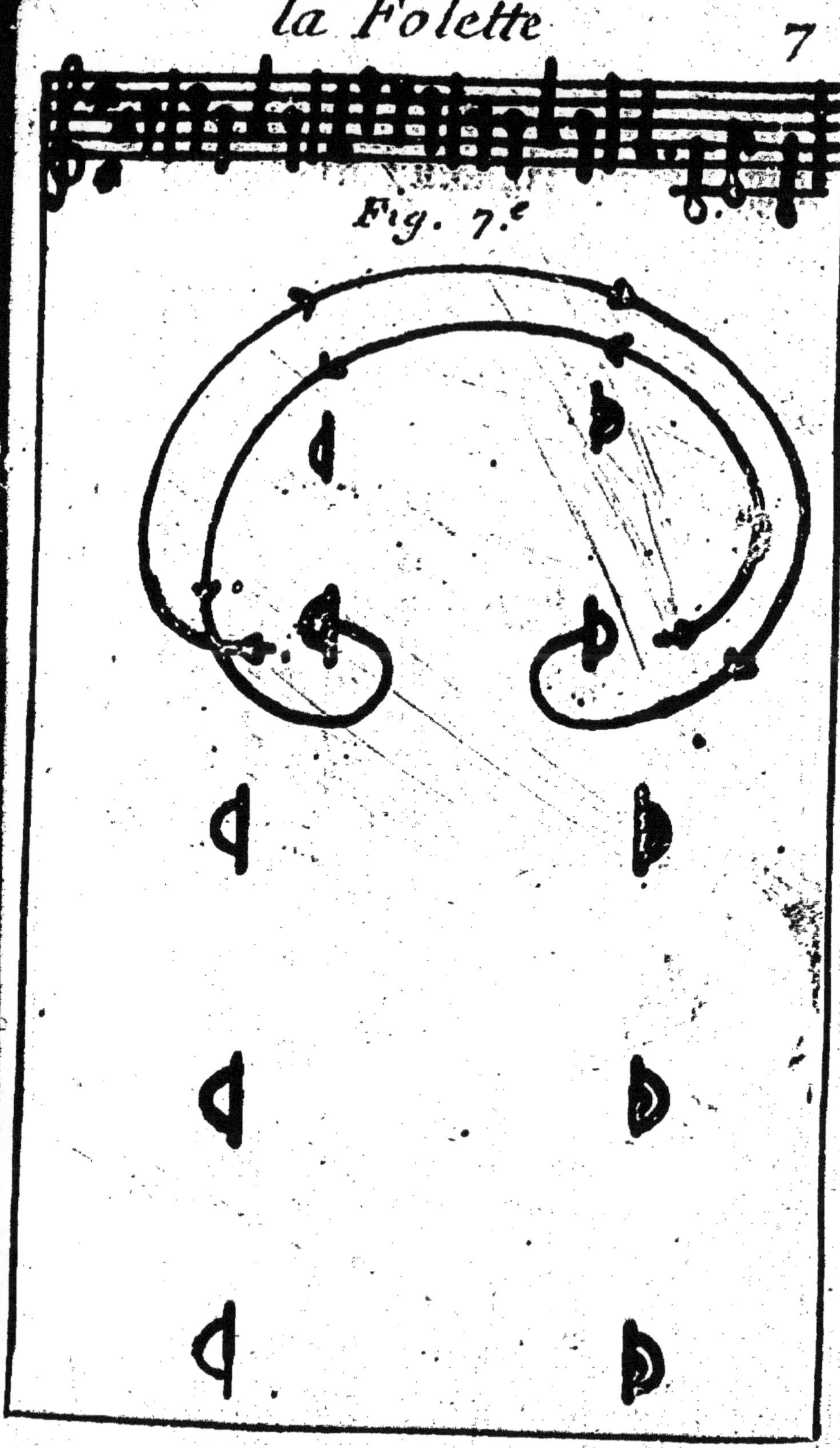
la Folette
Fig. 7.e

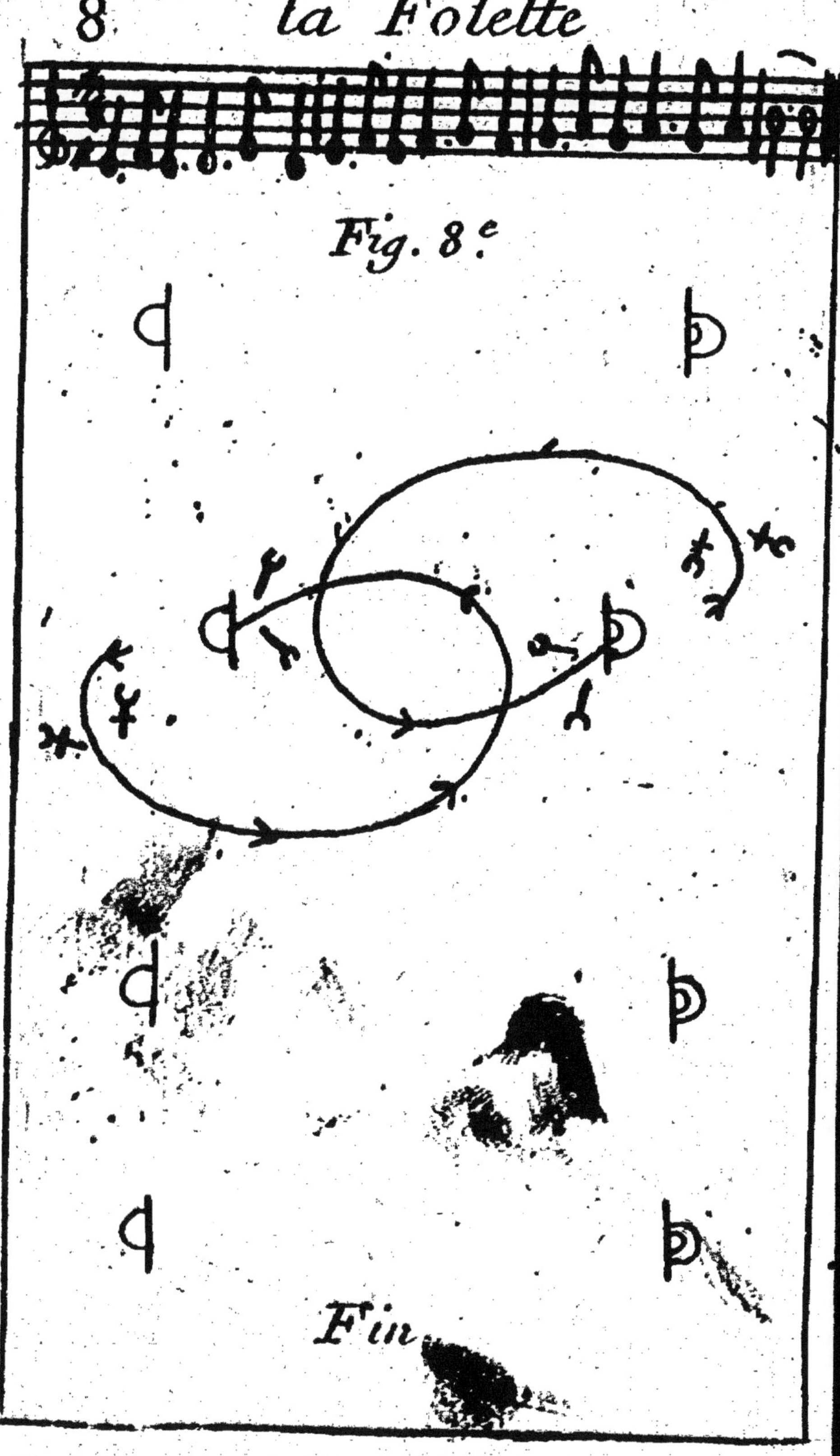
Fig. 8e
Fin

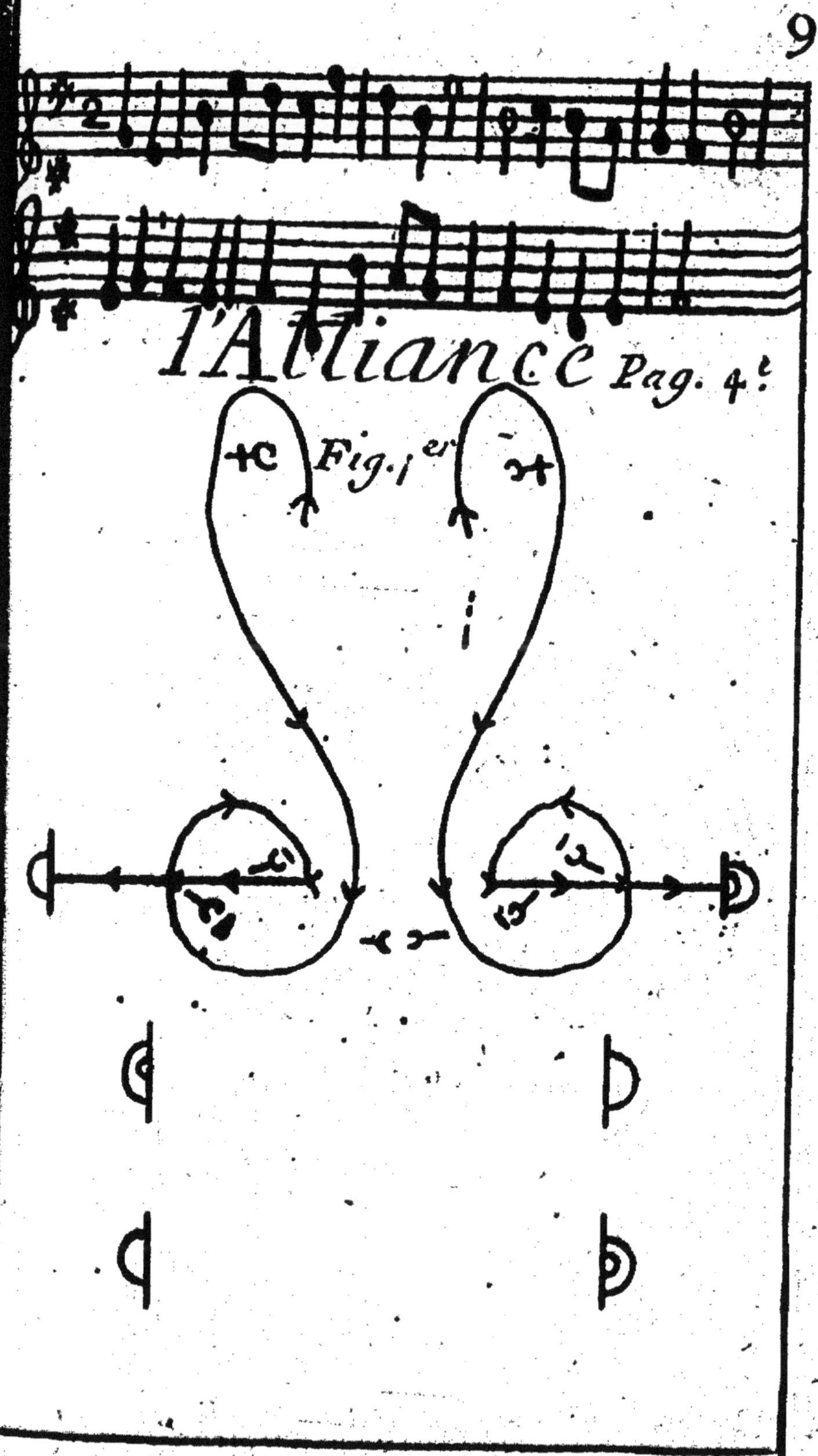
l'Alliance Pag. 4e
Fig. 1er

l'Alliance

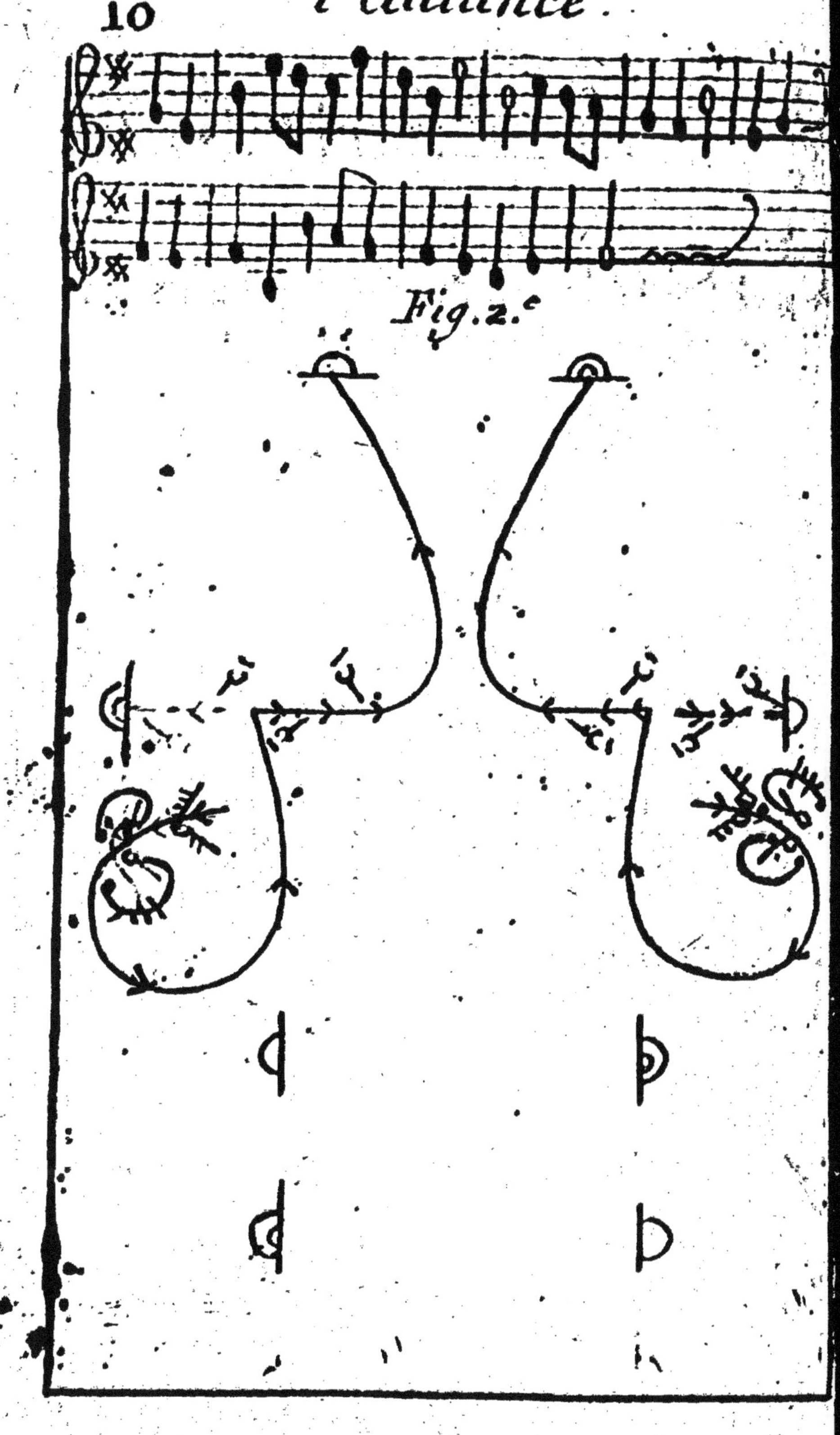

Fig. 2.e

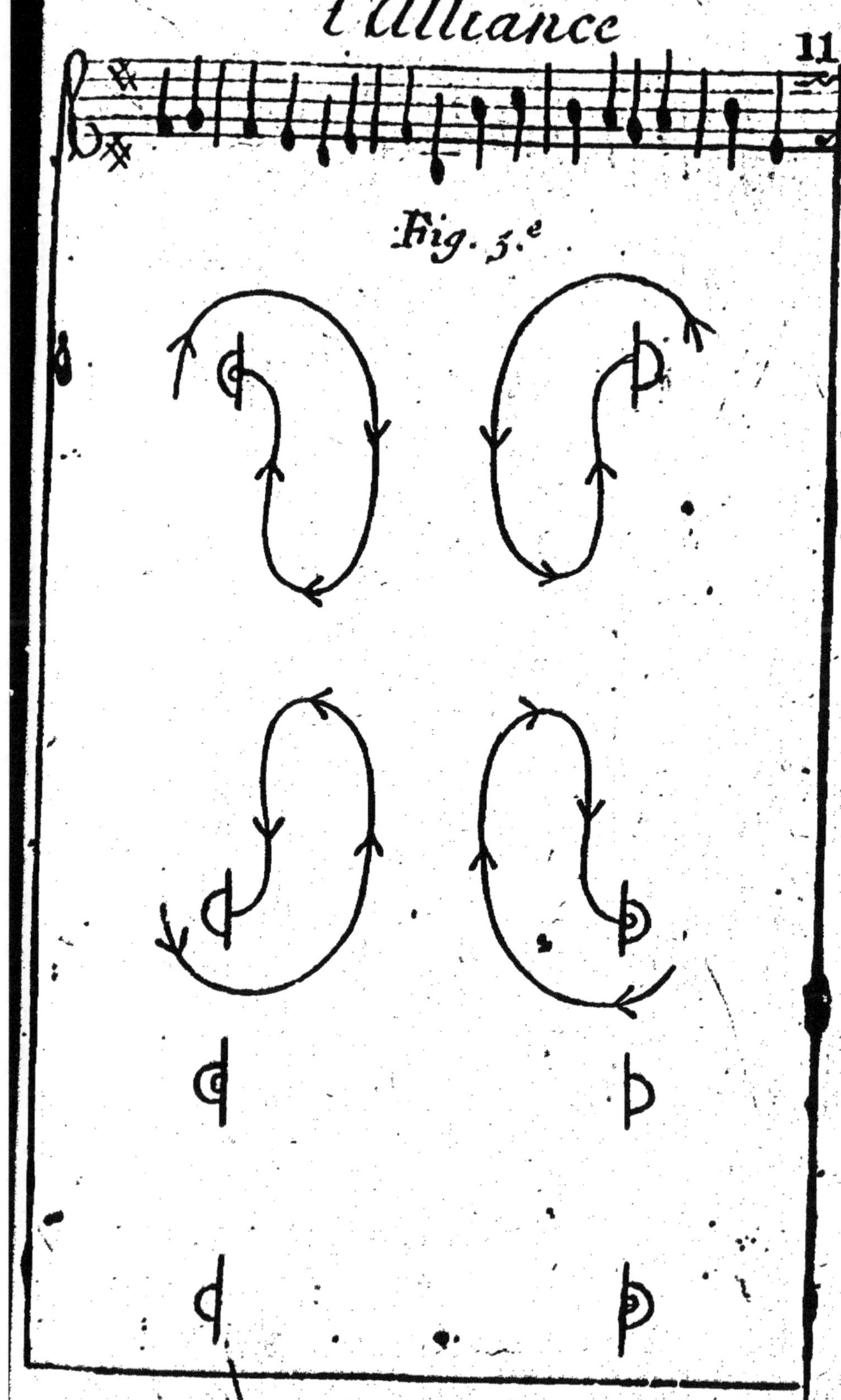
l'Alliance
Fig. 5.e

l'Alliance

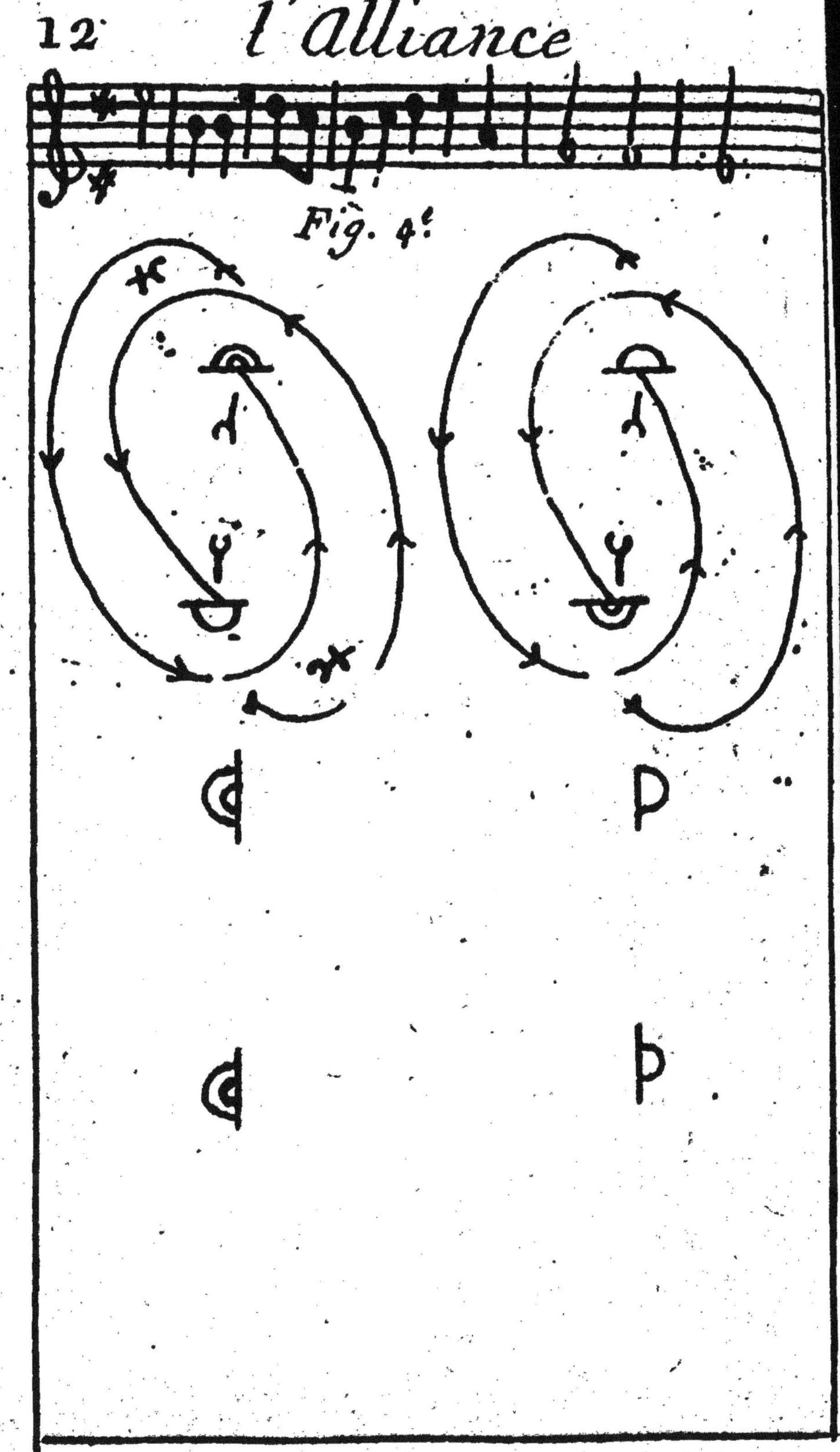

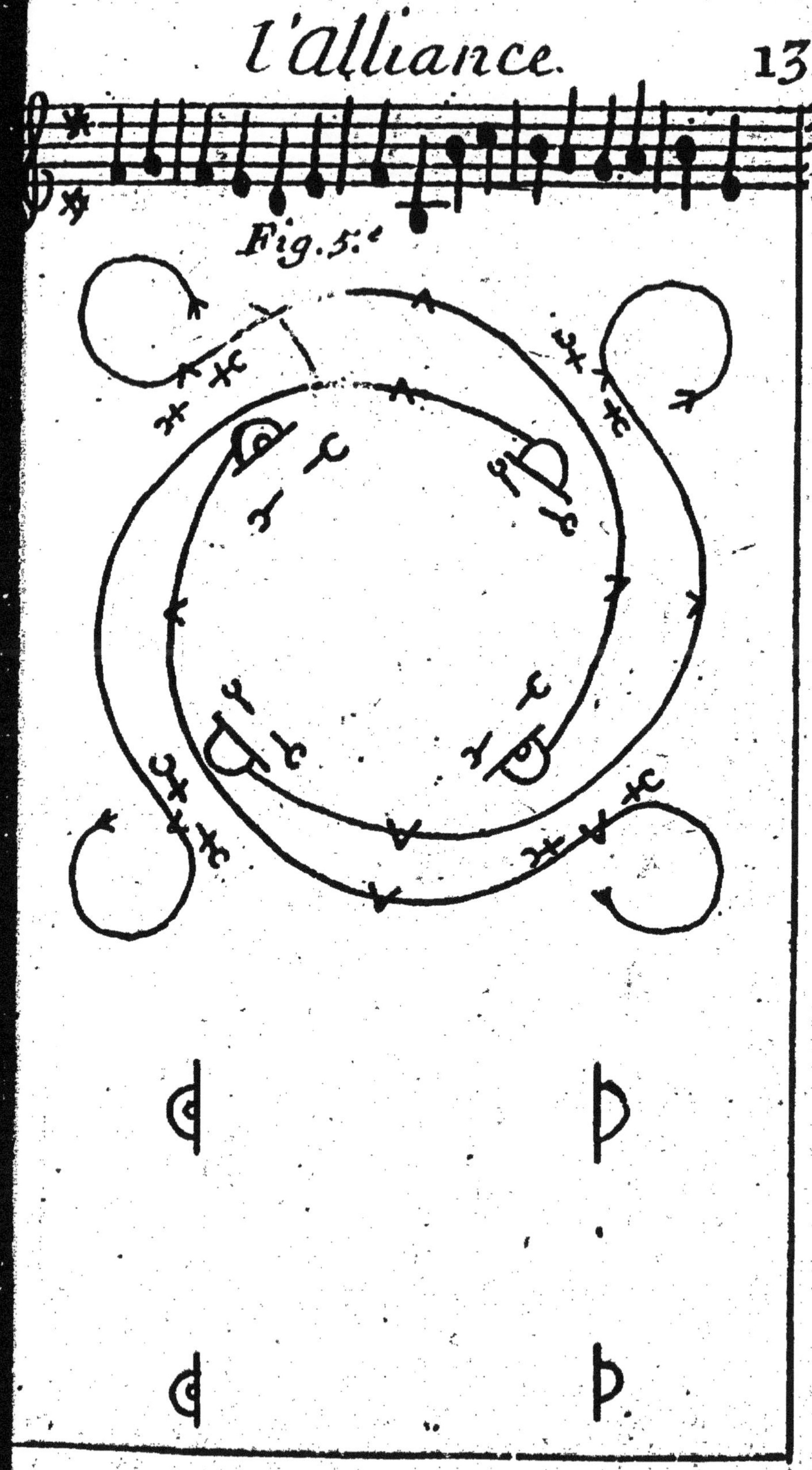
Fig. 5.e

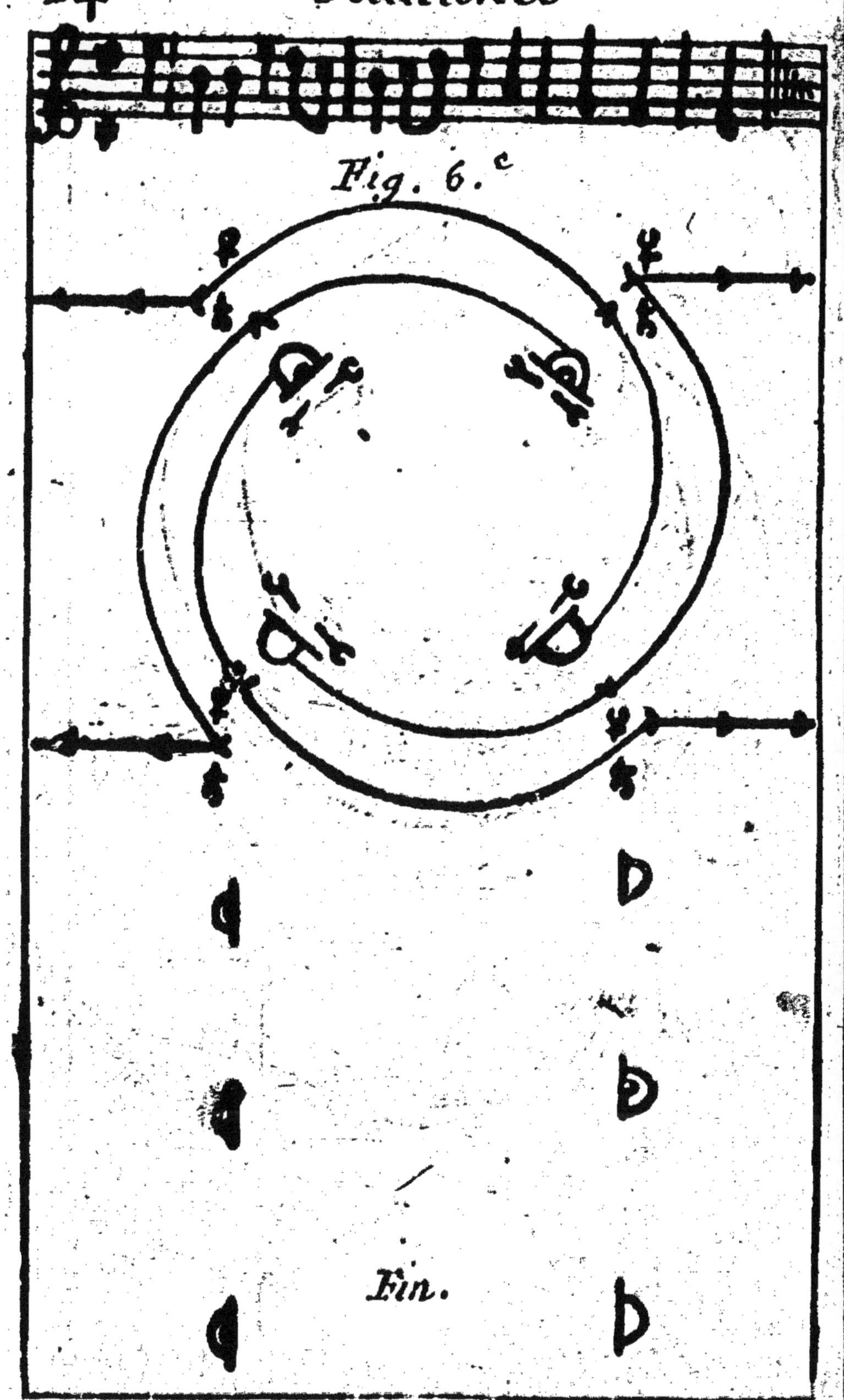

Fig. 6.e

Fin.

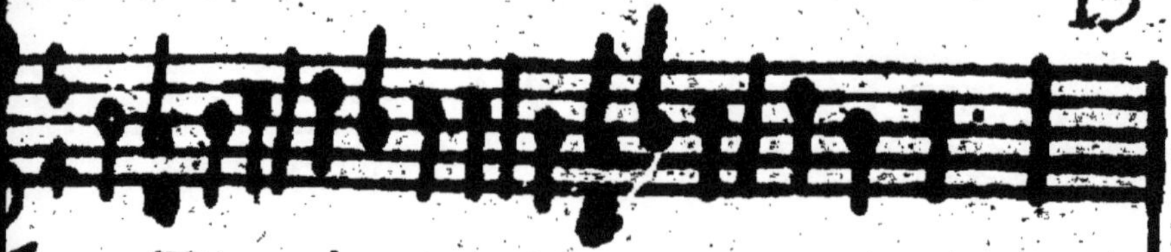

la Petitte Ieanneton

Fig. 1.re Pag. 5.e

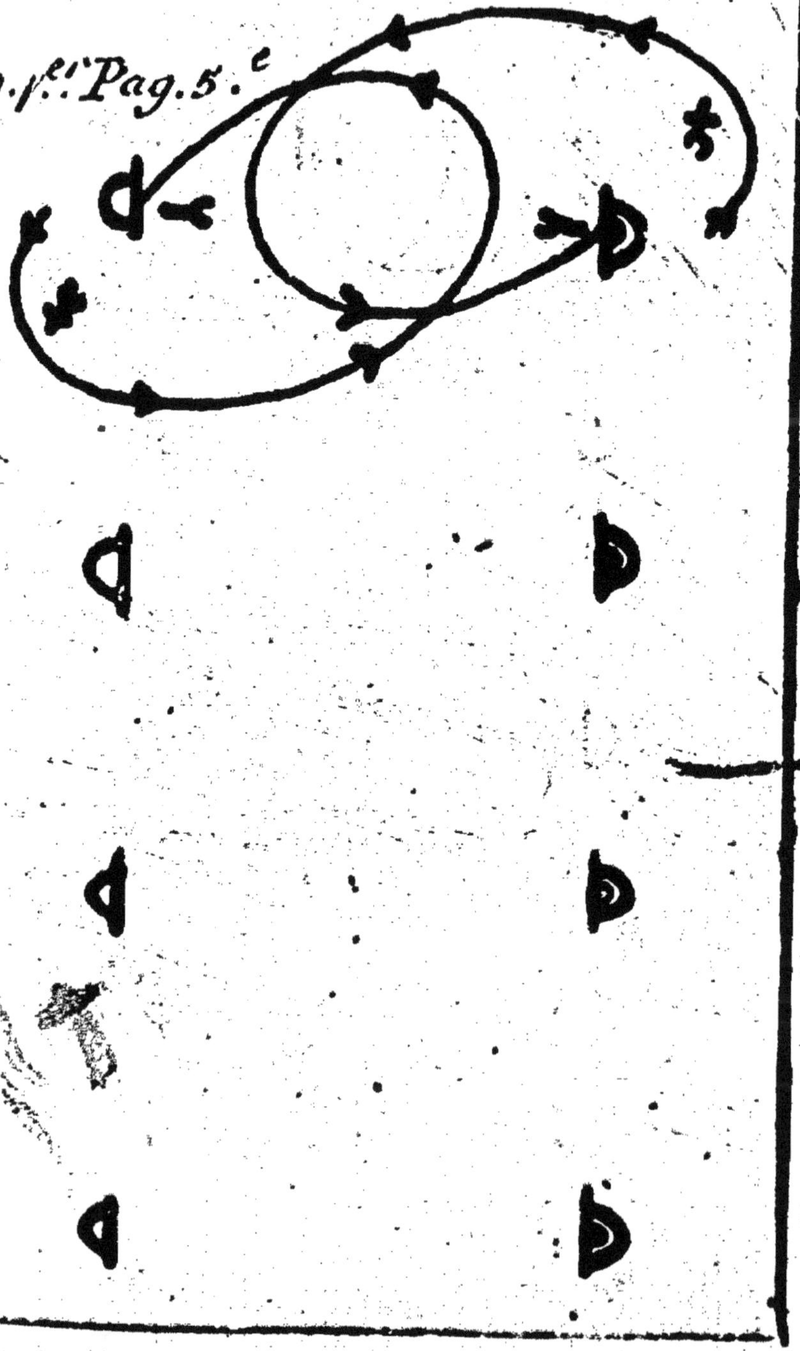

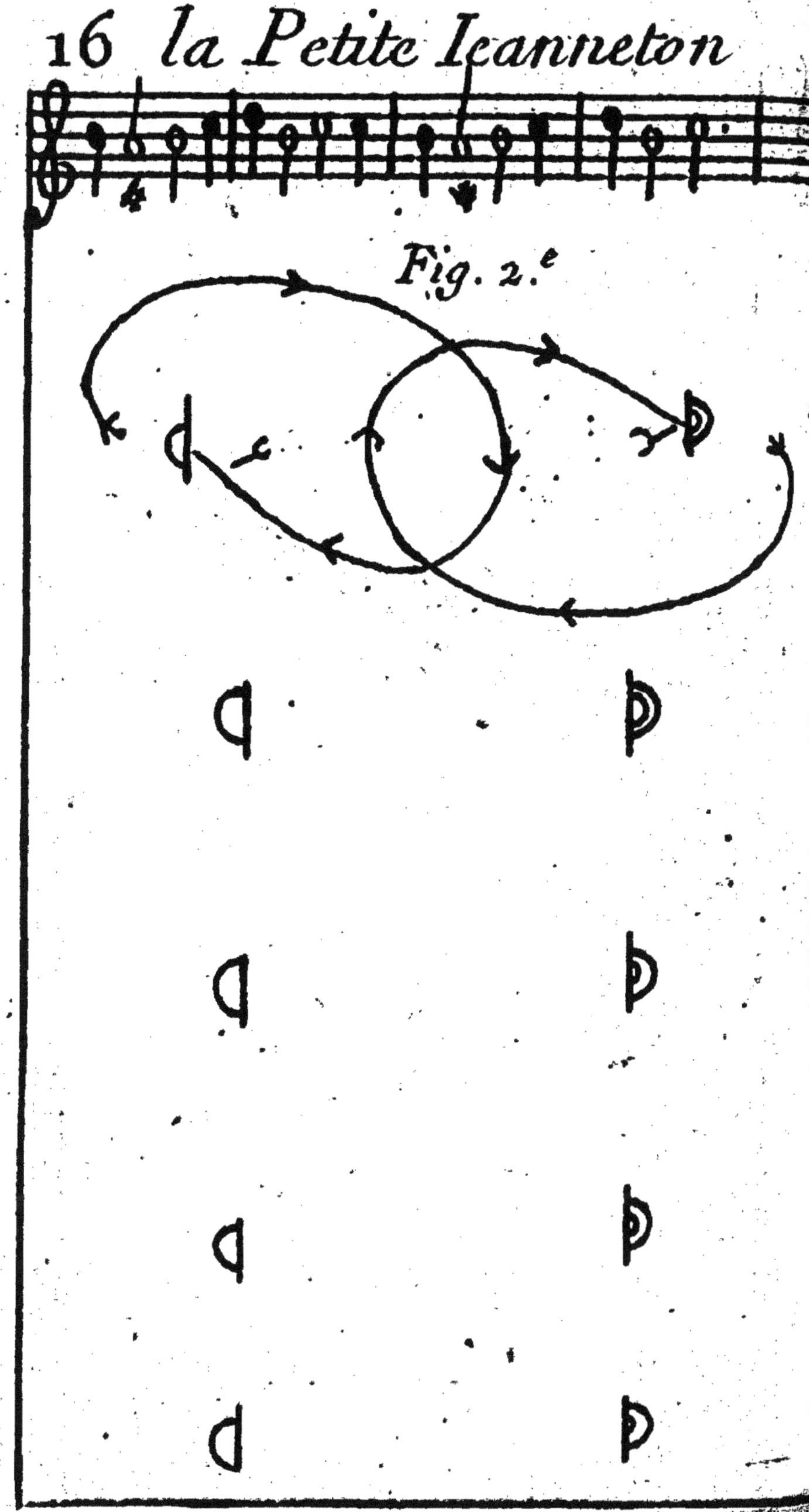
Fig. 2.e

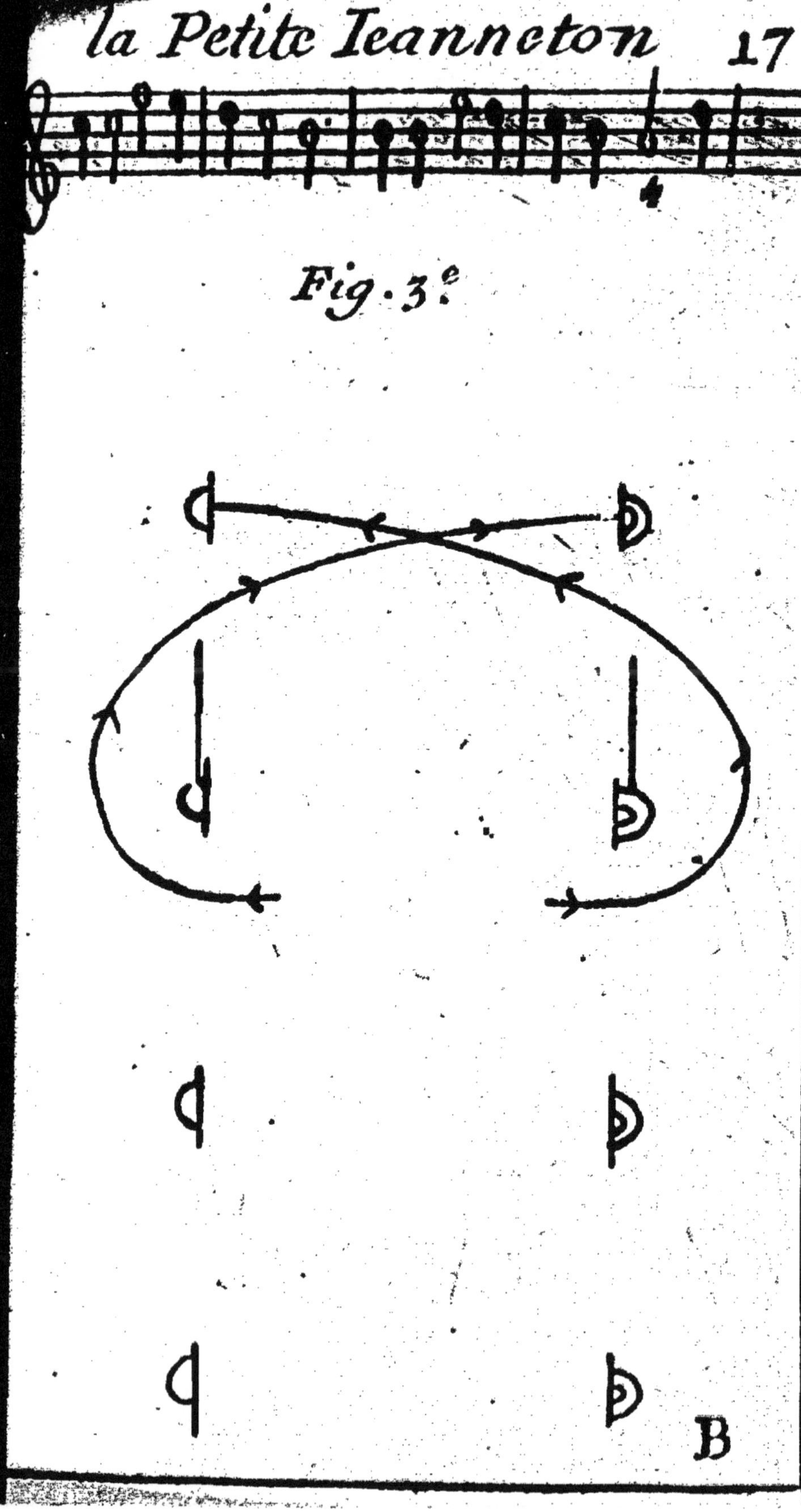

Fig. 3^e^

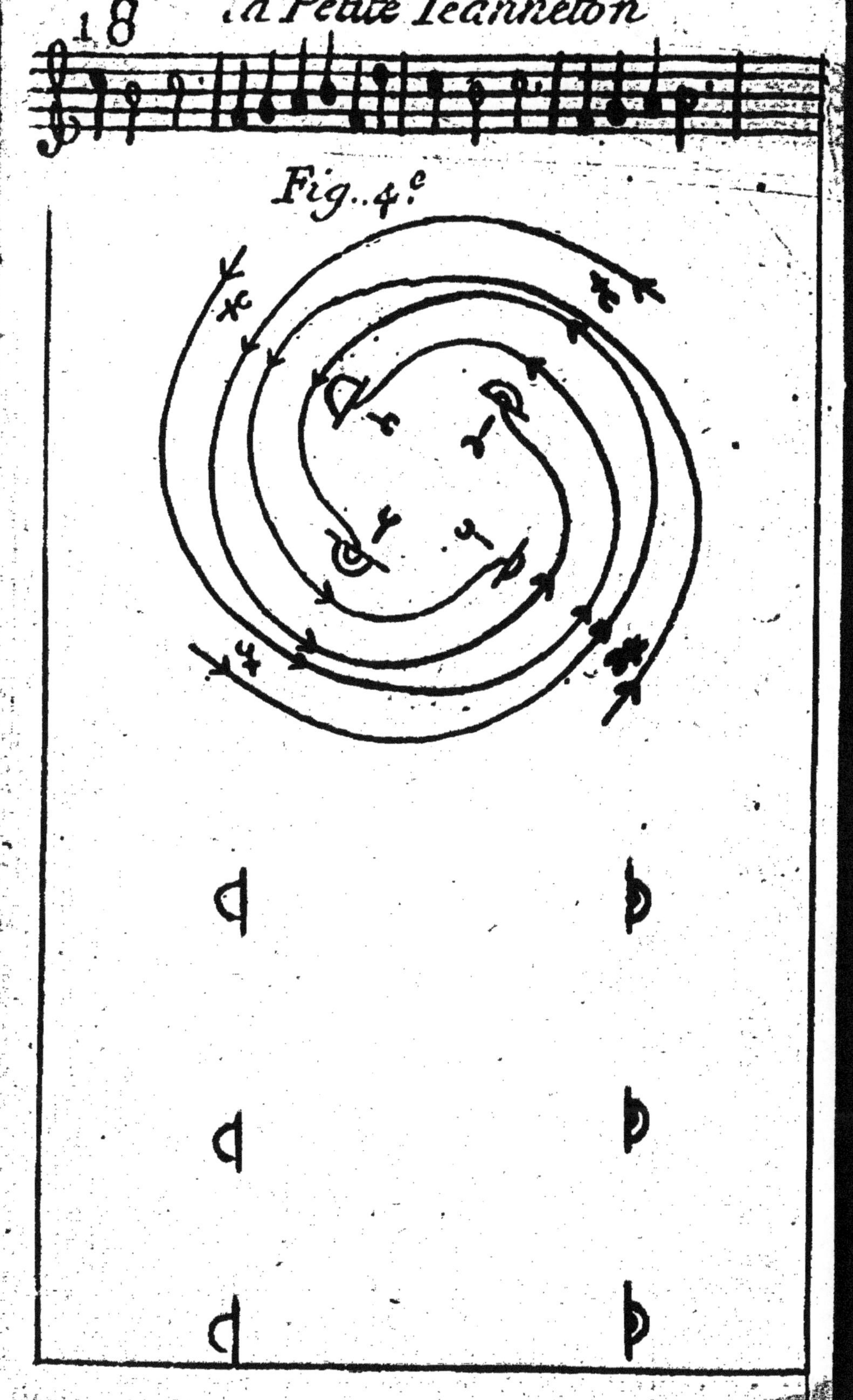
la Petite Ieanneton
Fig..4e

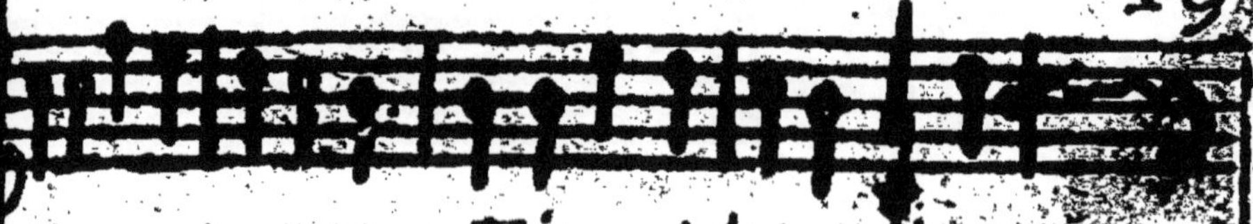

Fig. 5.e

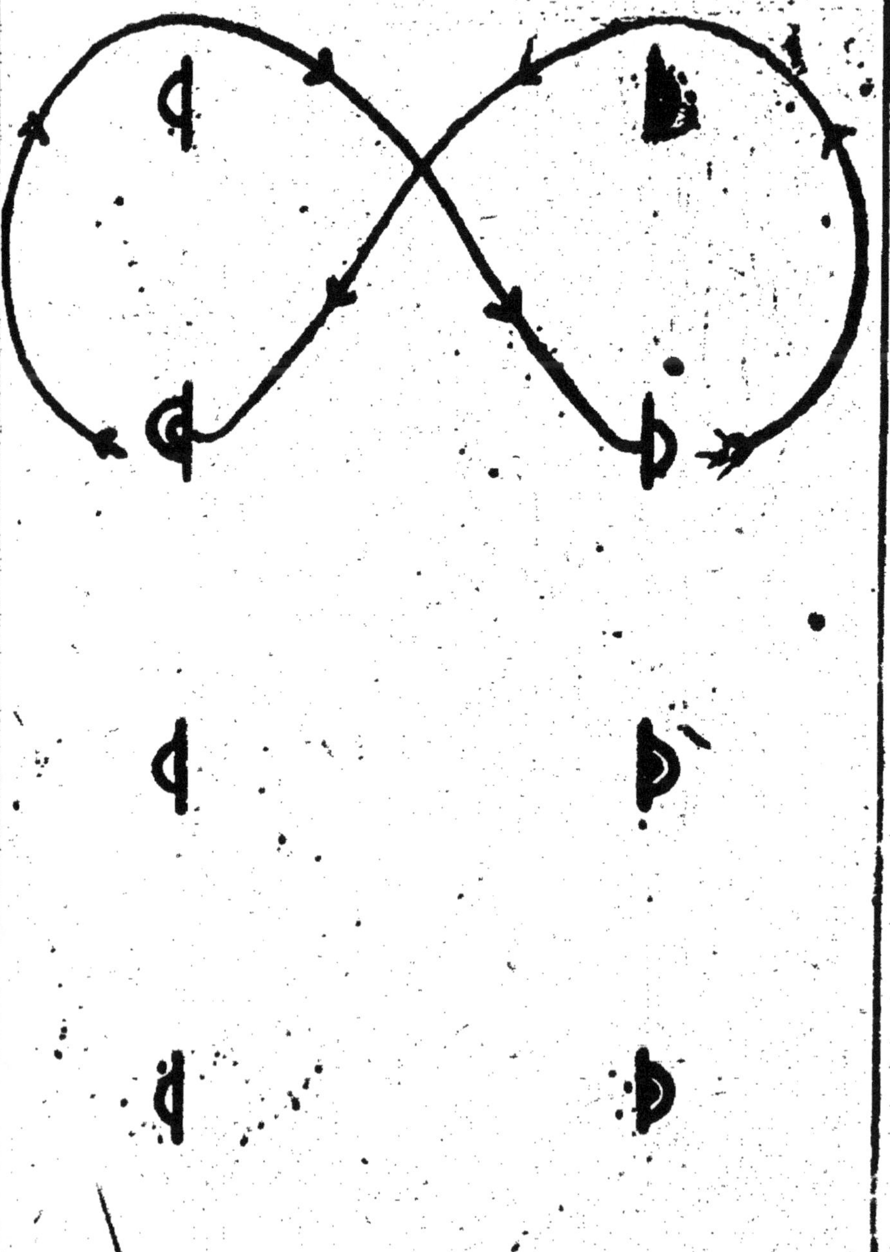

la Petite Ieanneton.

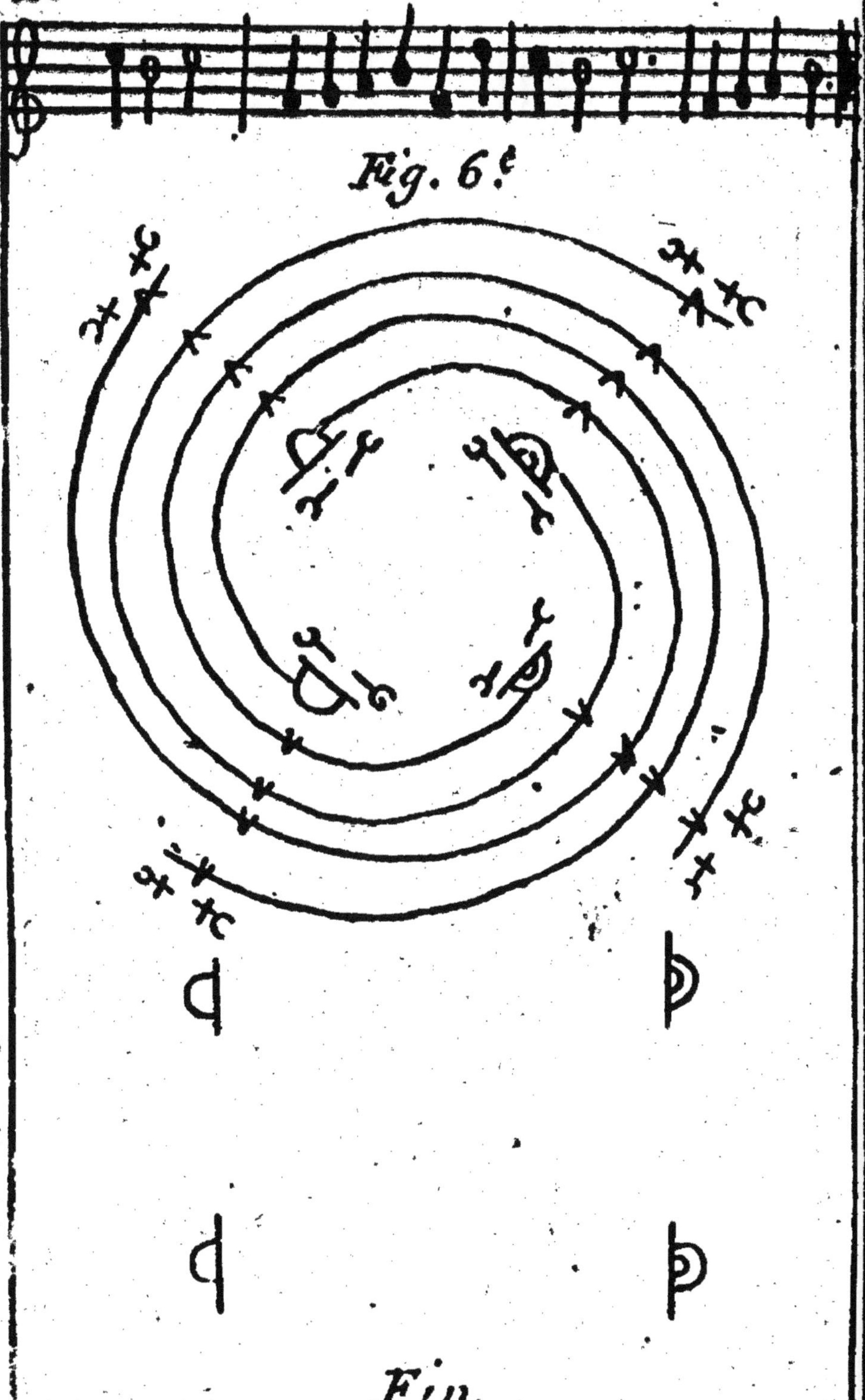

Fig. 6.e

Fin

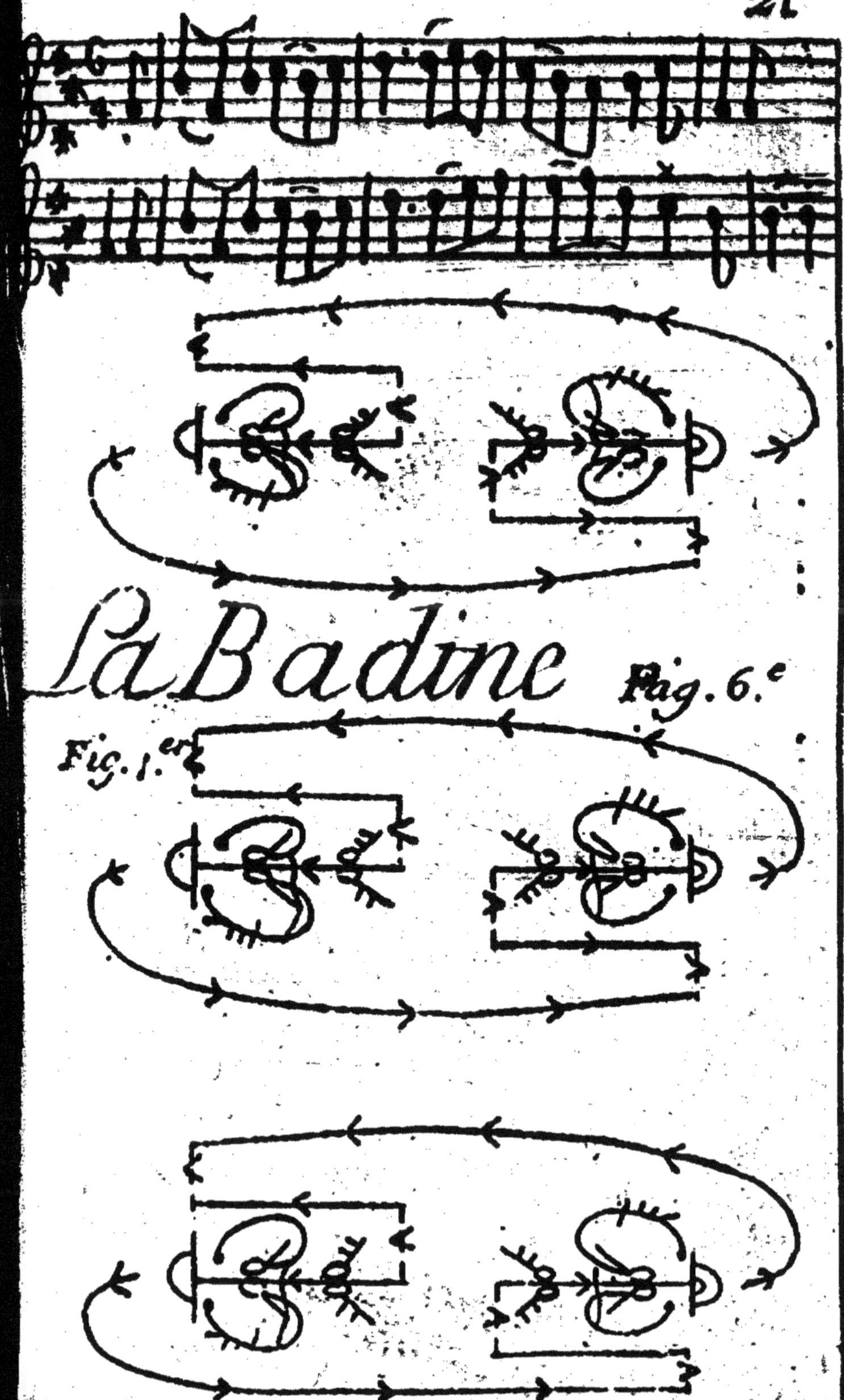
La Badine
Pag. 6.e
Fig. 1.er

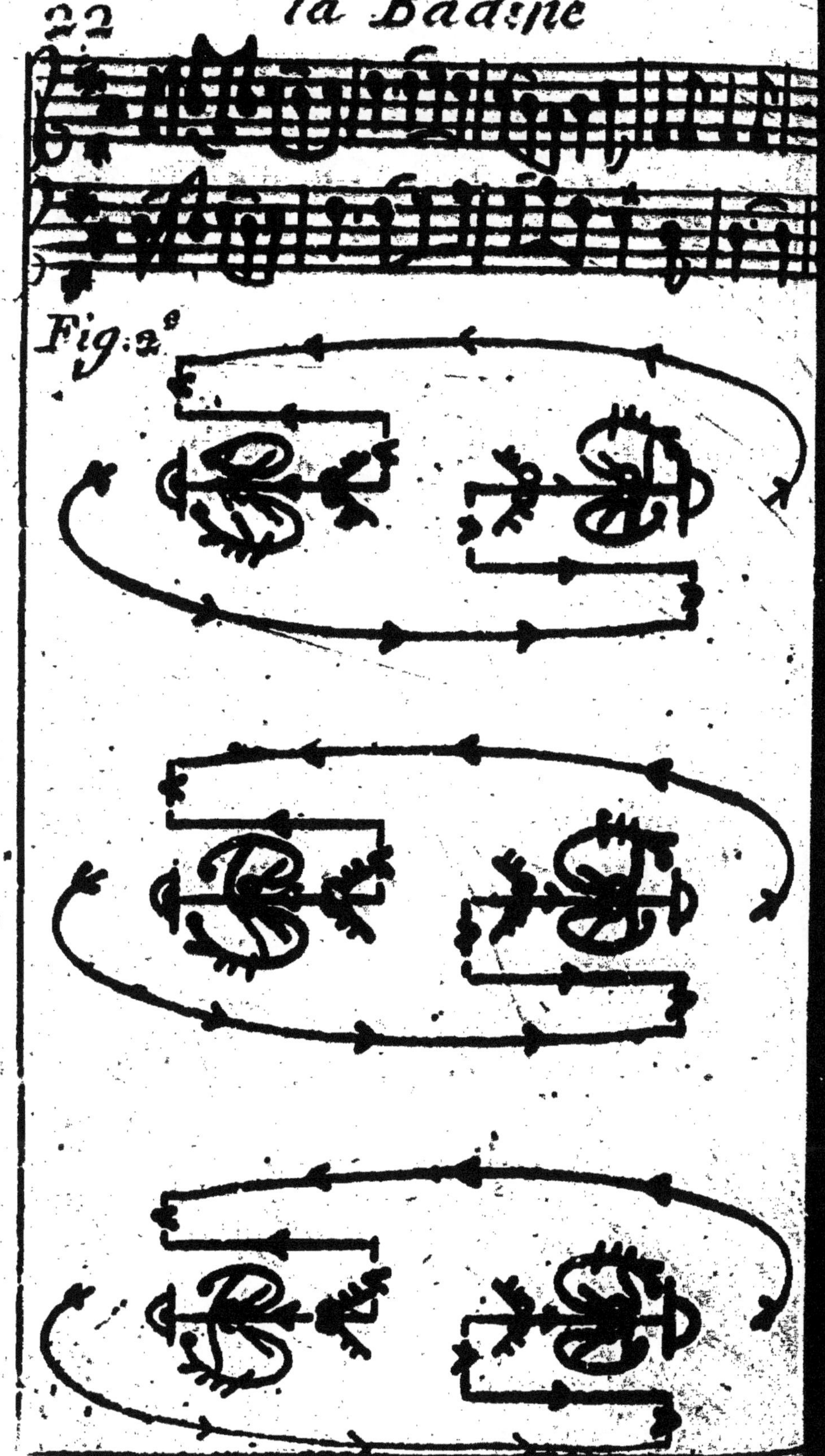
la Badine
Fig: 2e

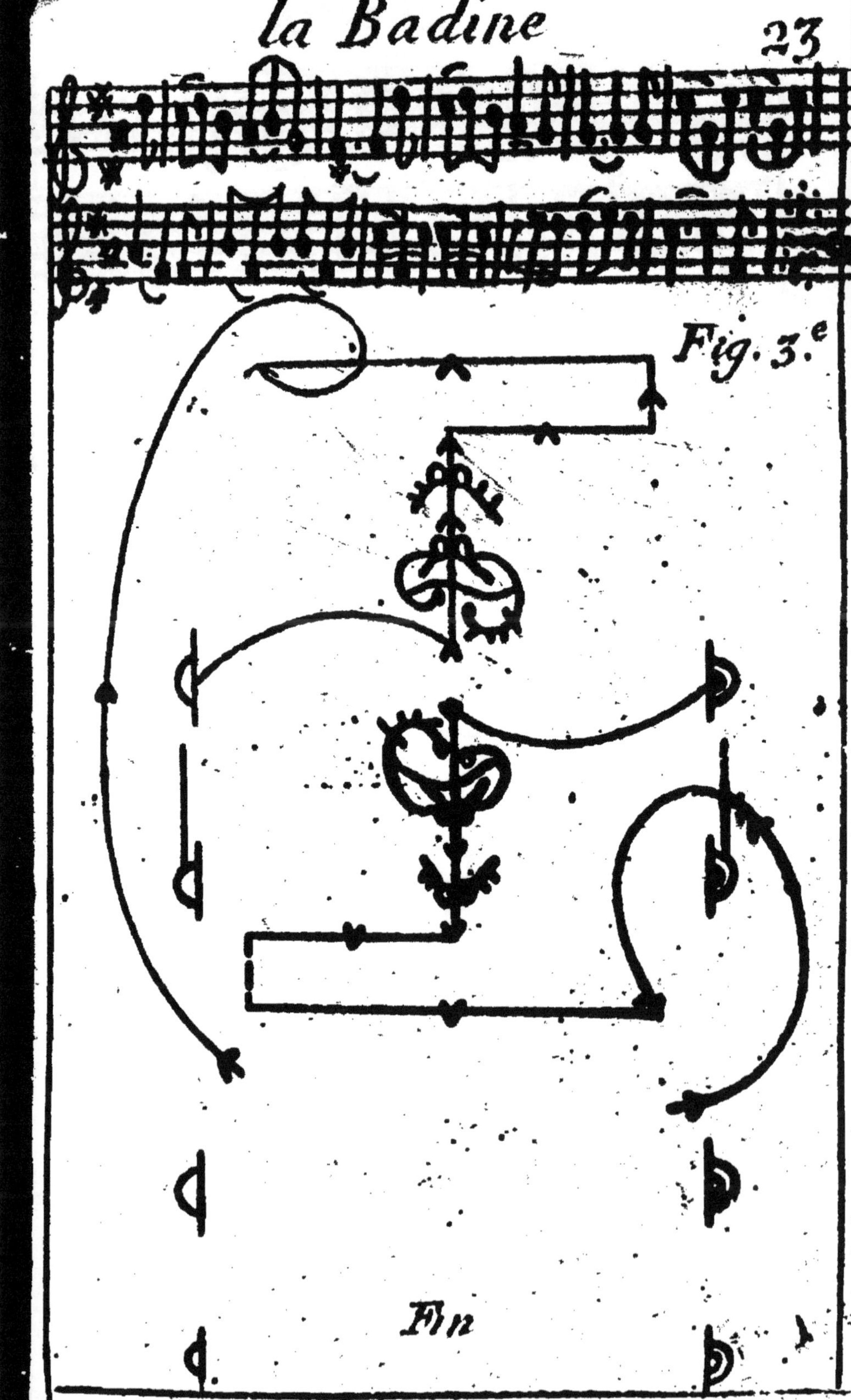
Fig. 3.e
Fin

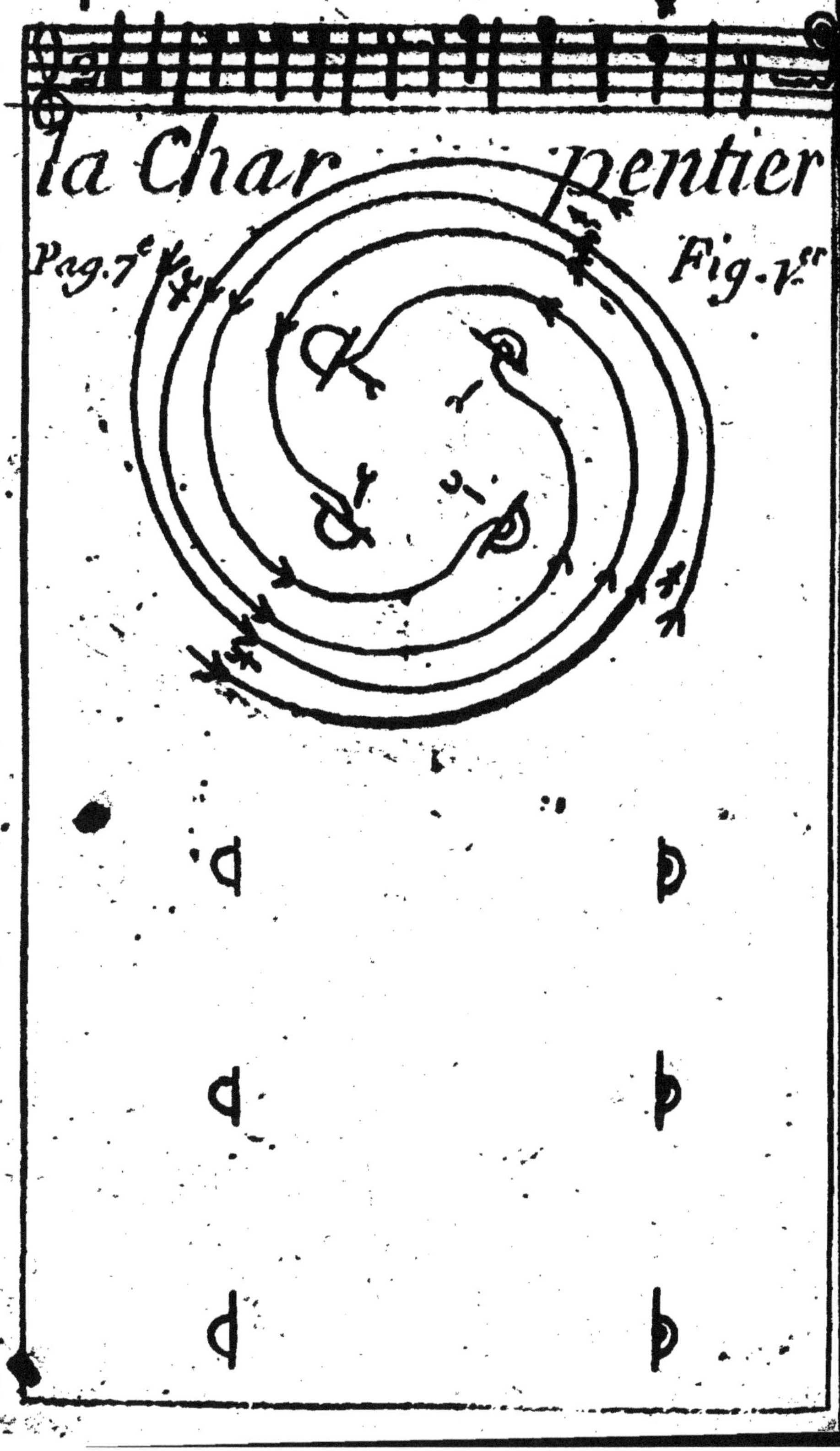

la Char pentier

Pag. 1^e Fig. 1er

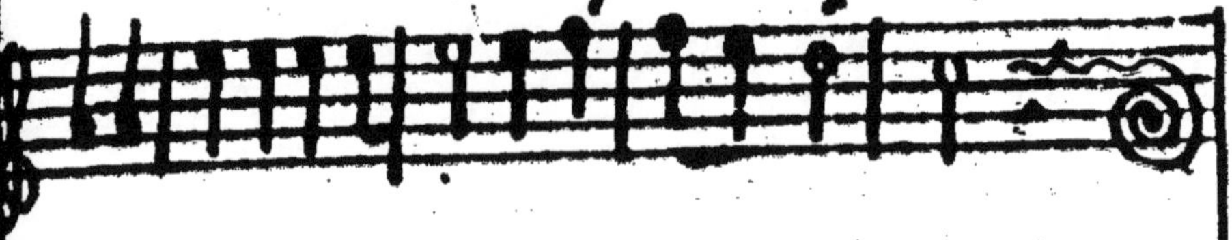

Fig. 2.e

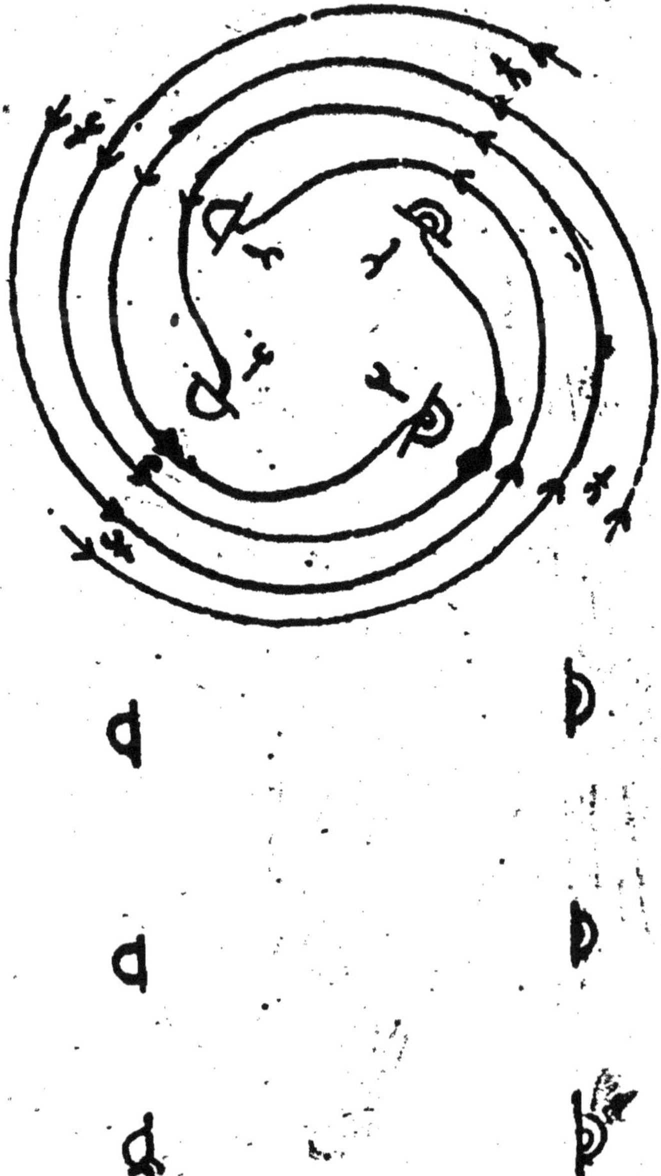

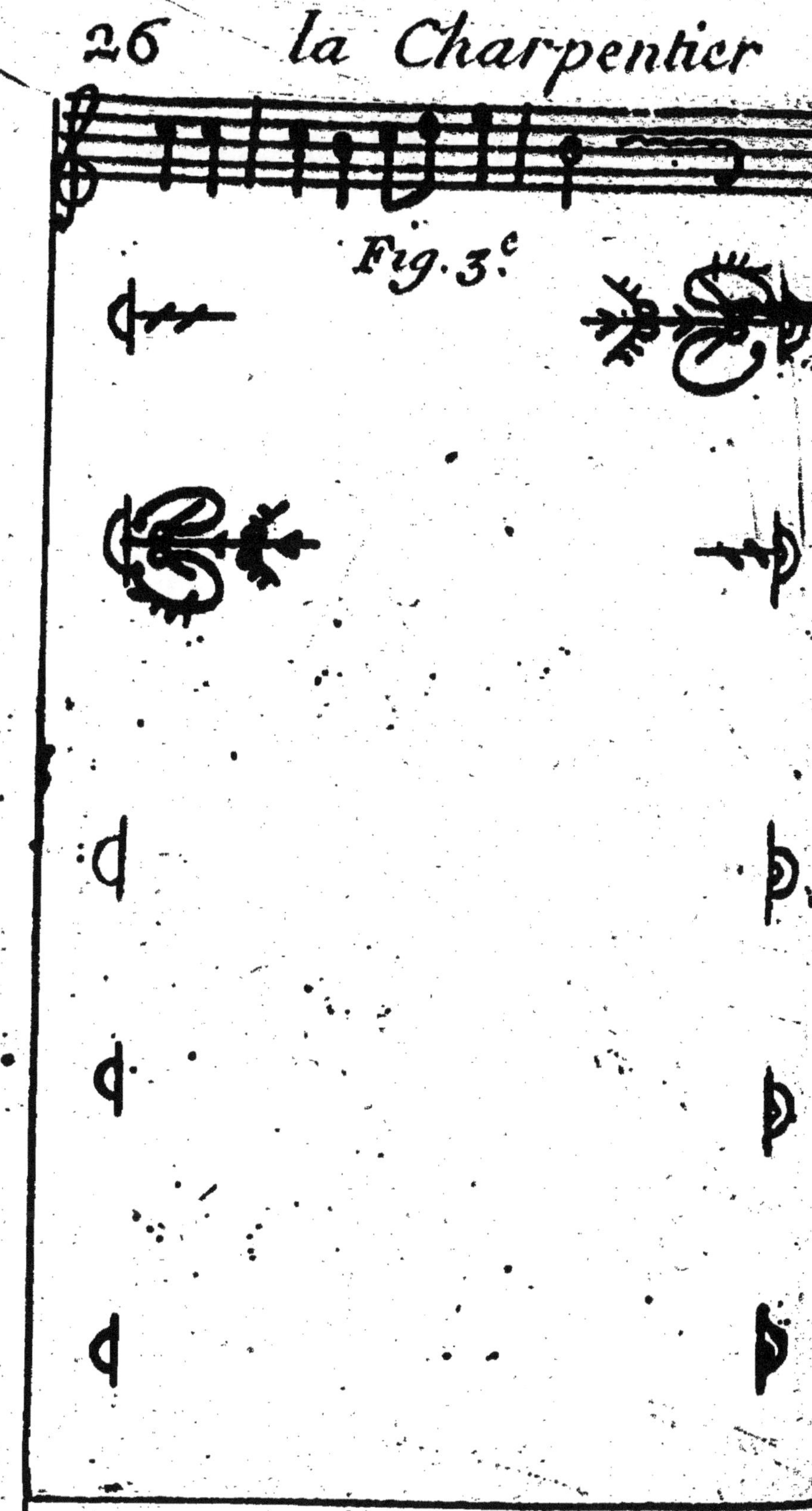

Fig. 3.e

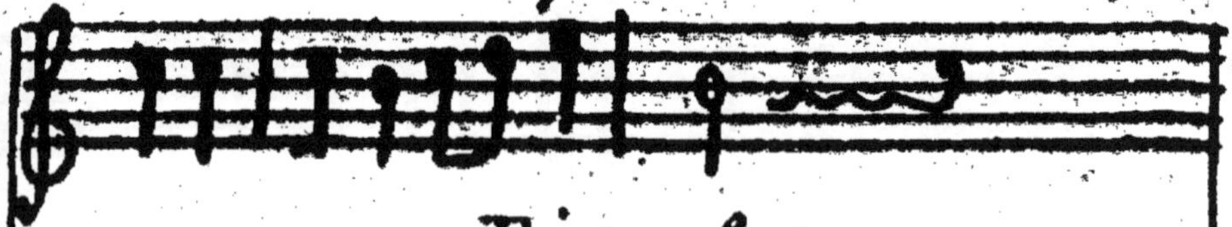

Fig. 4e

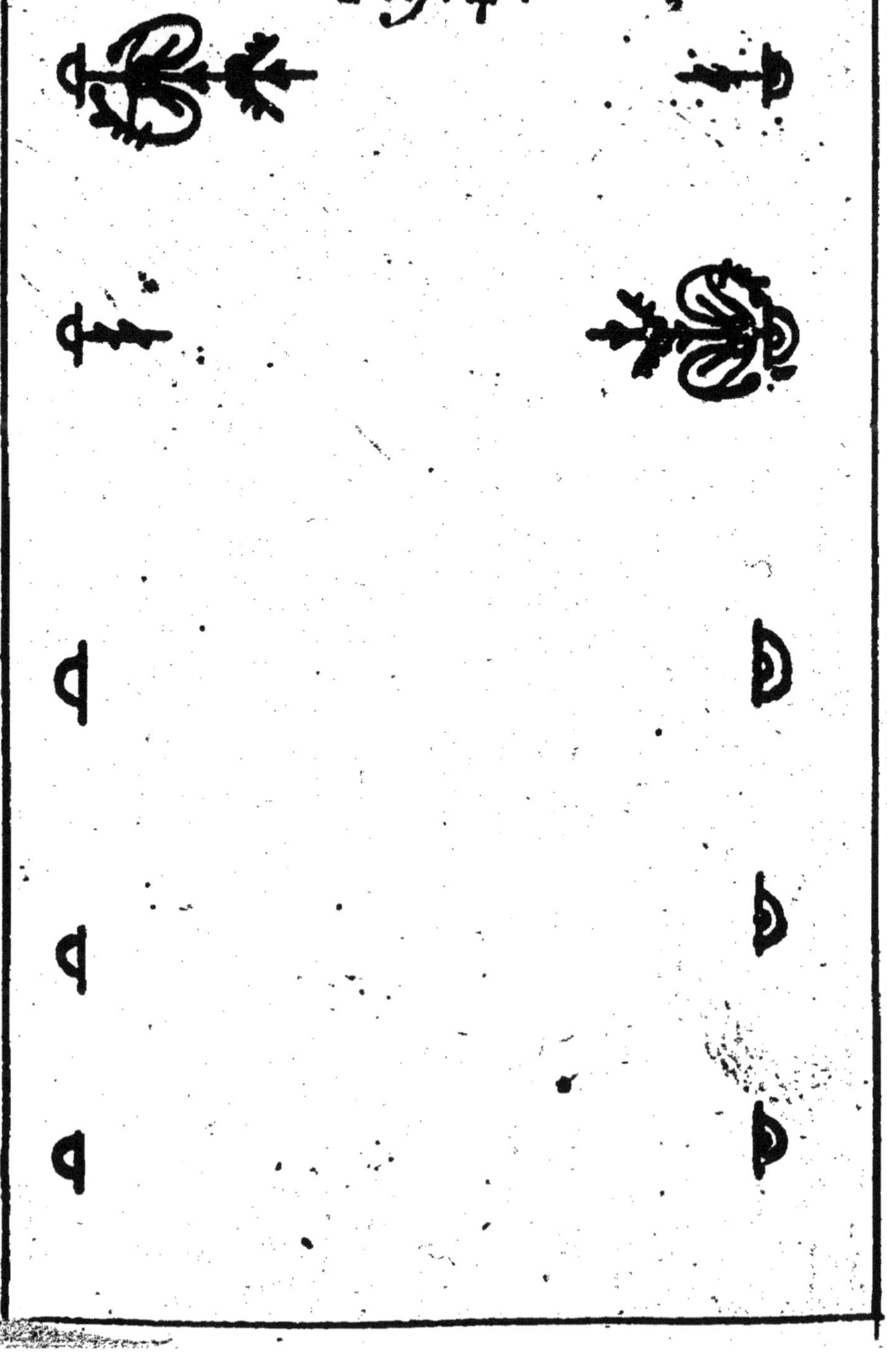

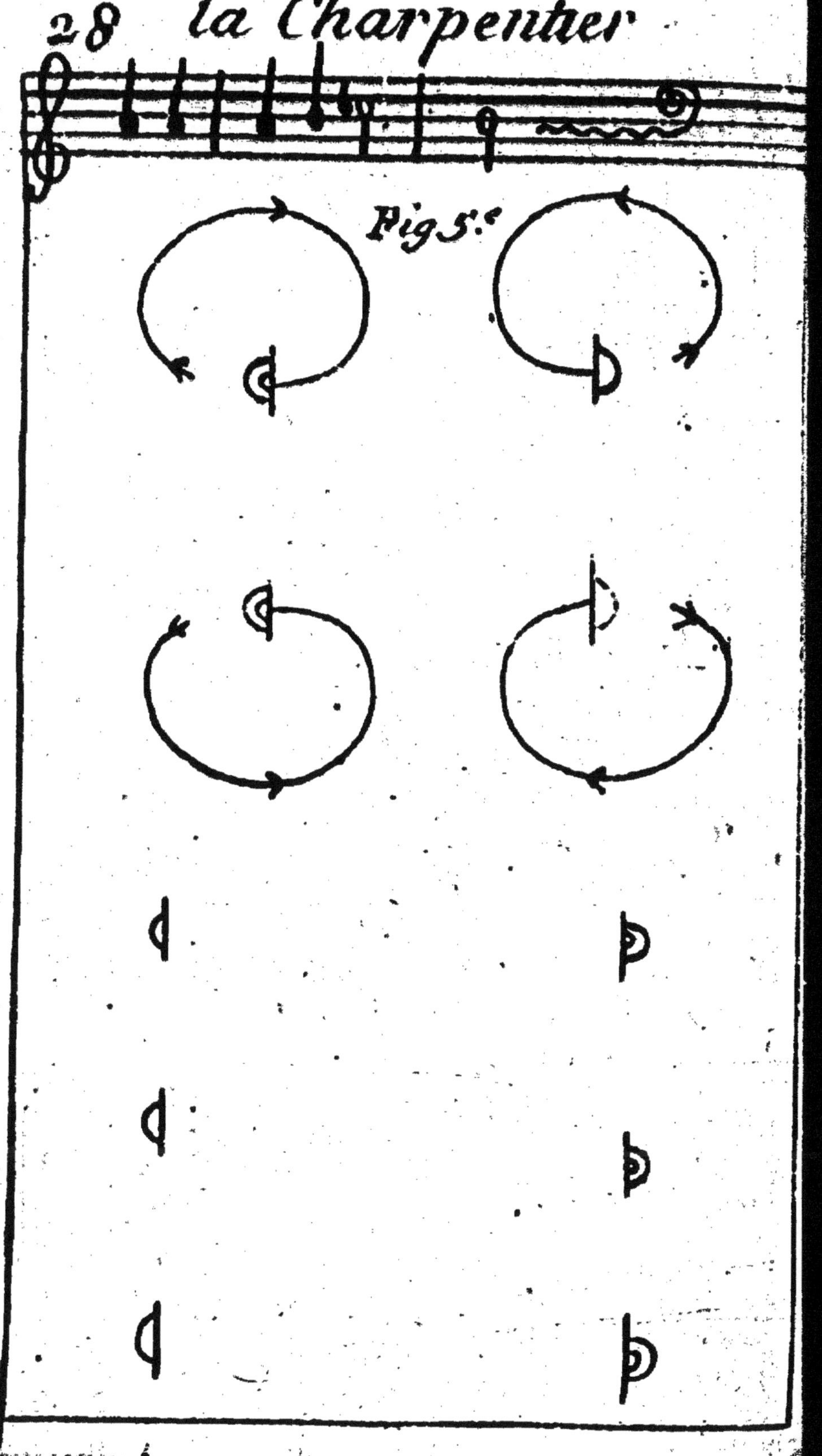
Fig 5.e

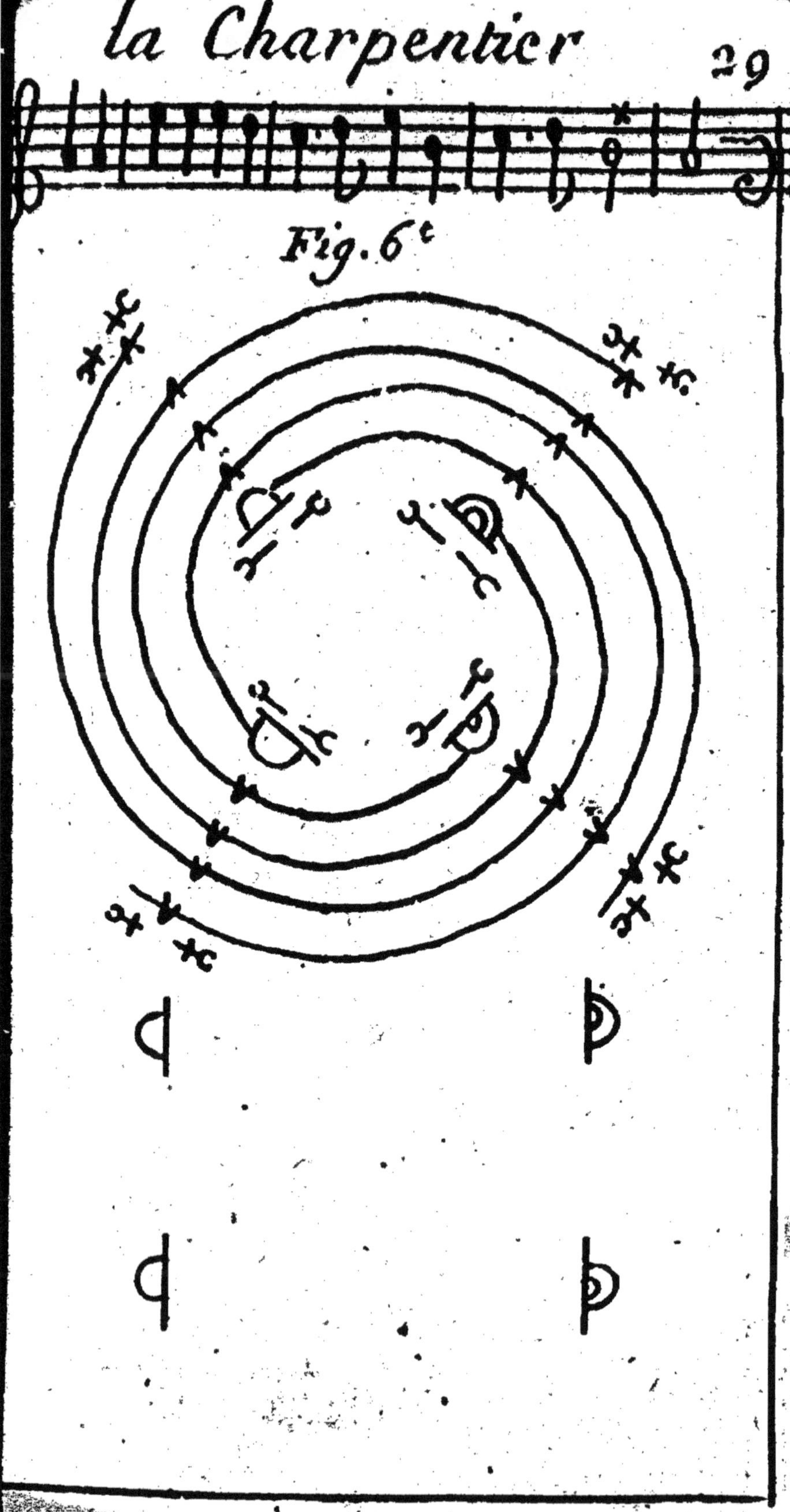
la Charpentier
29
Fig. 6e

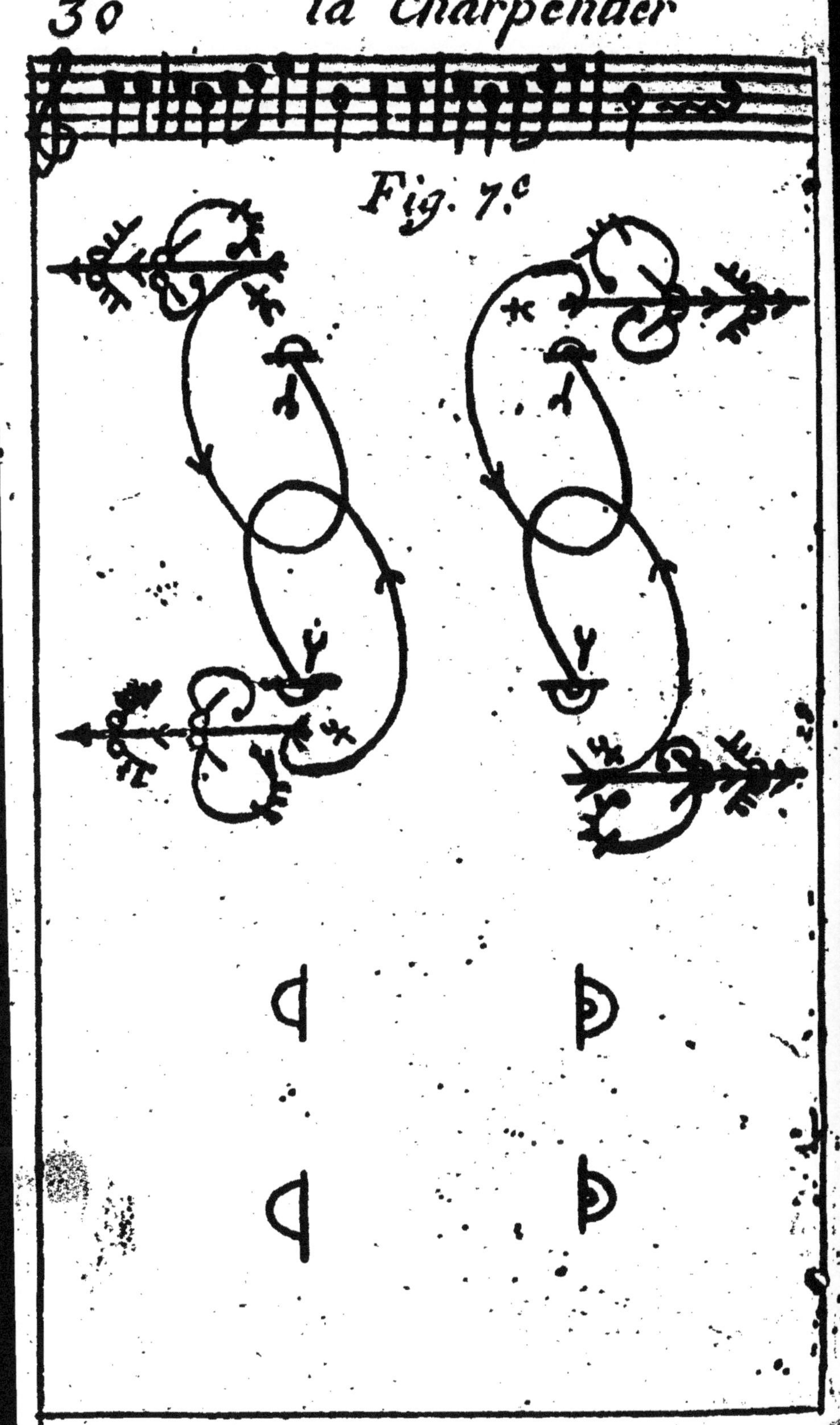

Fig. 7.e

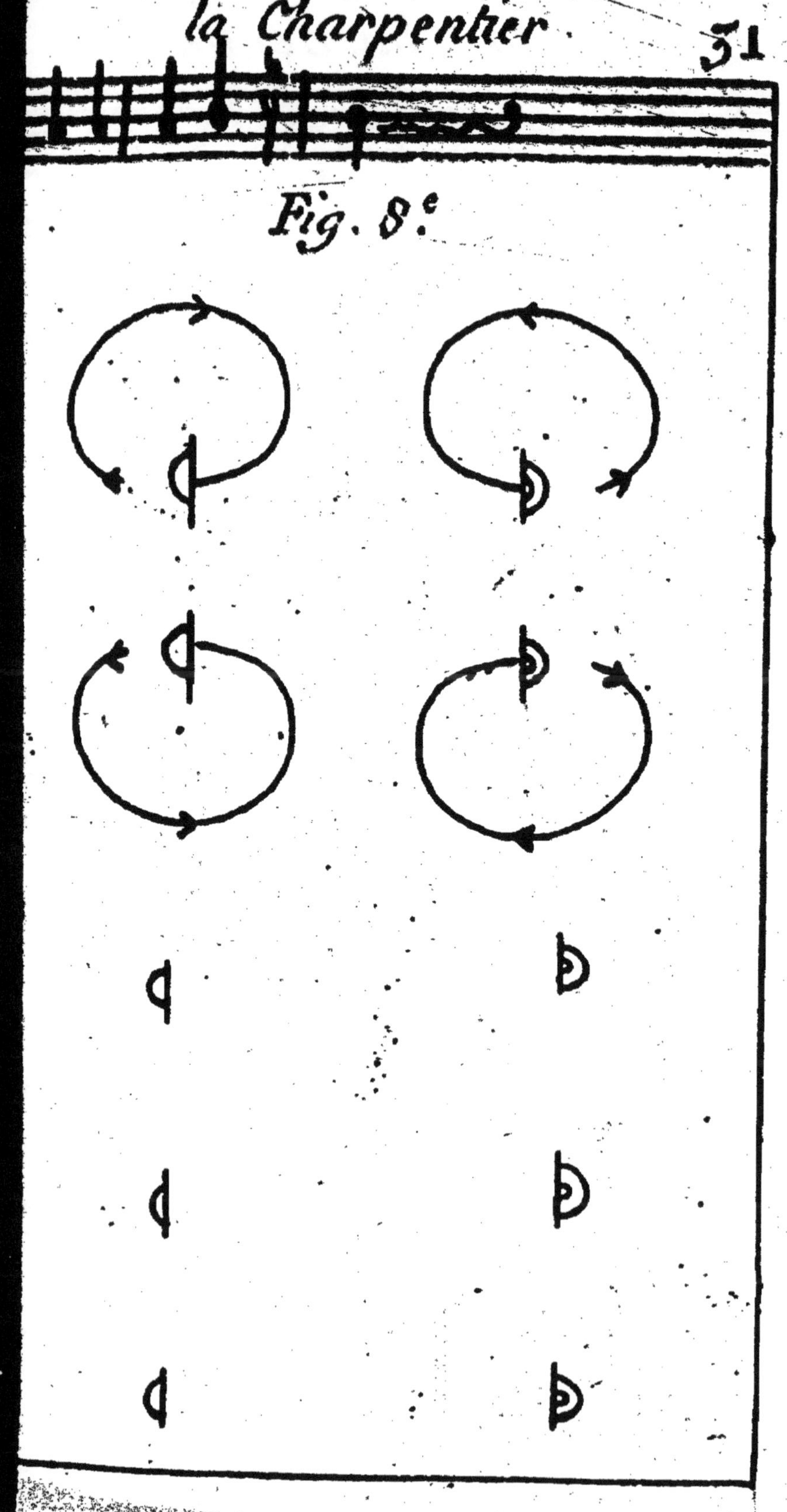
la Charpentier
Fig. 8e

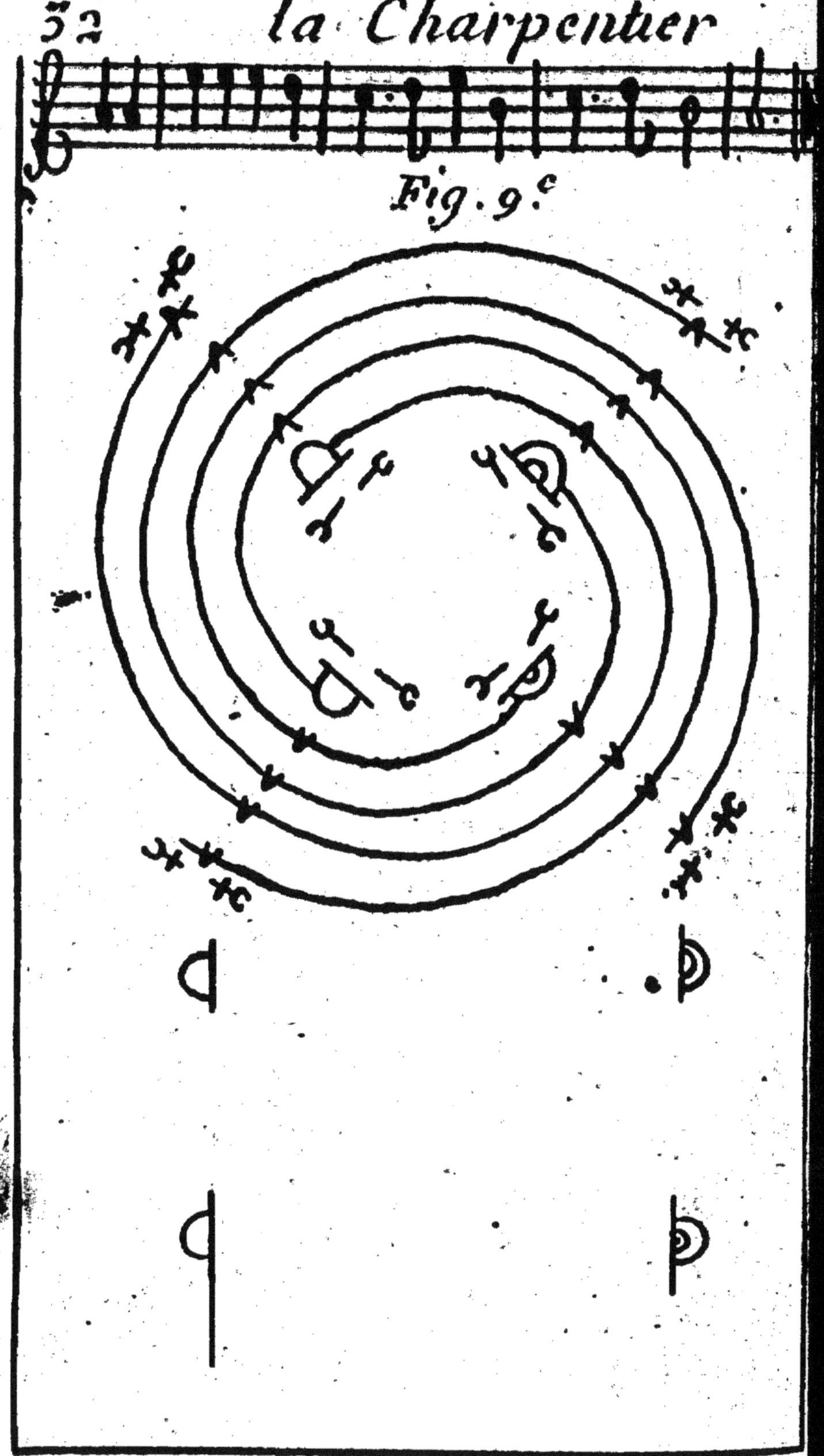

Fig. 9^e

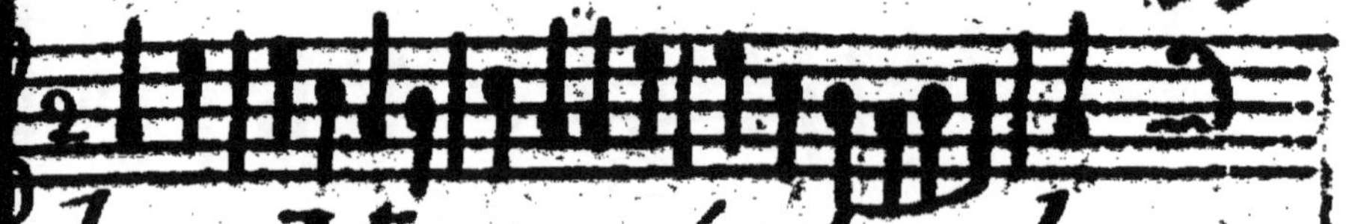

la Maréchal Fig. 1.e

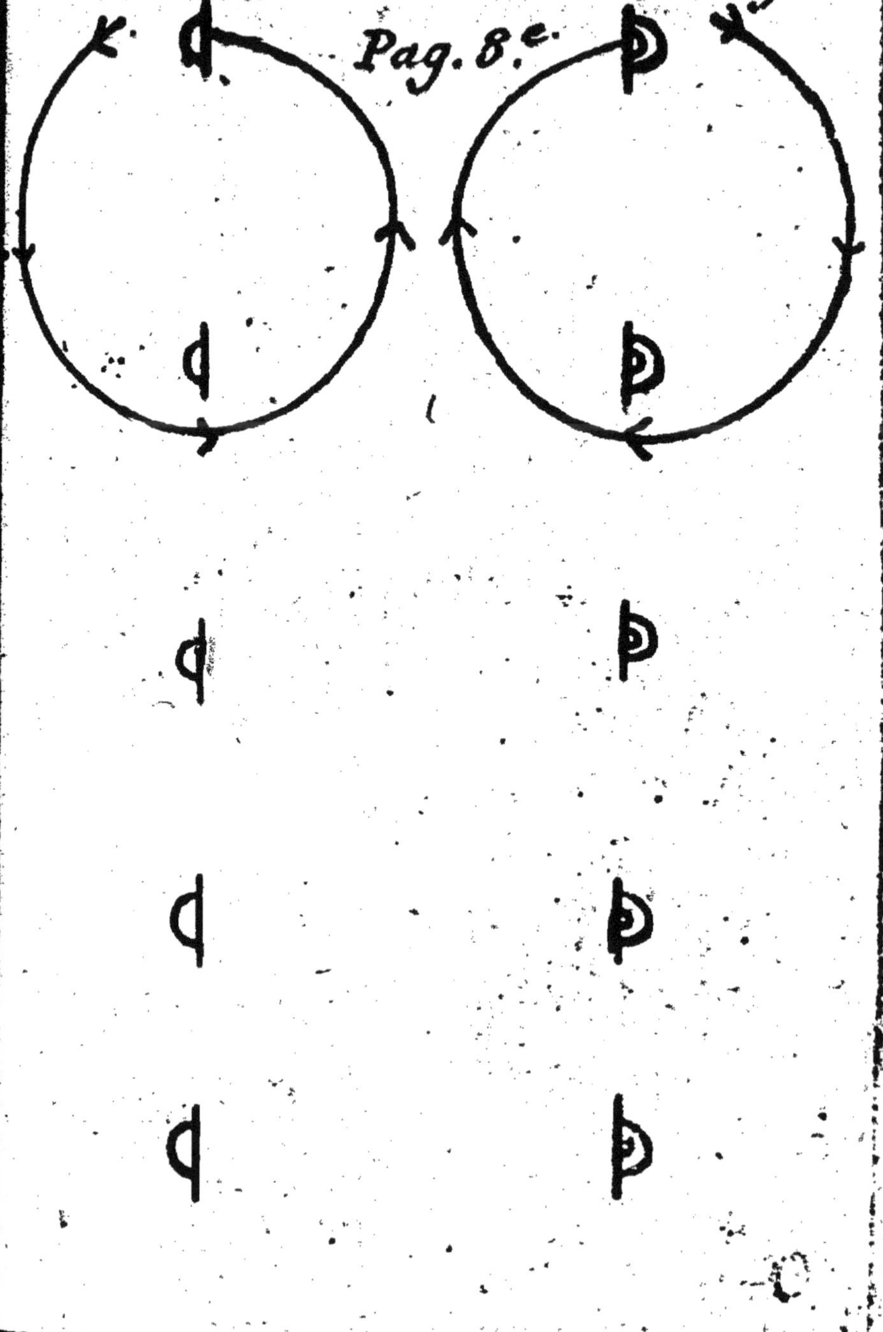

Pag. 8.e

C

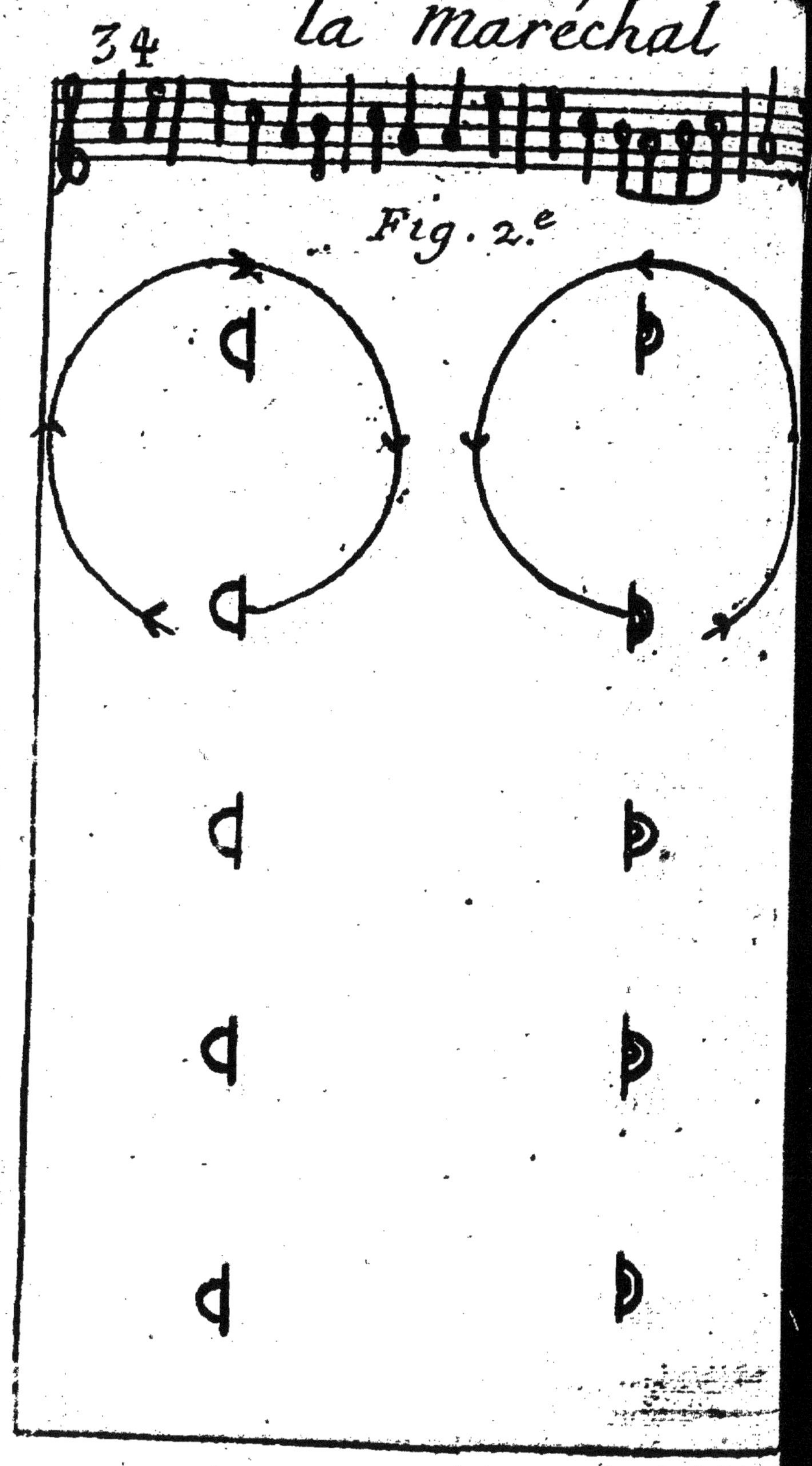

Fig. 2.e

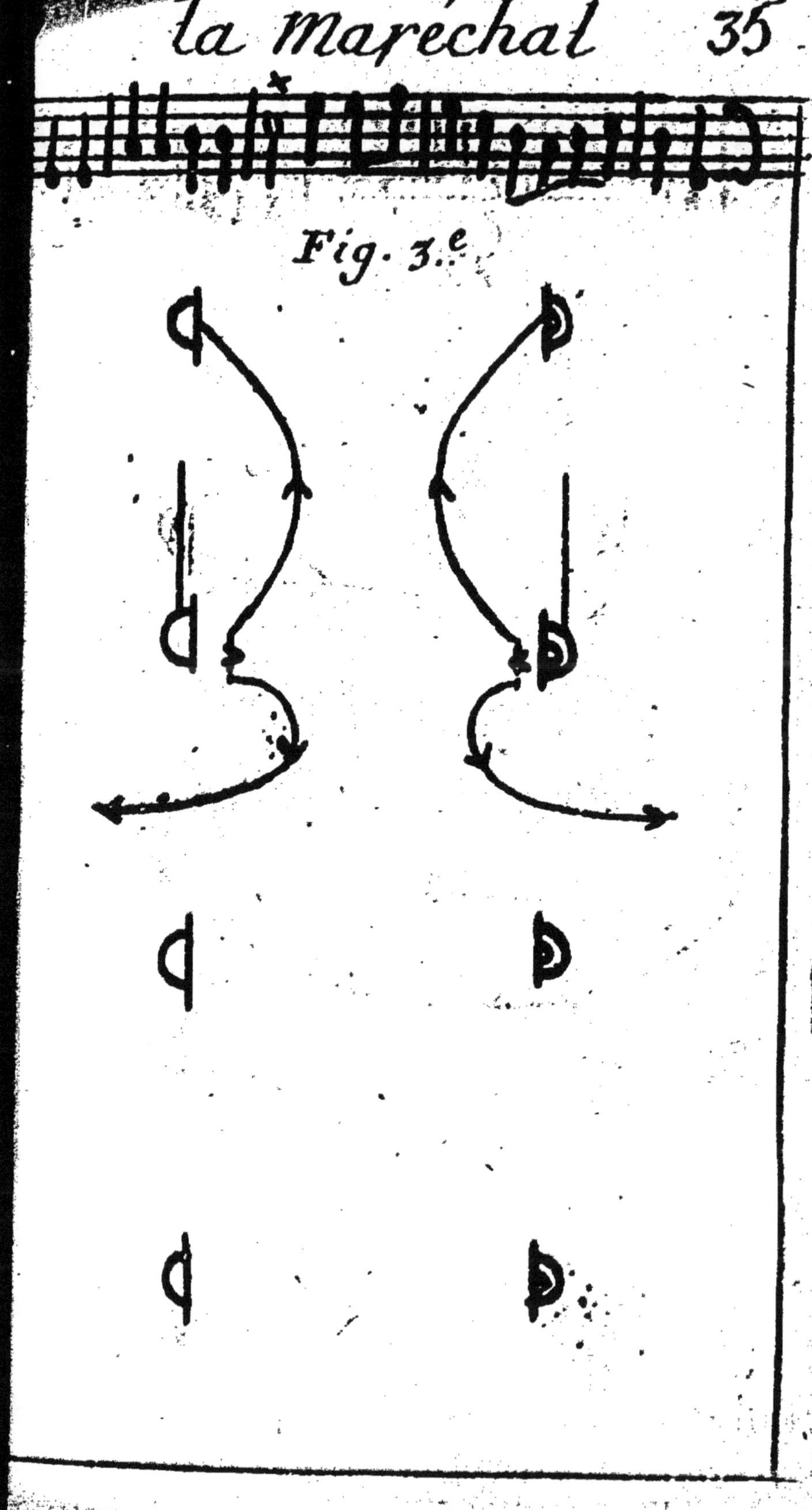
Fig. 3.e

la Marechal

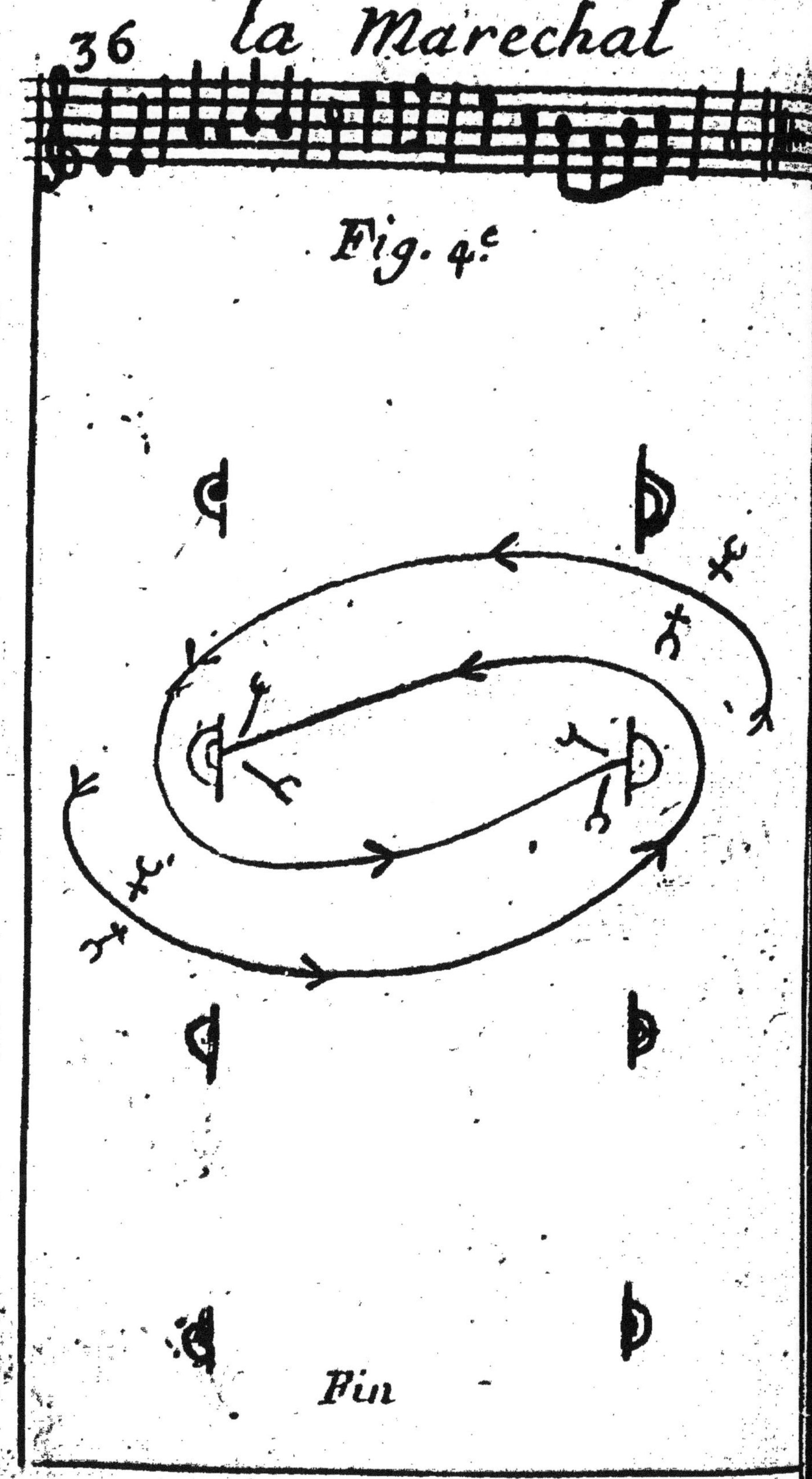

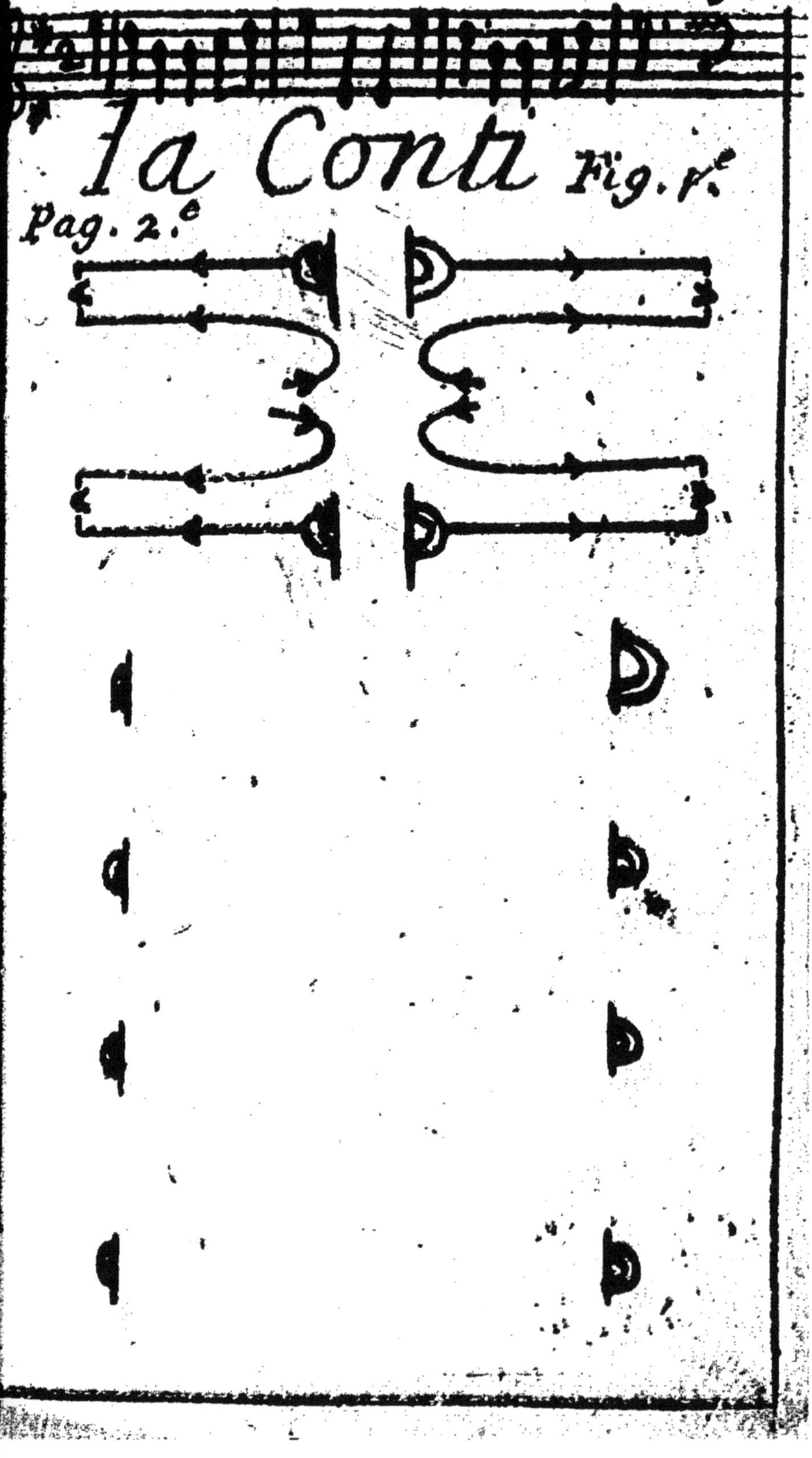

la Conti Fig. 1.re

Pag. 2.e

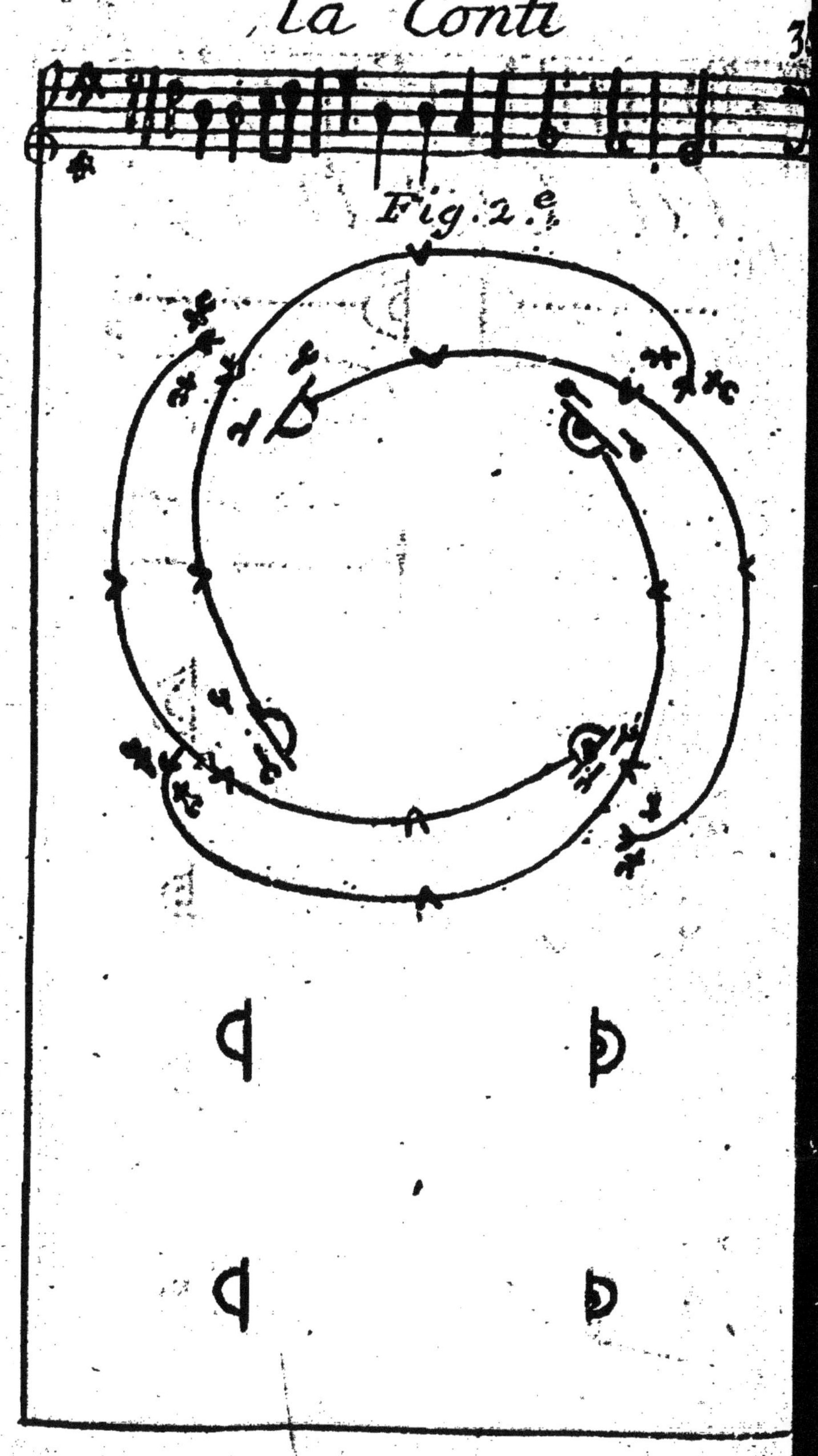
la Conti
Fig. 2.e

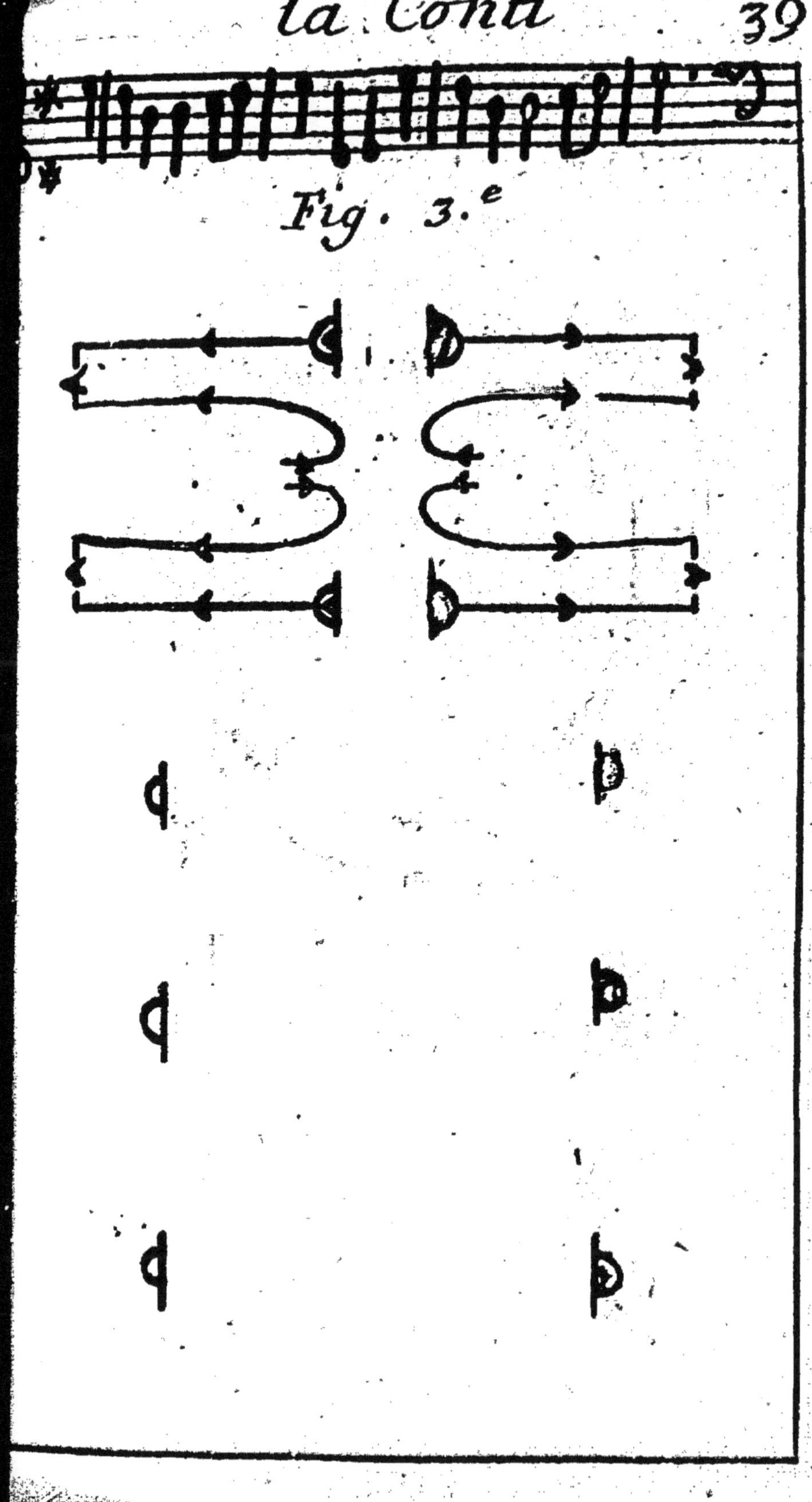
Fig. 3.e

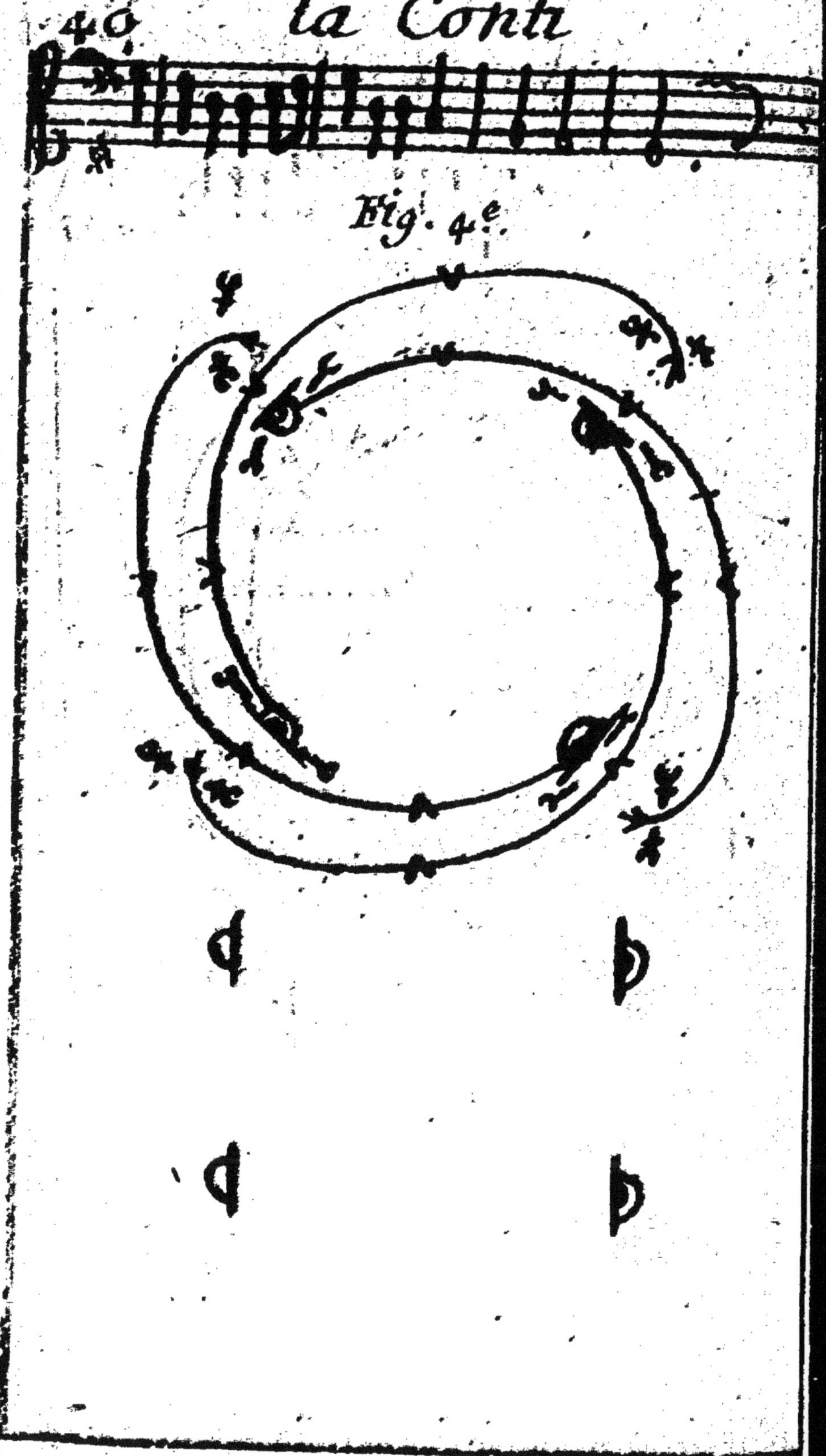

Fig. 4.e

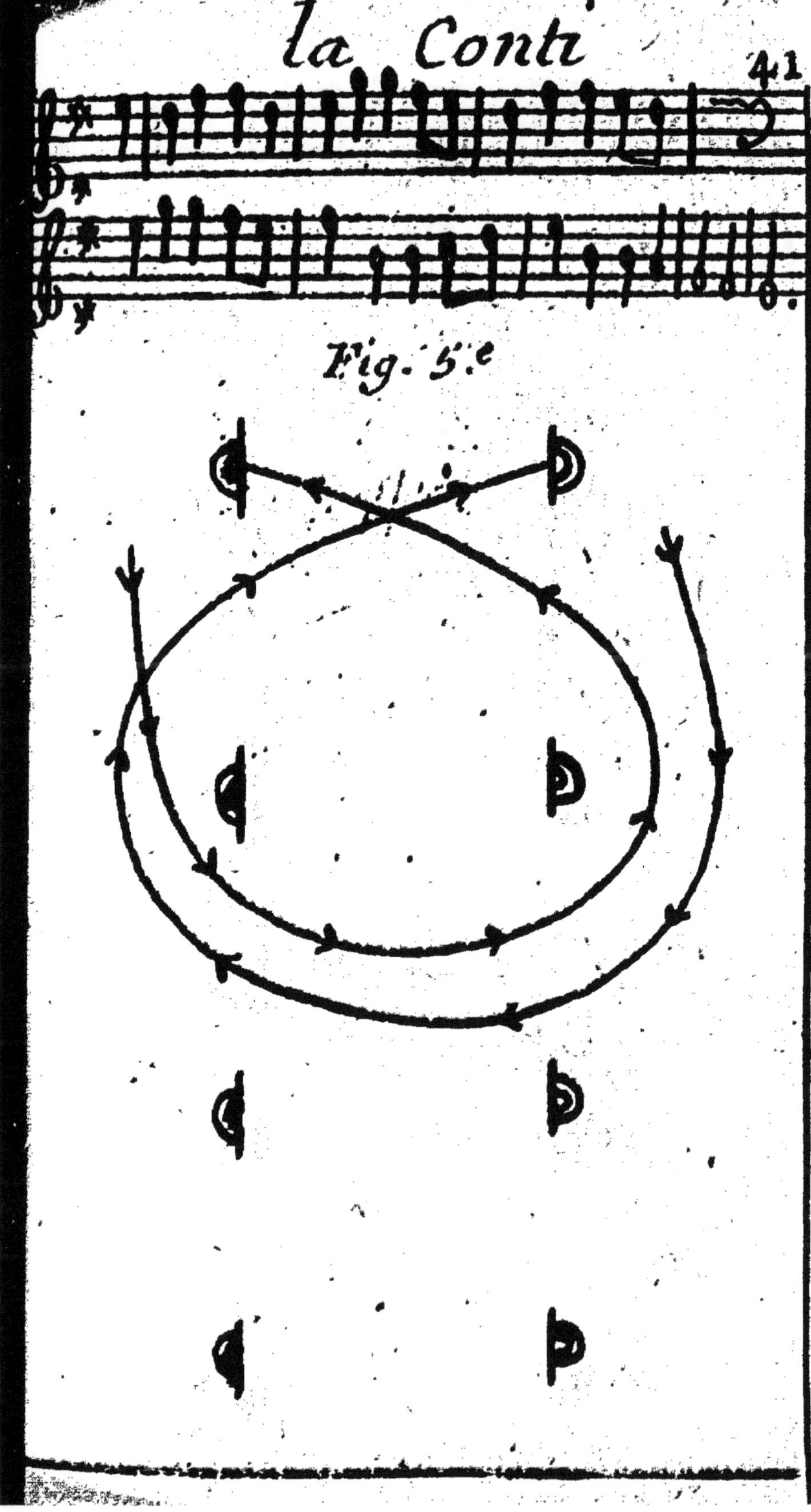
la Conti
41
Fig. 5.e

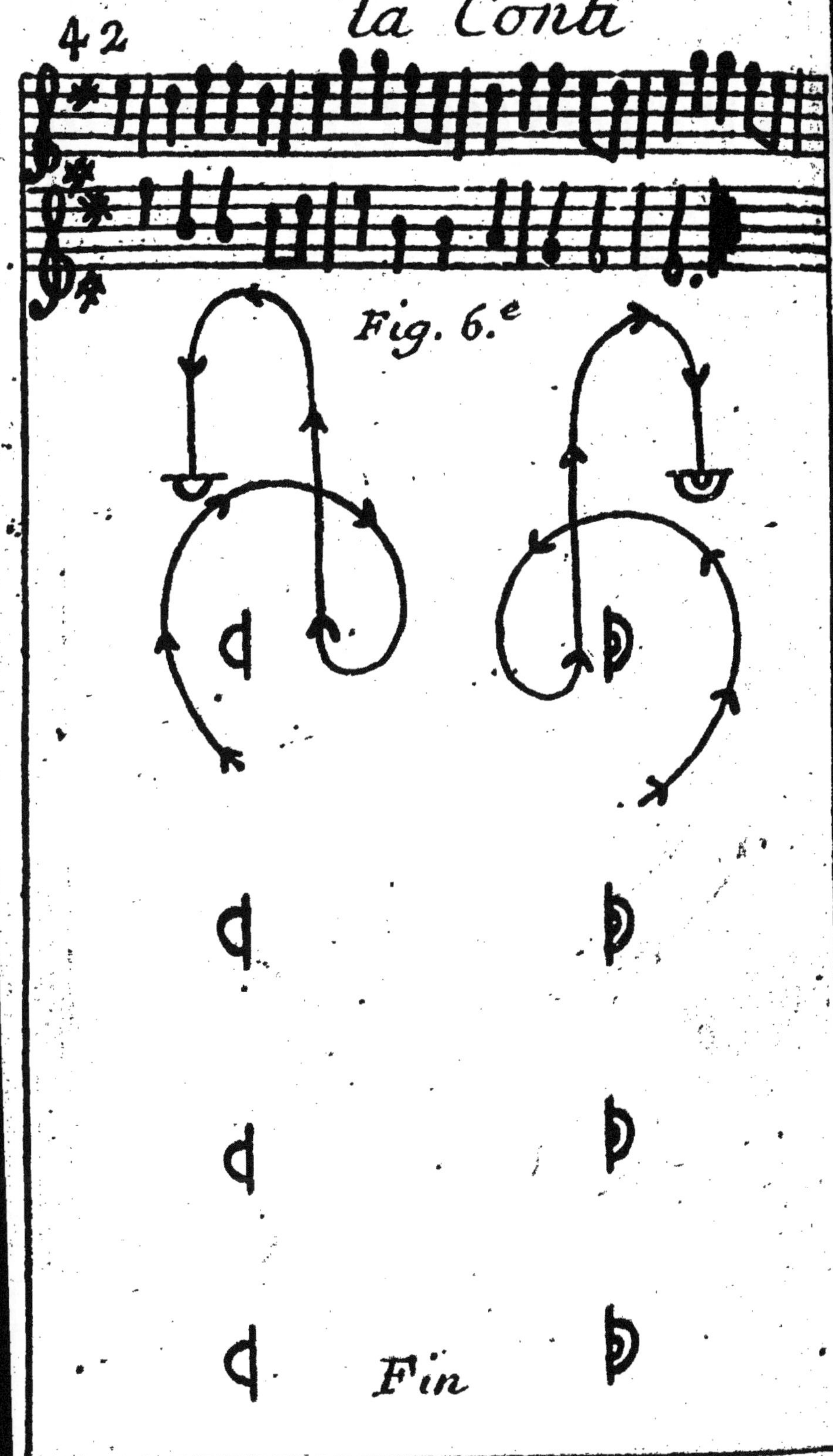
la Conti
Fig. 6.e
Fin

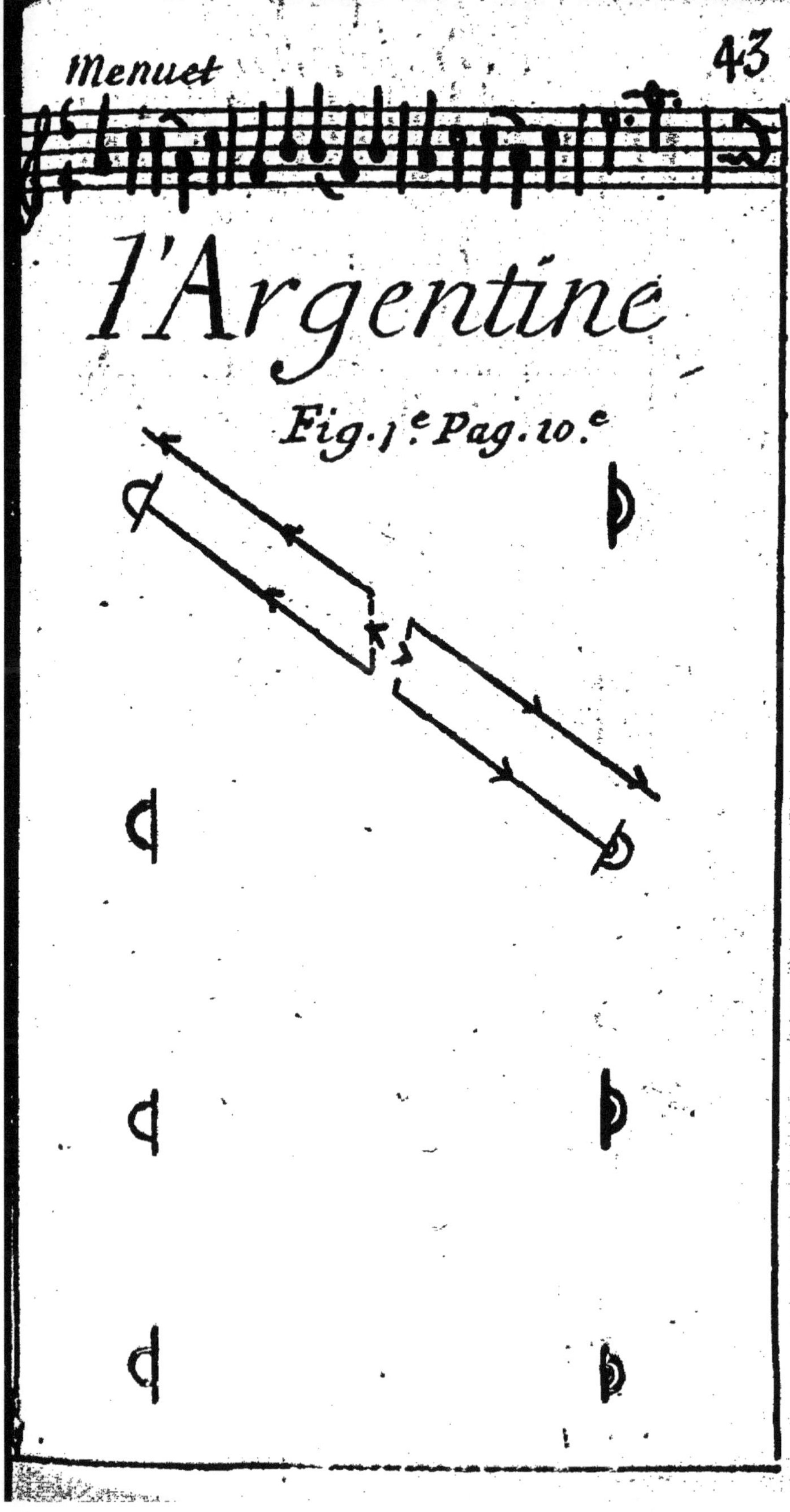
Menuet
43
l'Argentine
Fig. 1.e Pag. 10.e

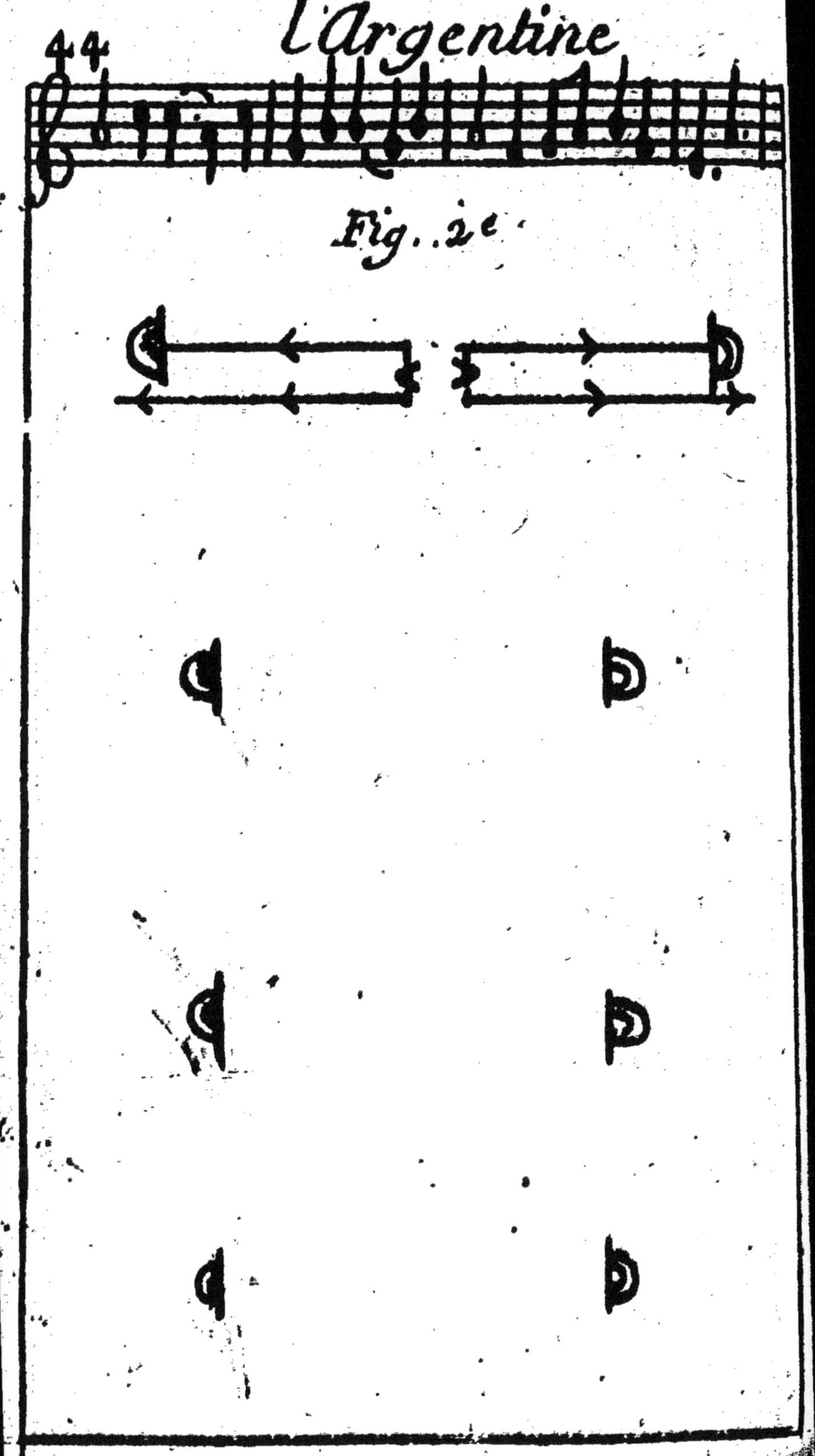
l'Argentine
Fig. 2e

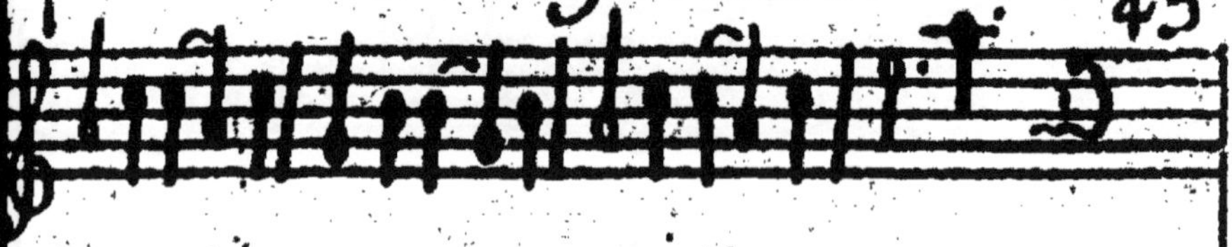

Fig. 3.^e

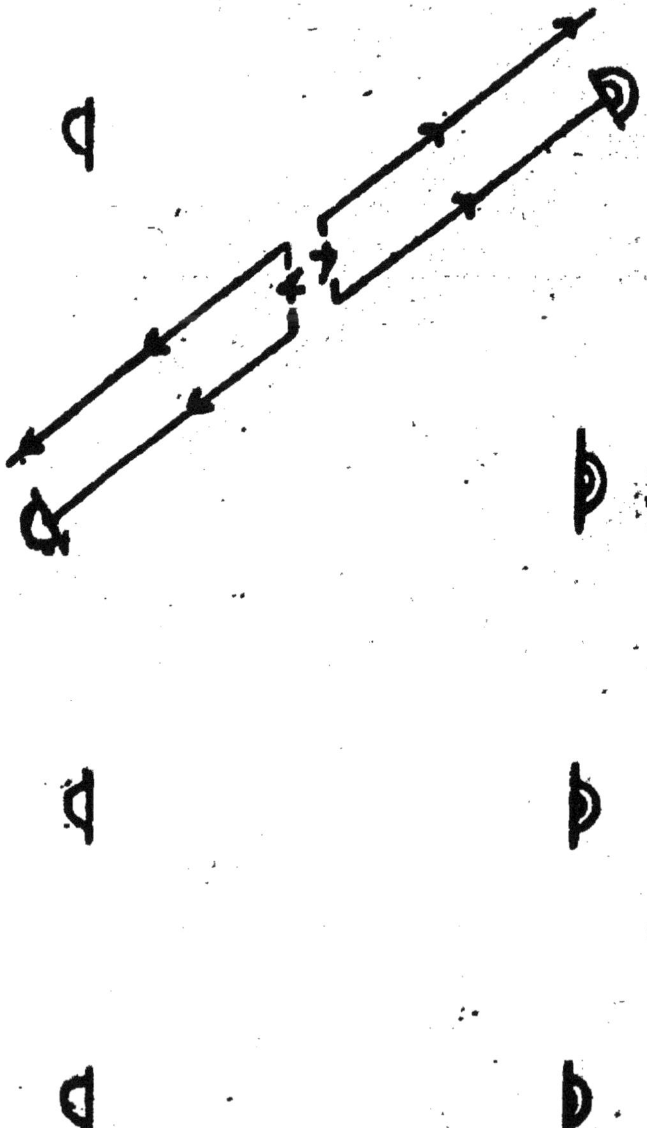

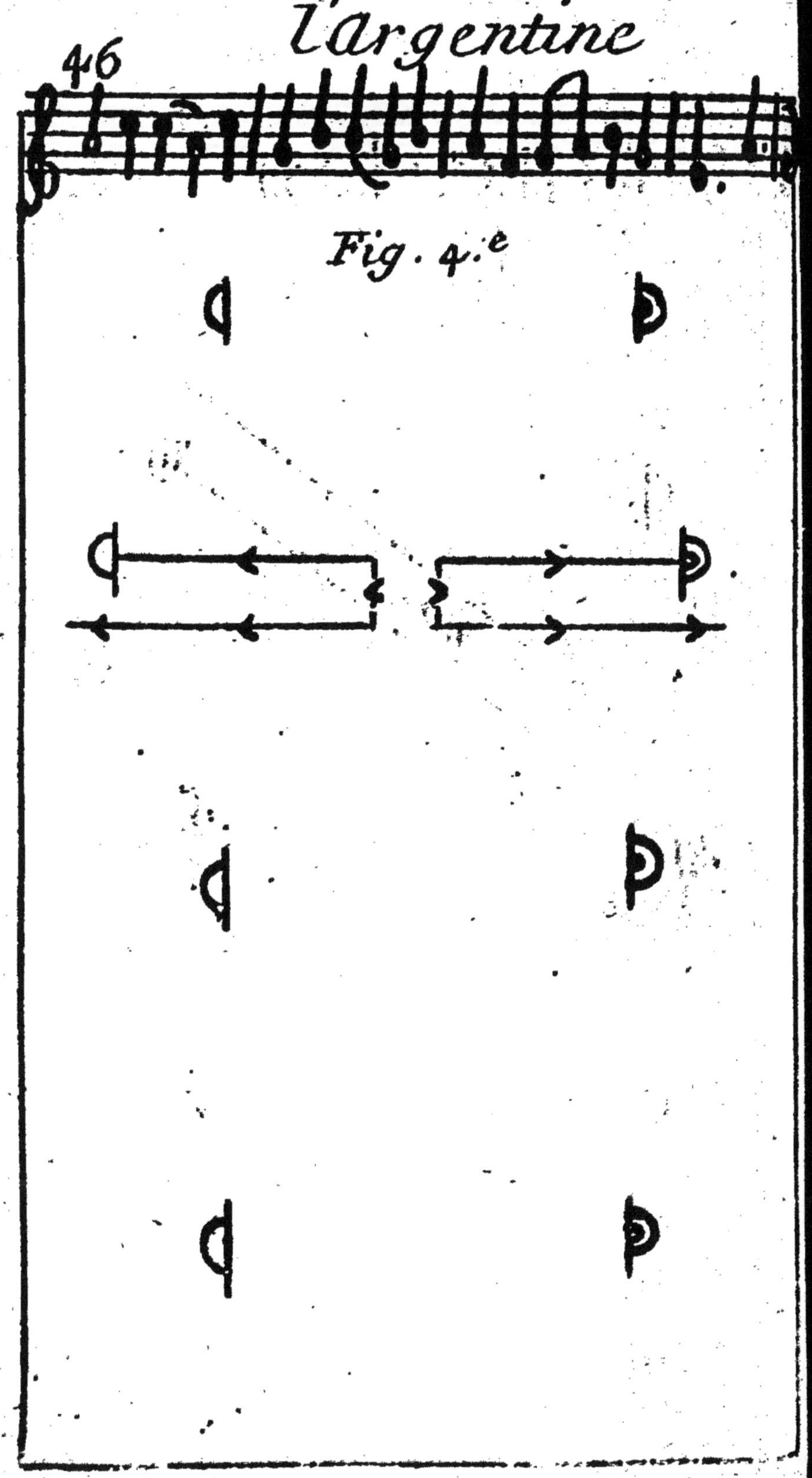

Fig. 4.e

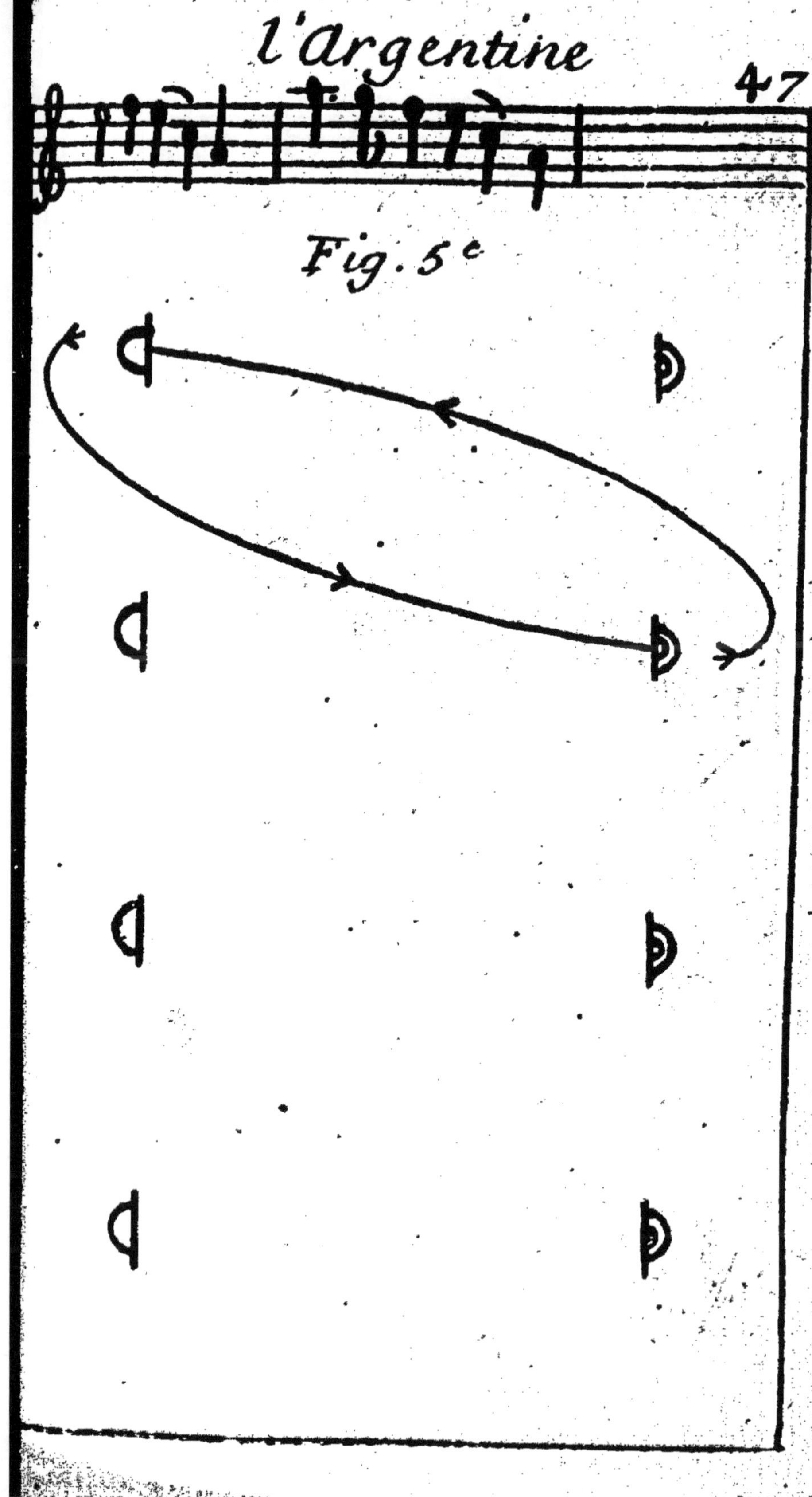
l'Argentine
47
Fig. 5c

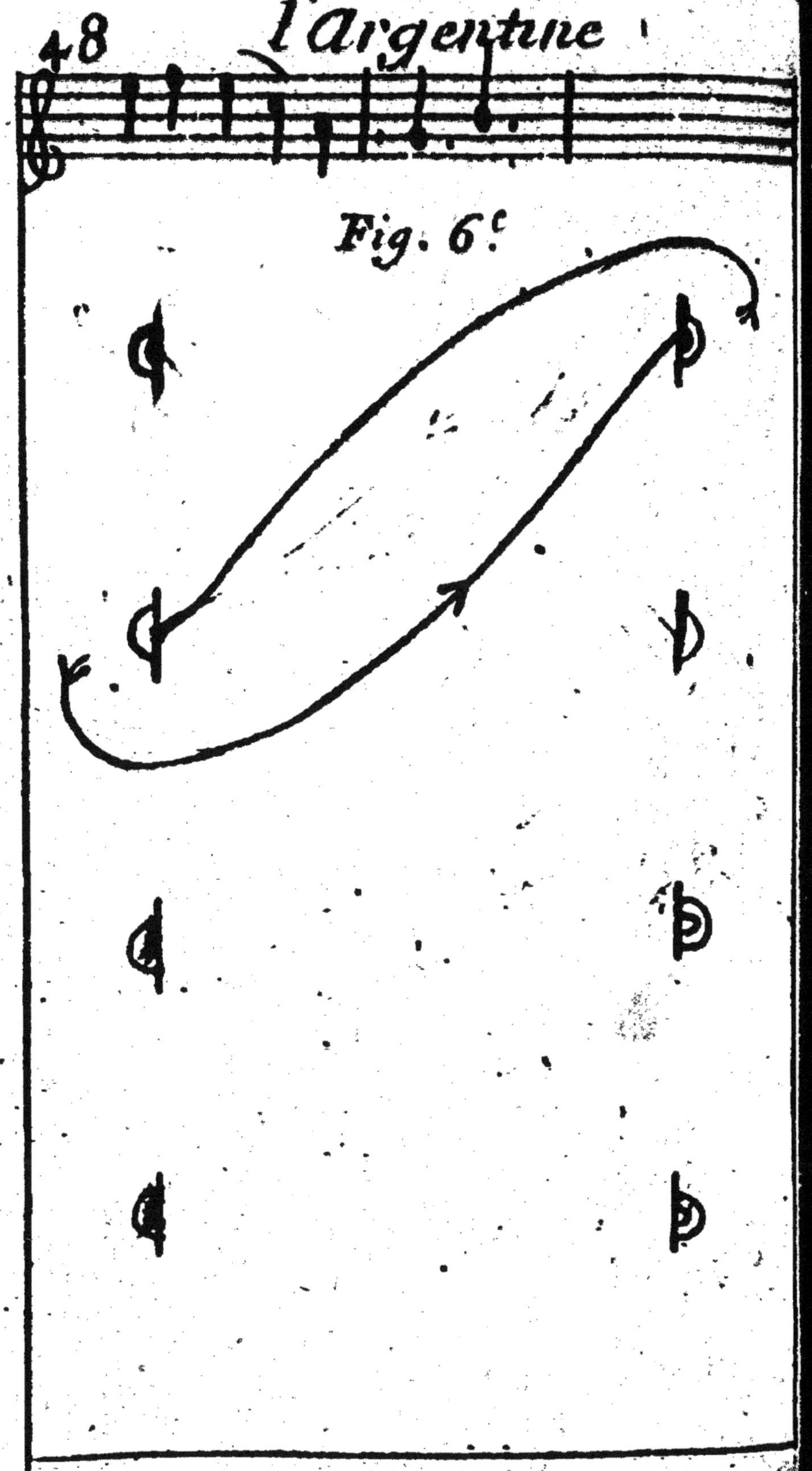
l'Argentine
Fig. 6e

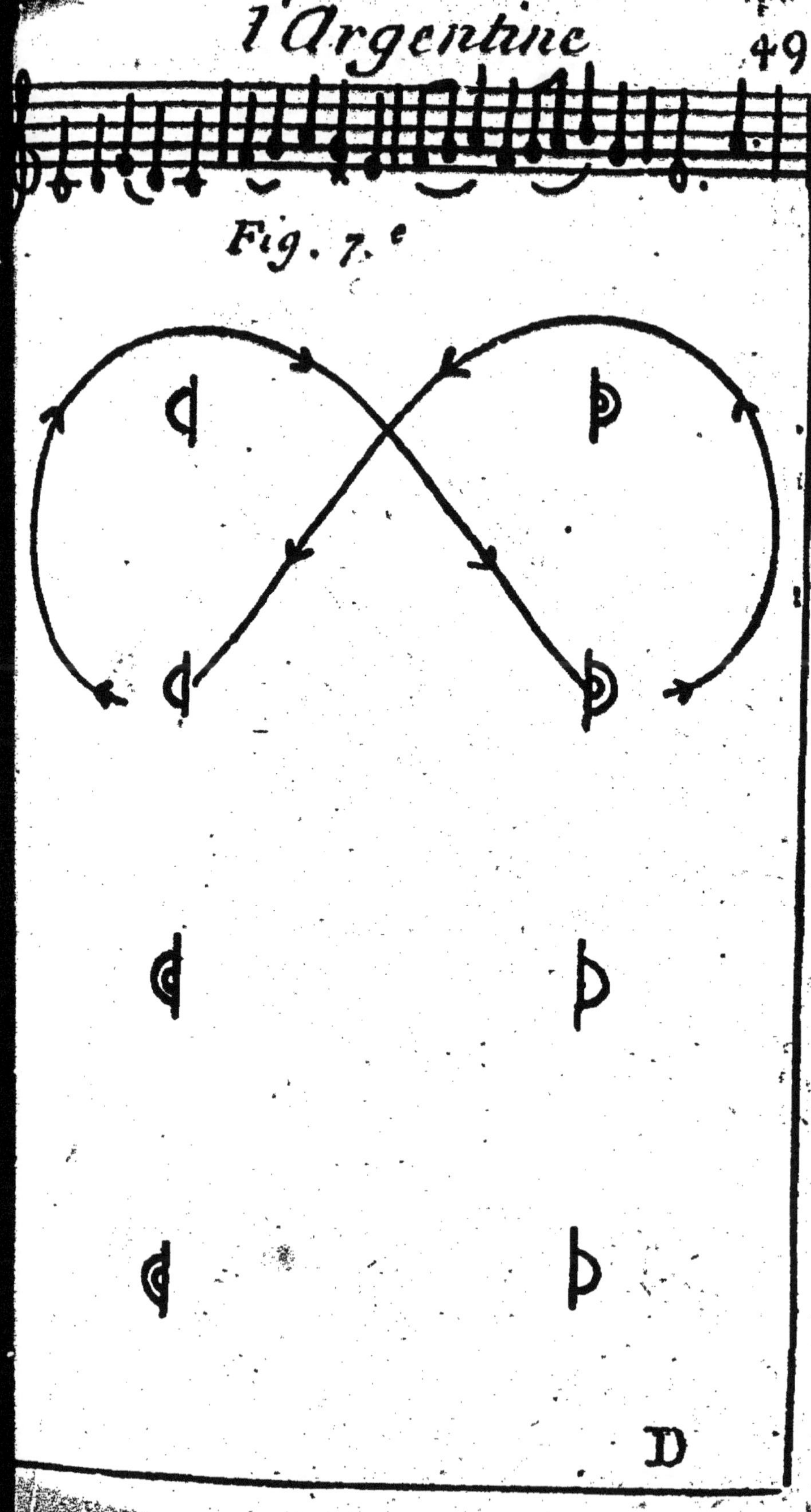
l'Argentine
Fig. 7.e
D

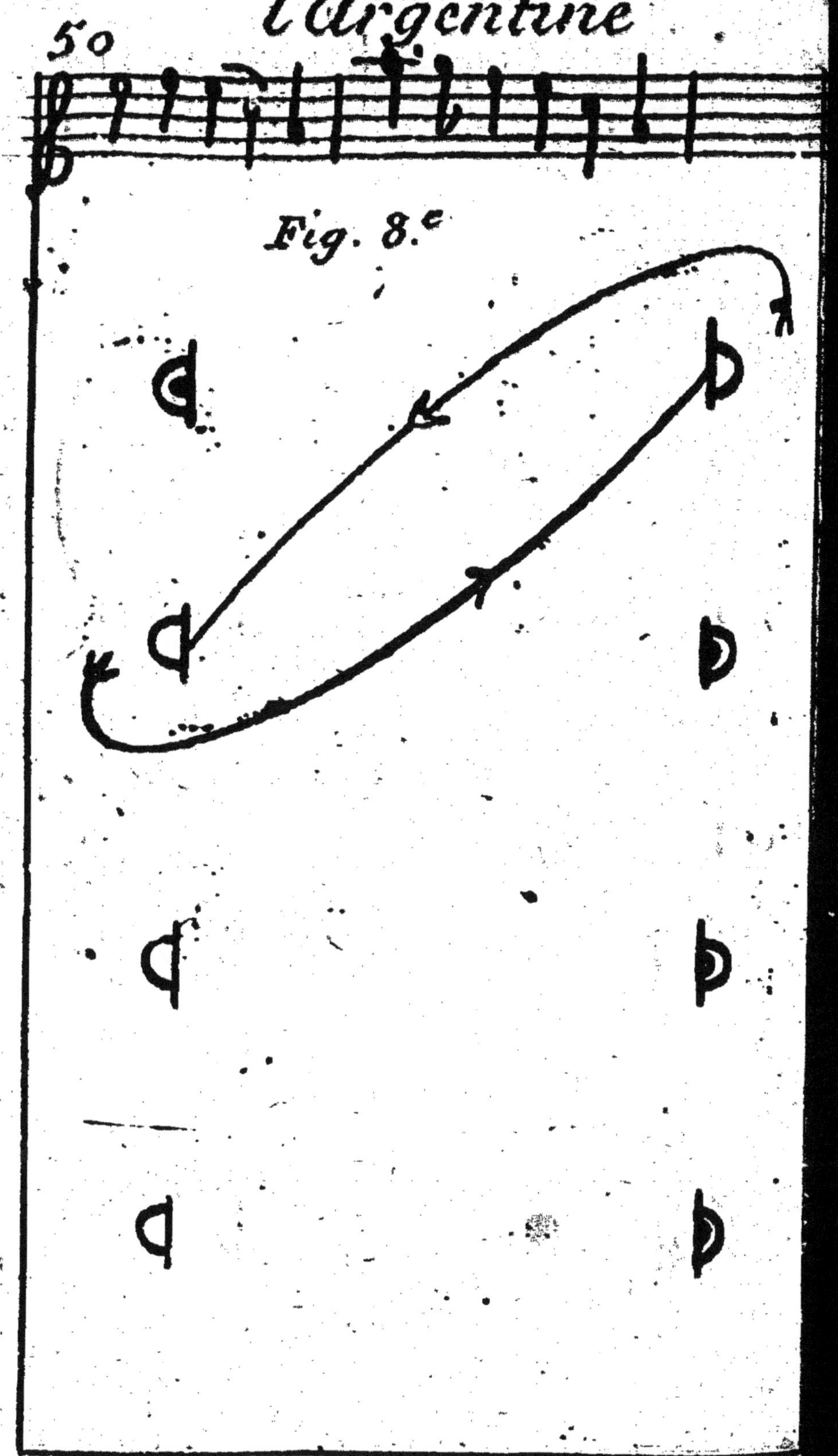

Fig. 8.e

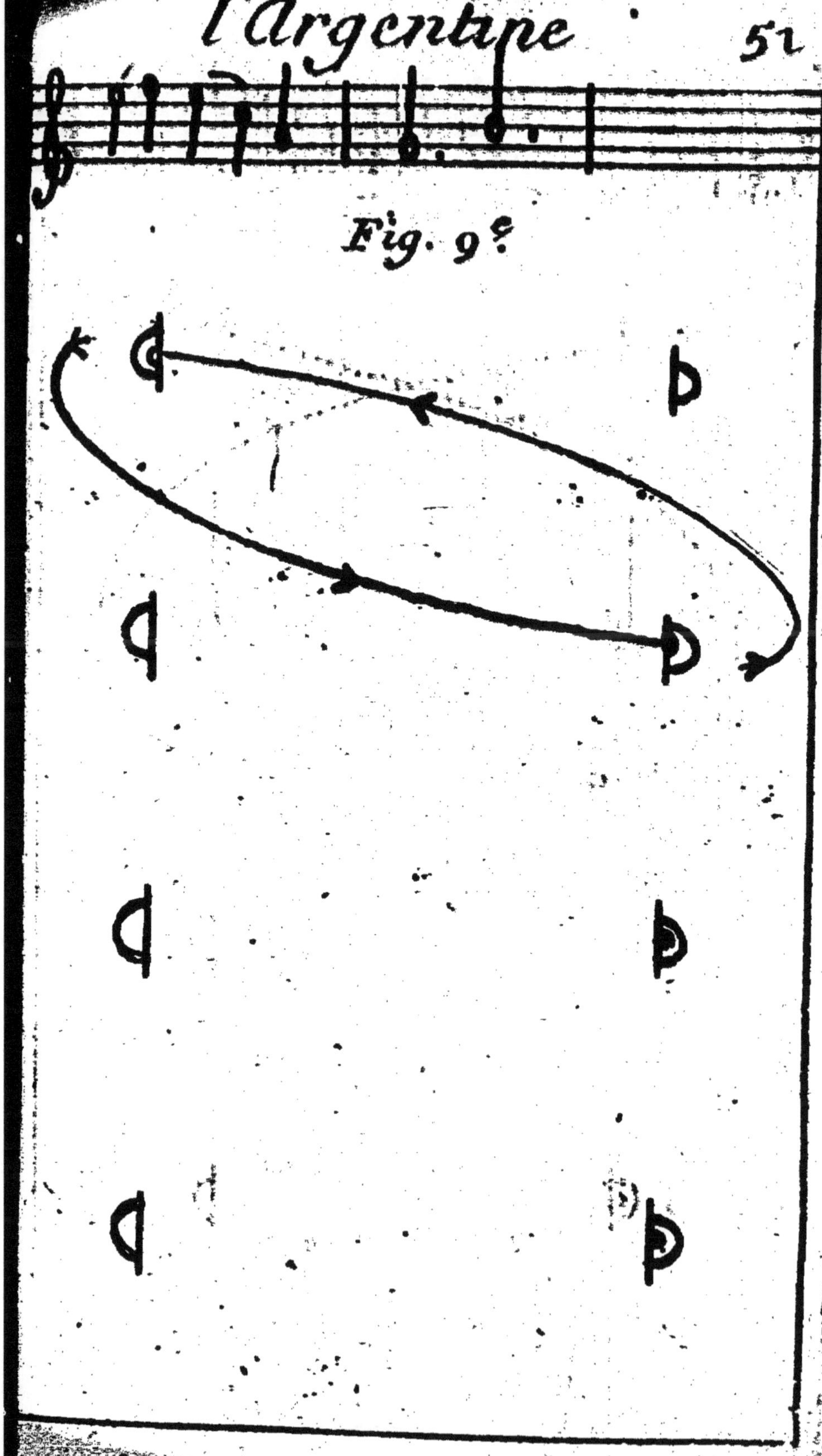
l'Argentine
Fig. 9e

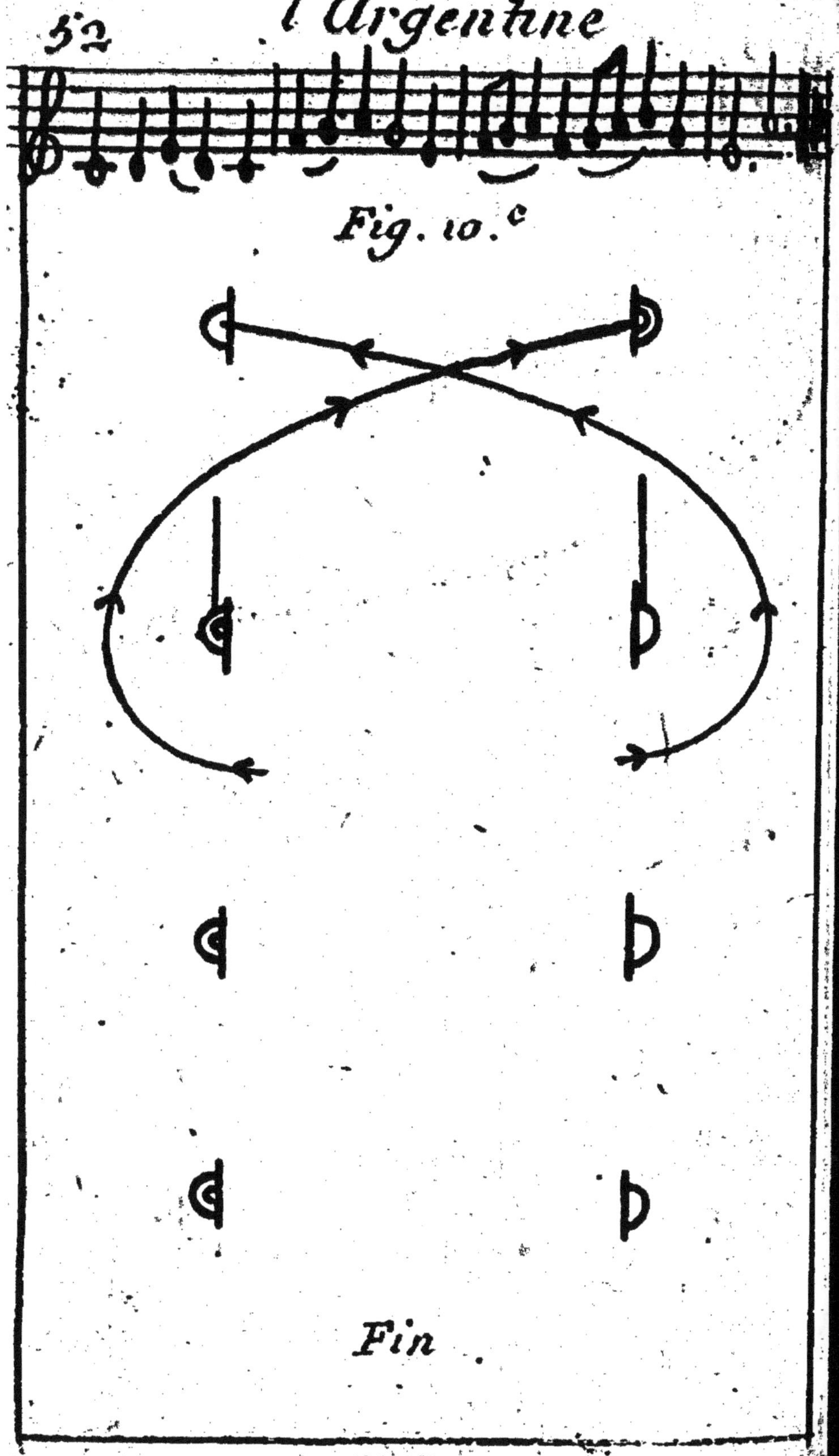
Fig. 10.e
Fin

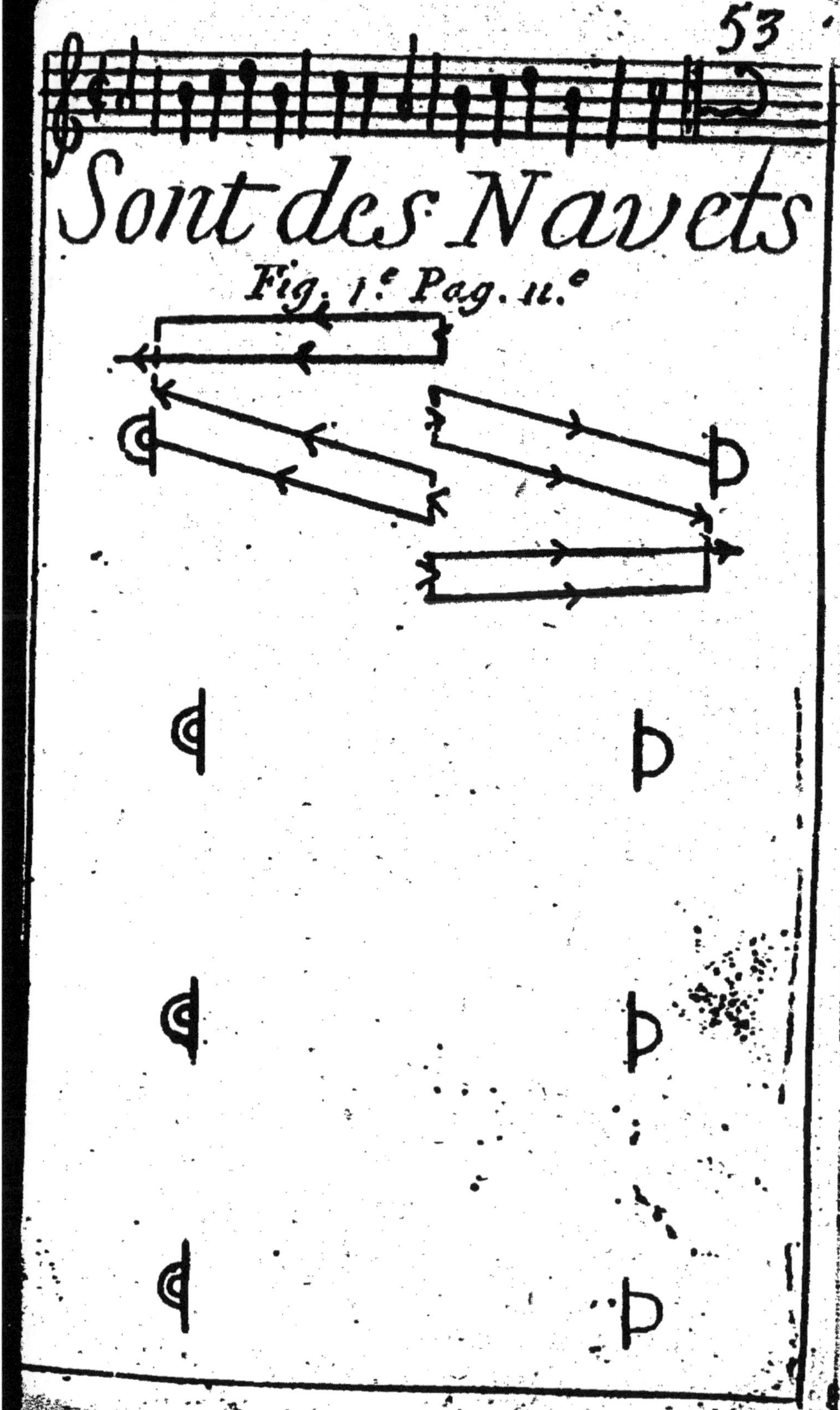
Sont des Navets
Fig. 1.e Pag. 11.e

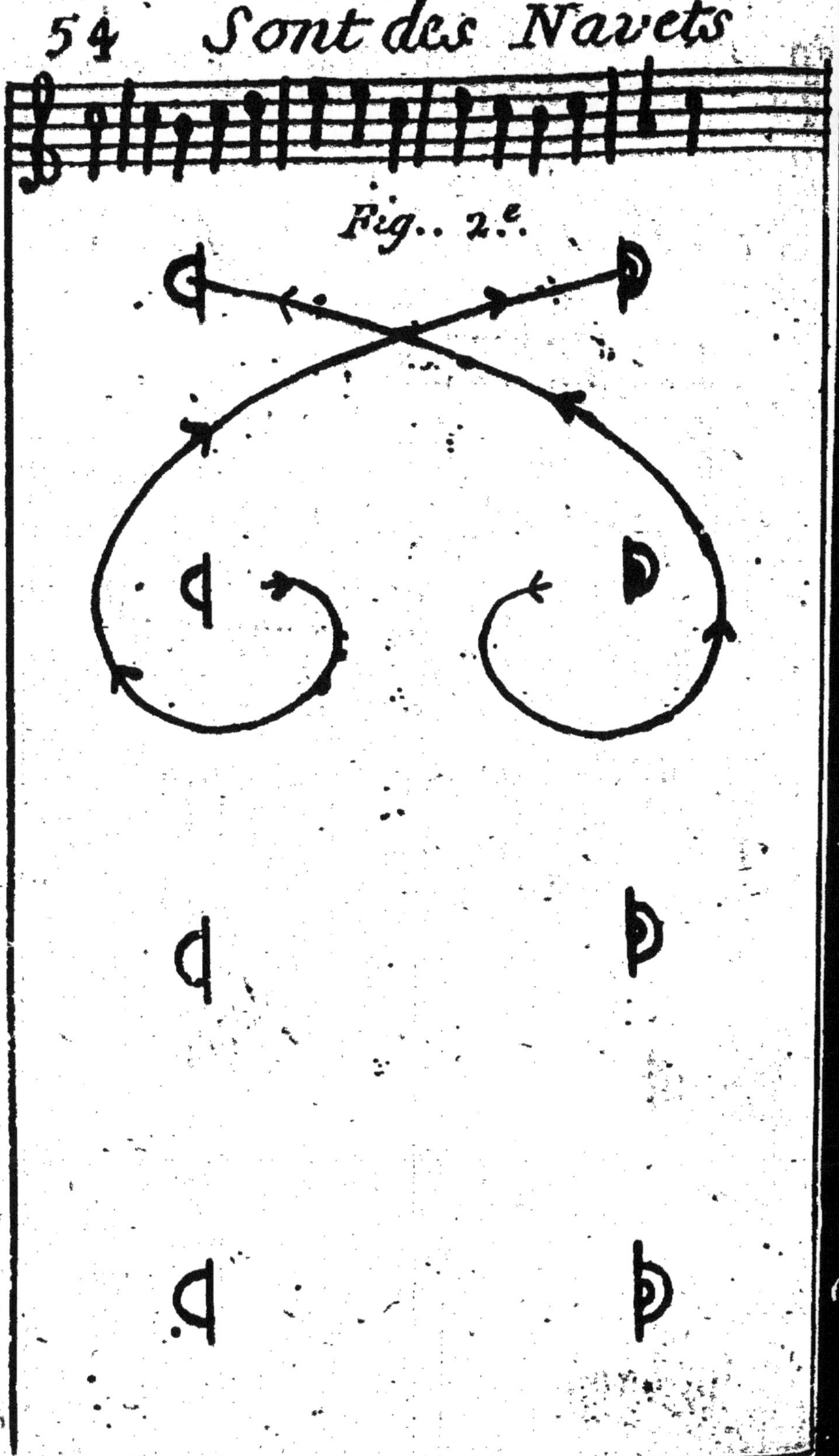
Fig.. 2.e

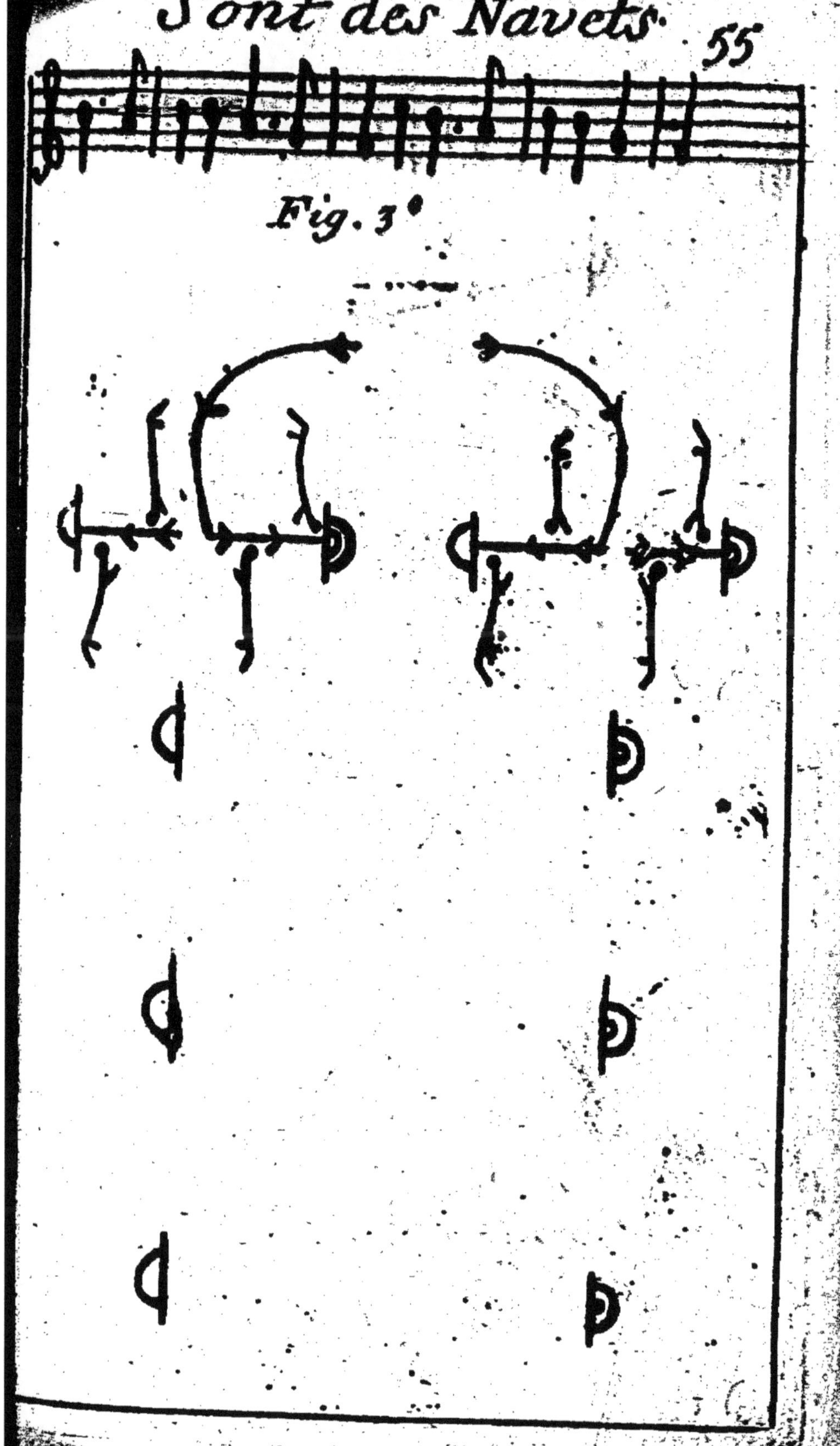

Fig. 3°

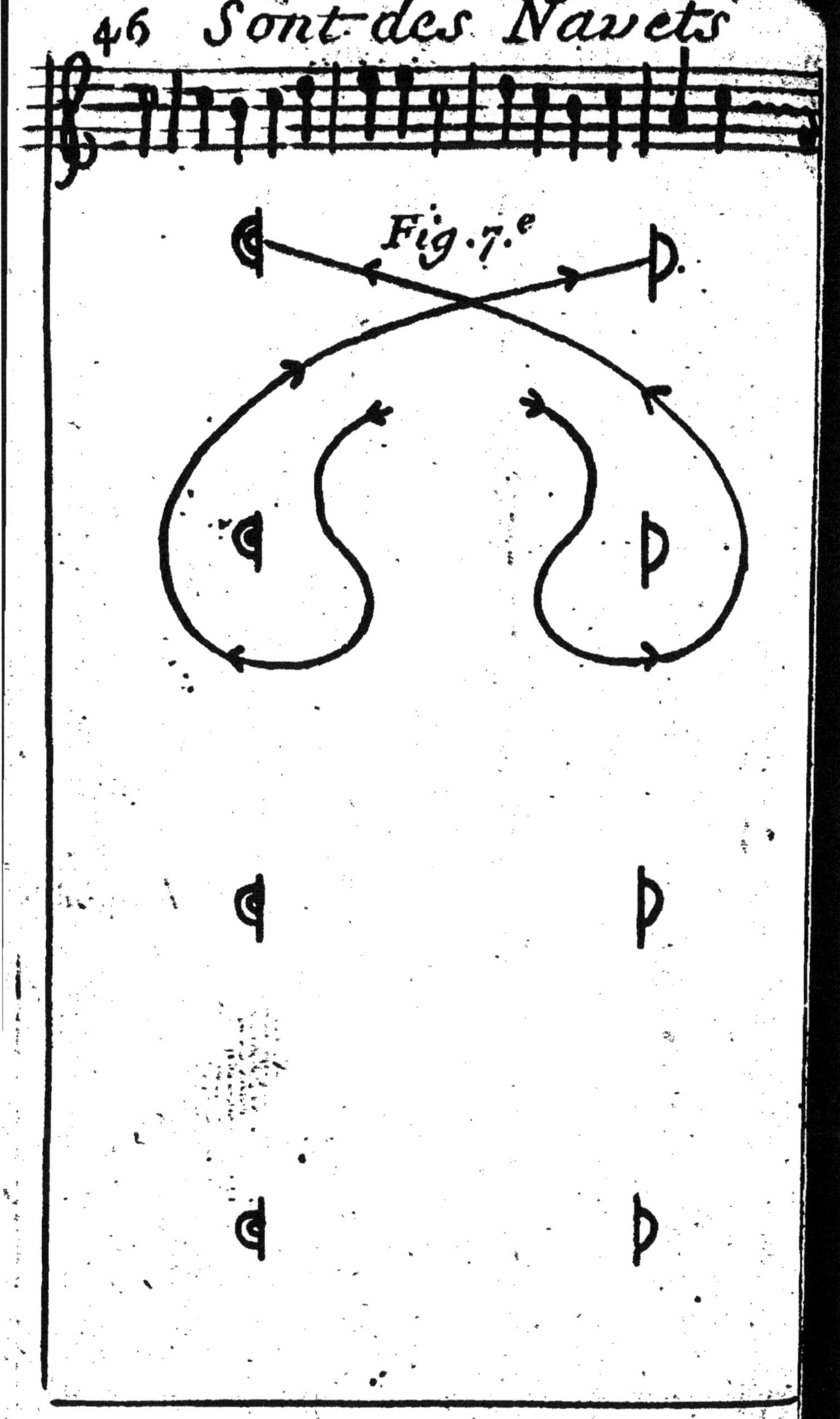
Fig. 7.e

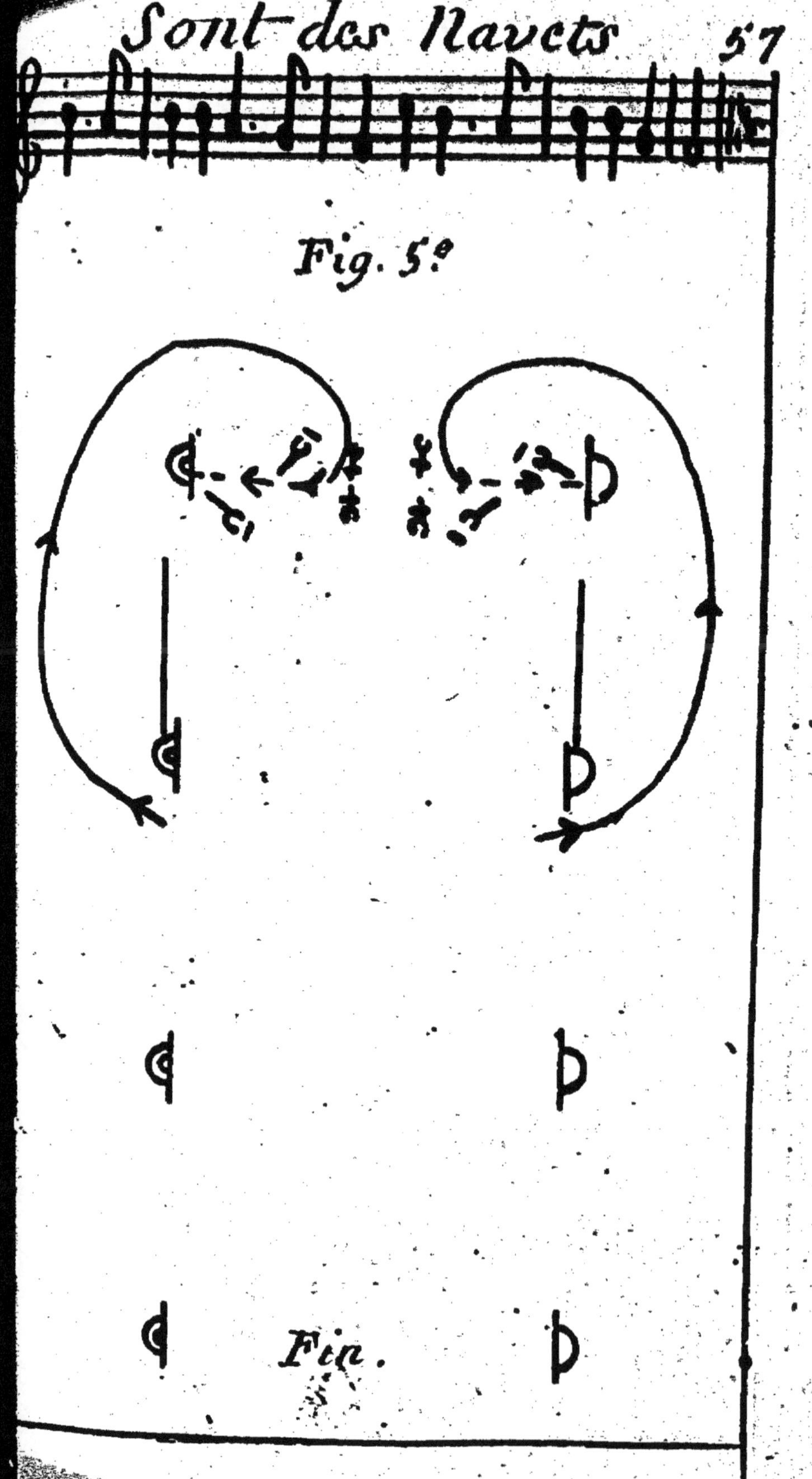
Fig. 5e
Fin.

la Villars

Pag. u

Fig. 1.e

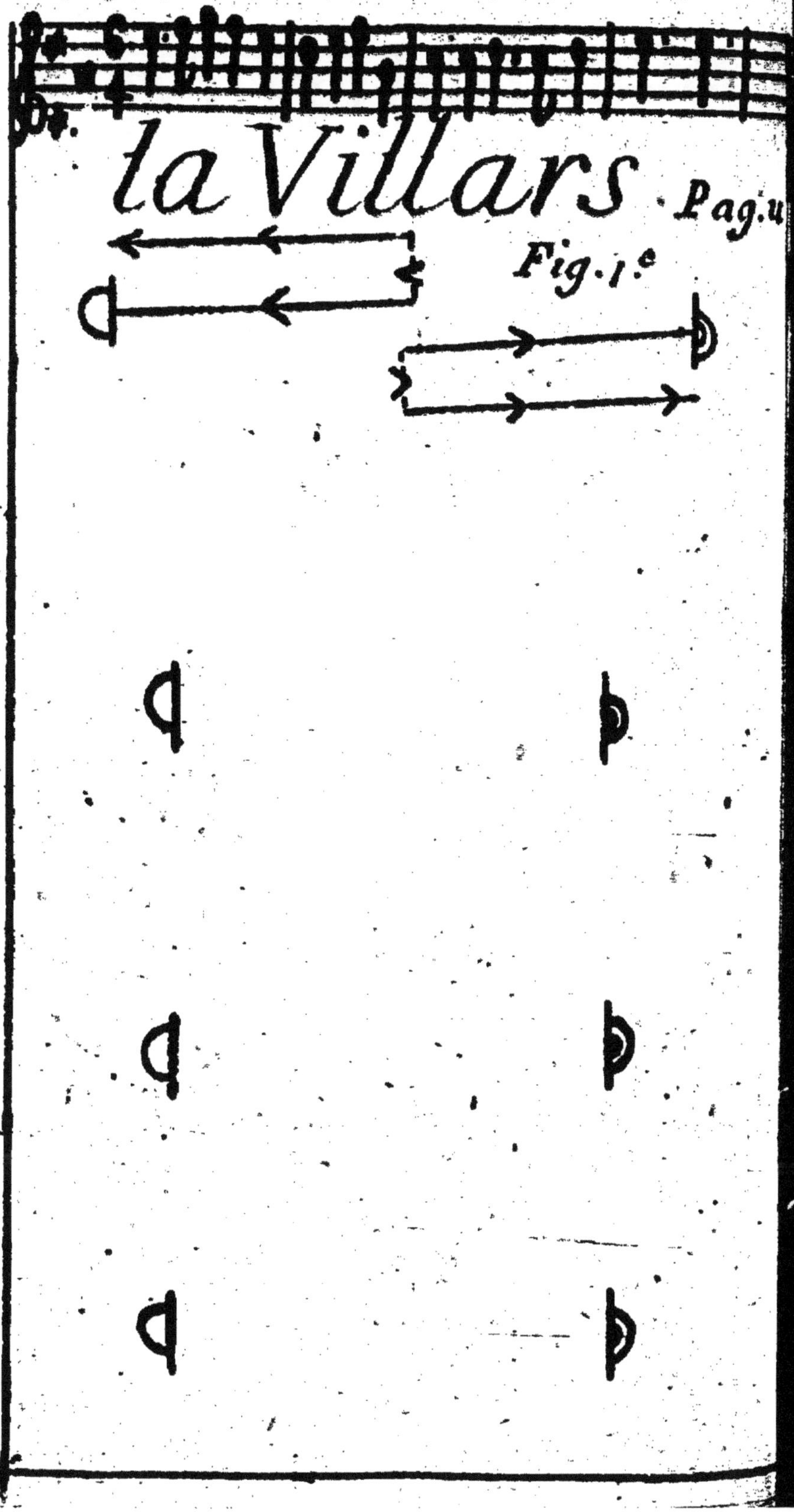

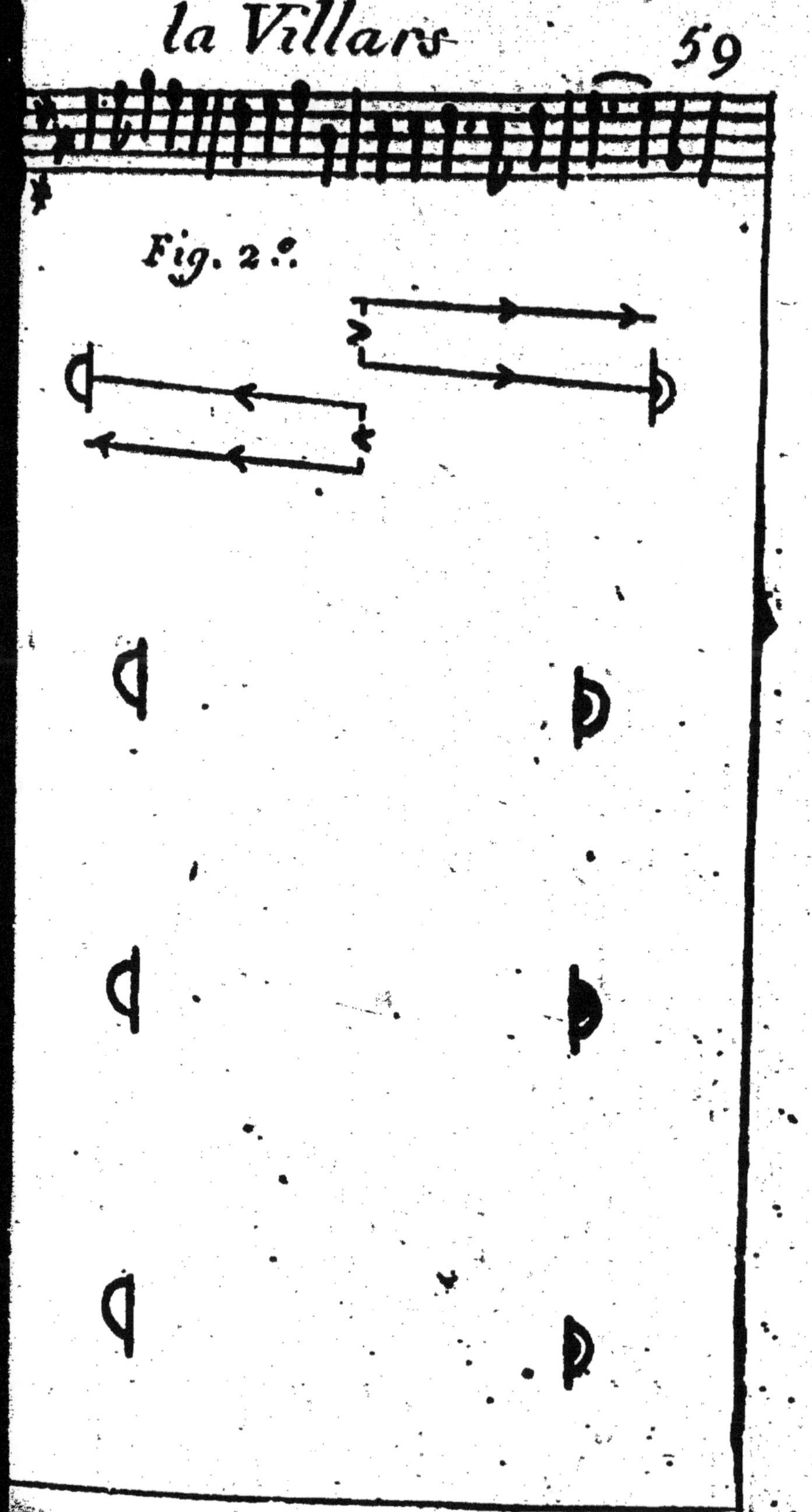
Fig. 2.e

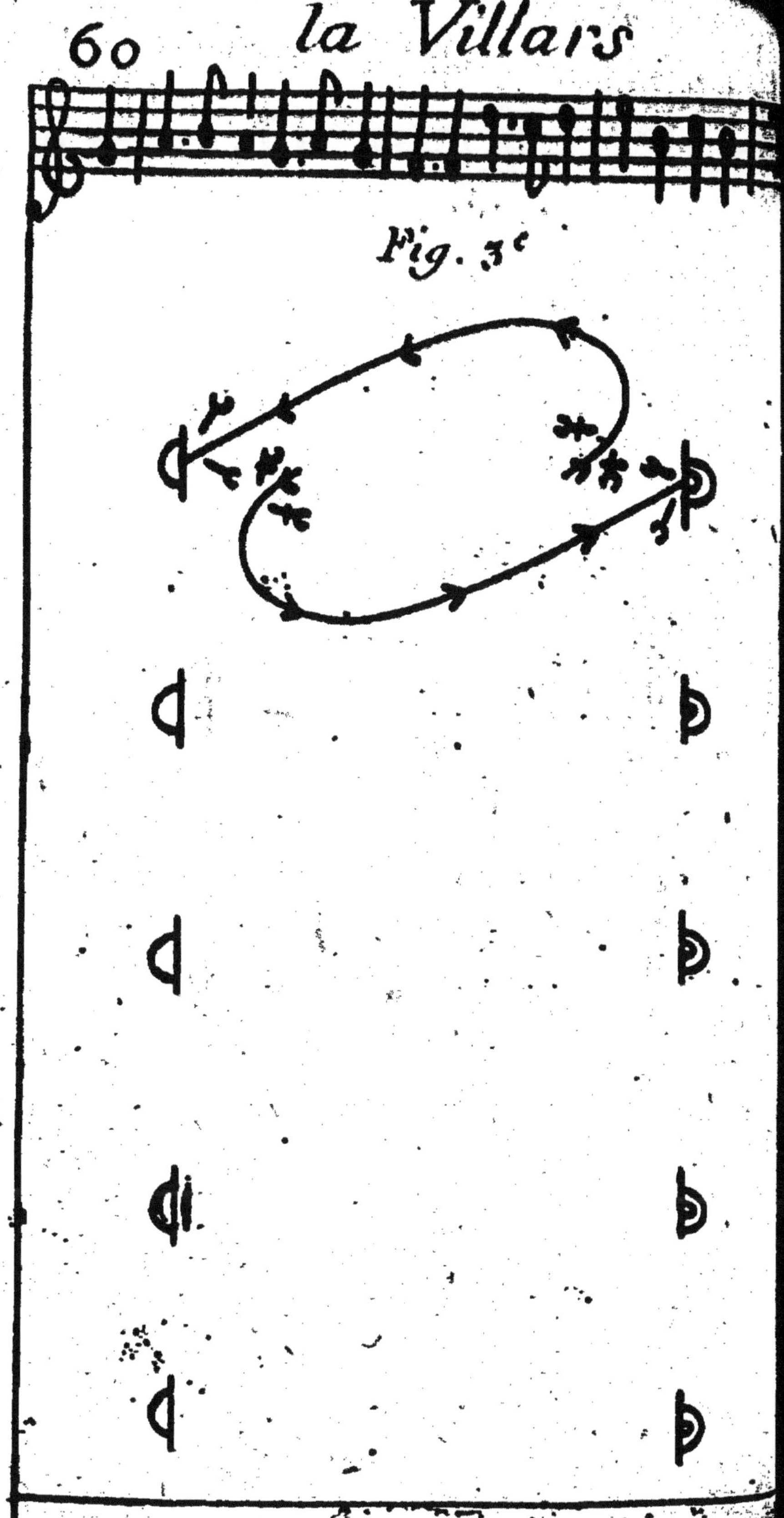
60
la Villars
Fig. 3e

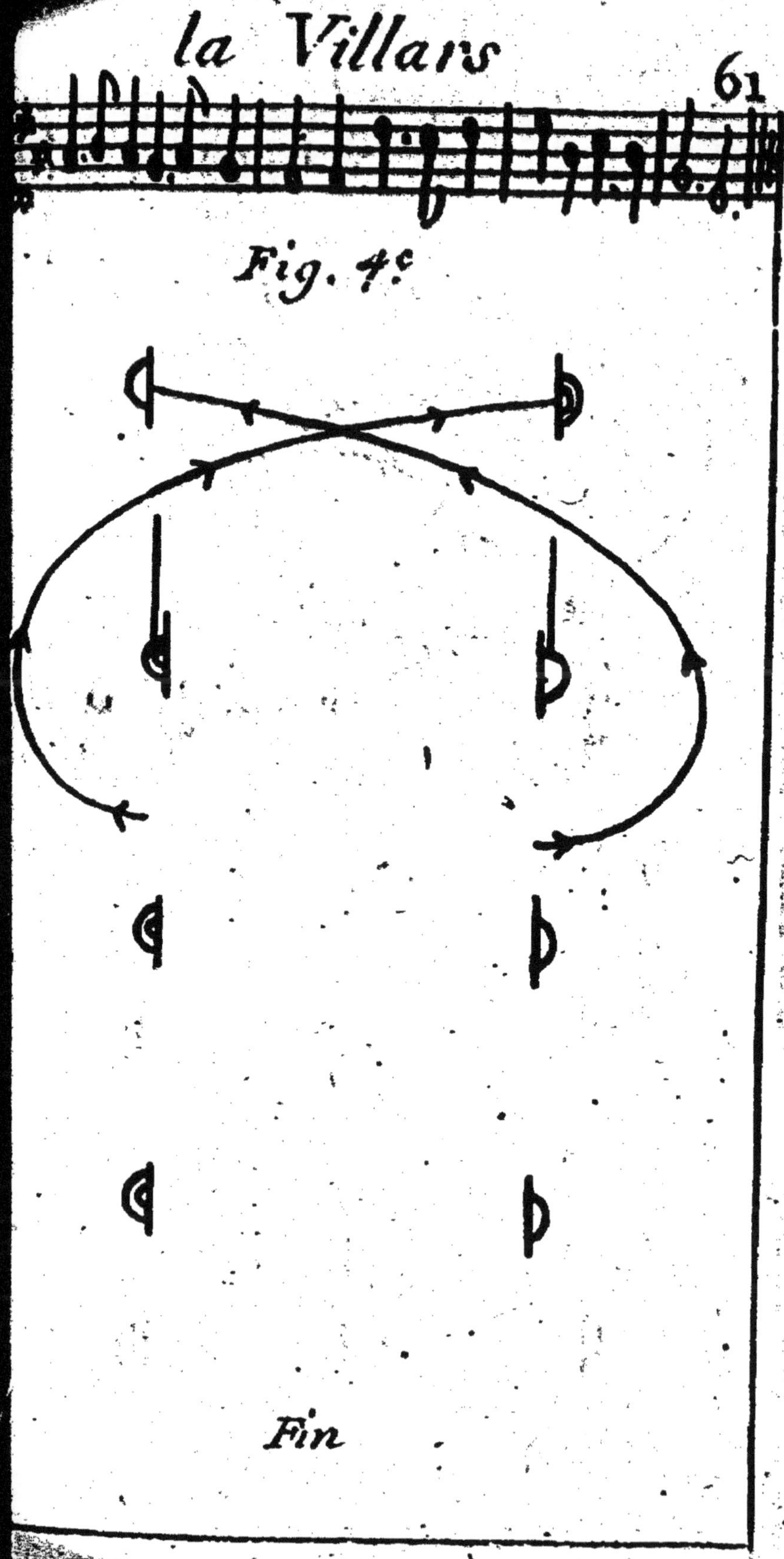
la Villars
61
Fig. 4e
Fin

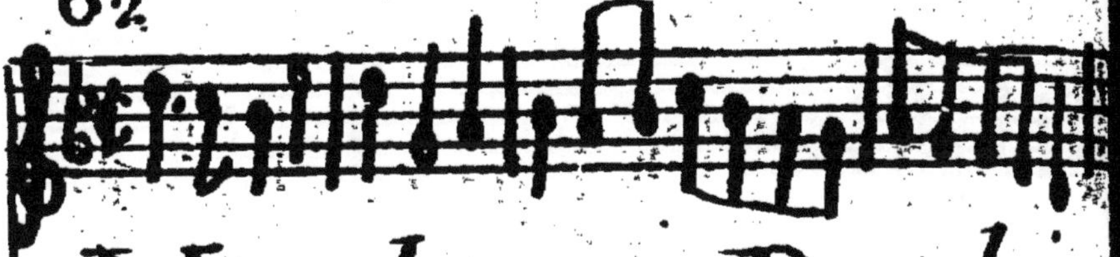

Madame Robin

Fig. 1.^e Pag. 15

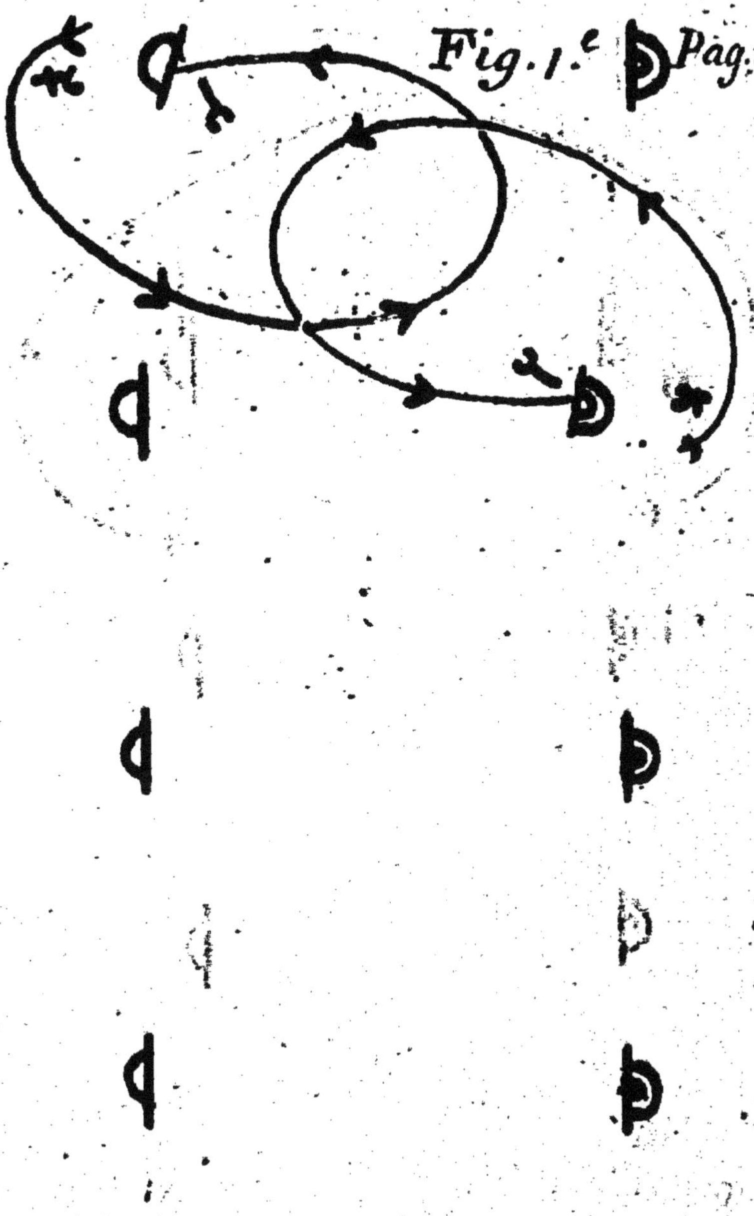

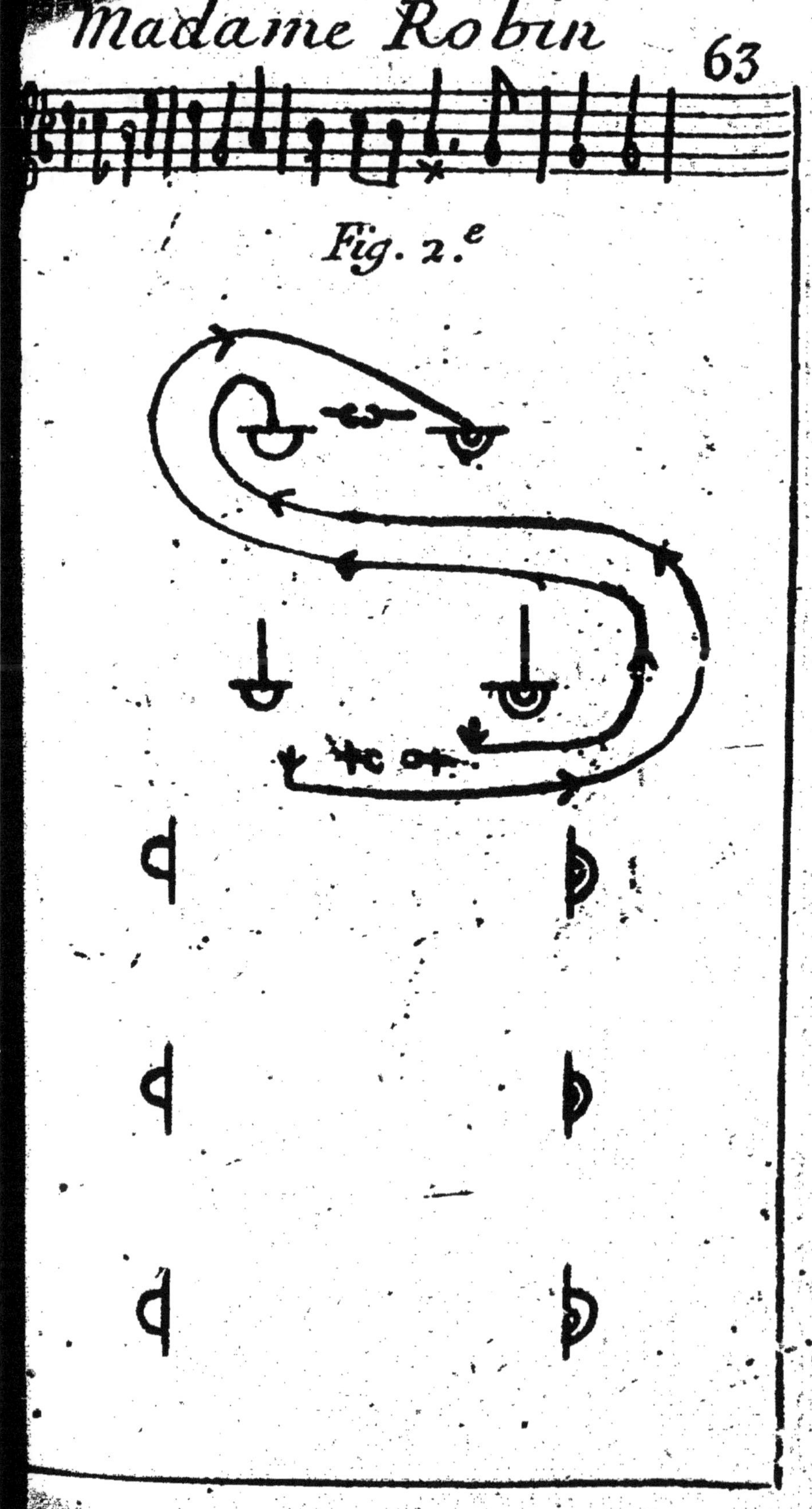

Fig. 2.e

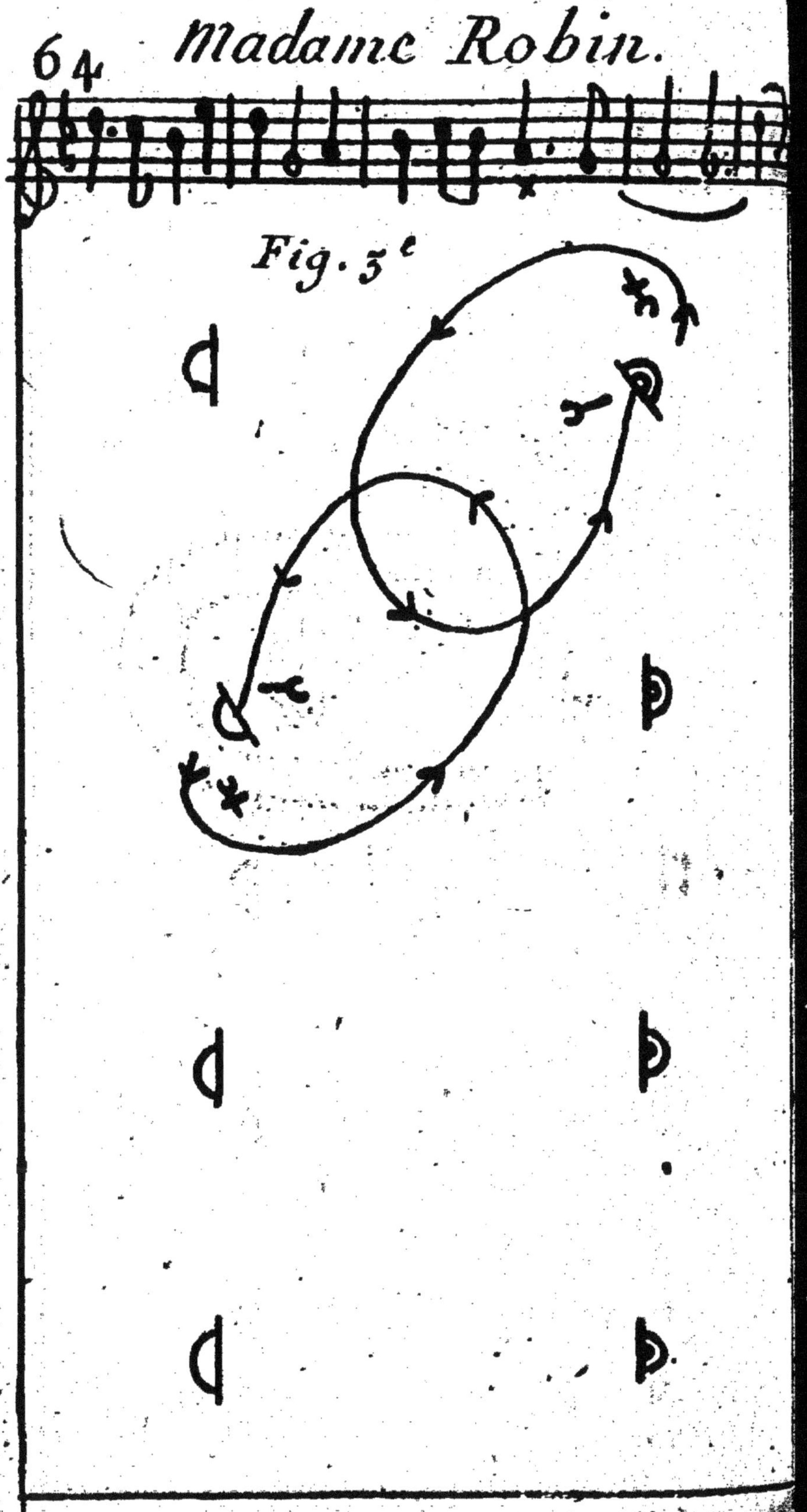
Fig. 3e

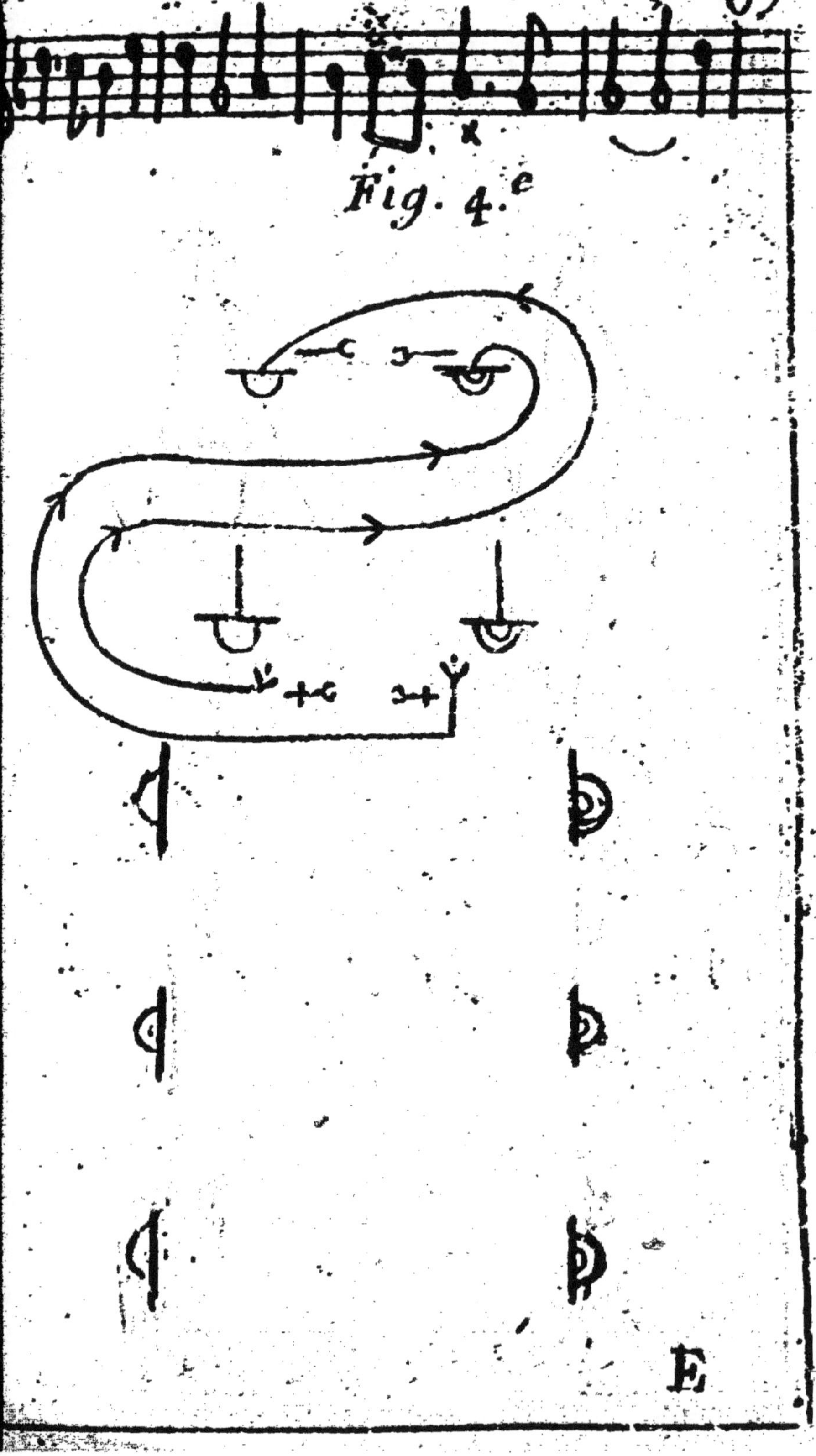

Fig. 4.e

Madame Robin

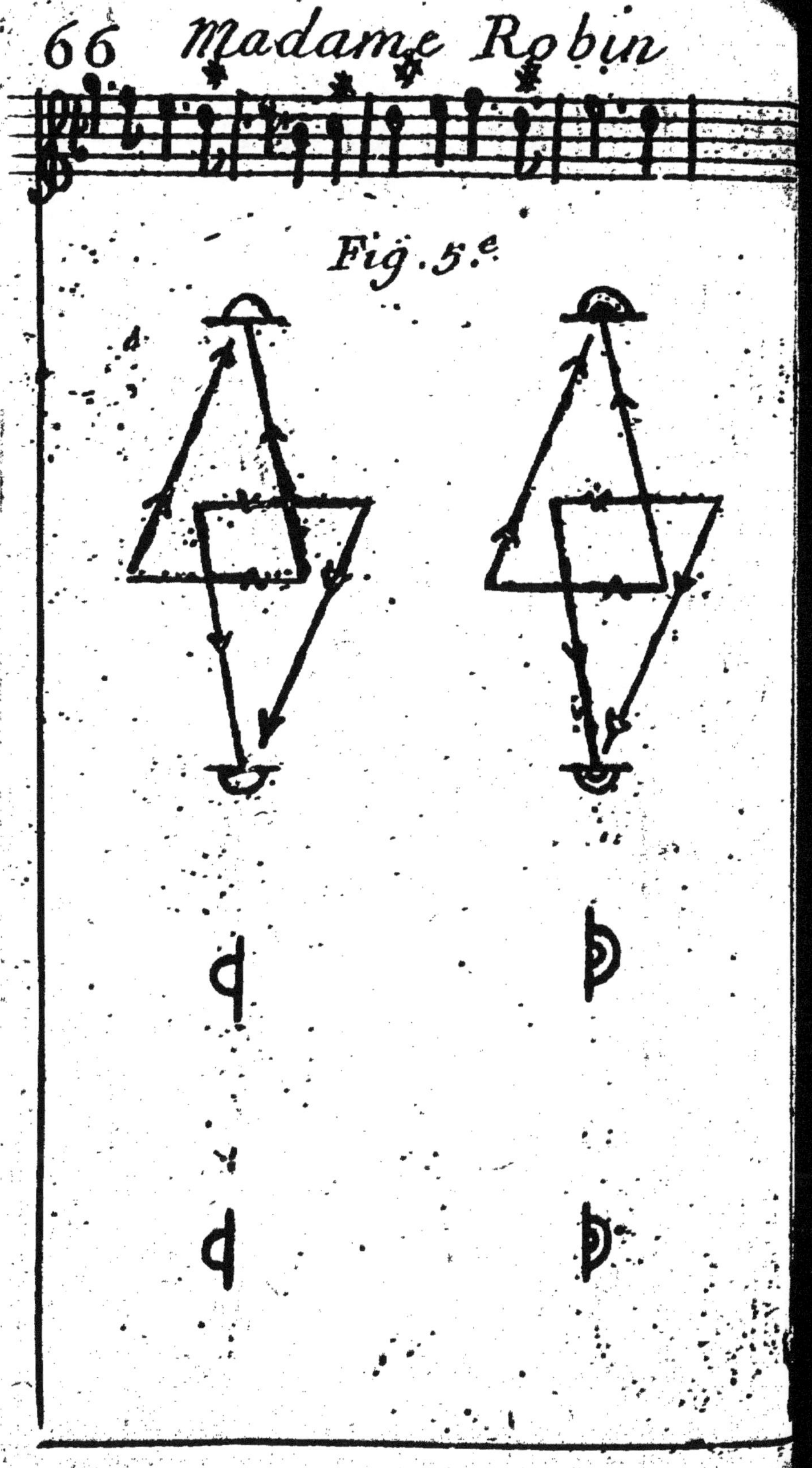

Fig. 5.e

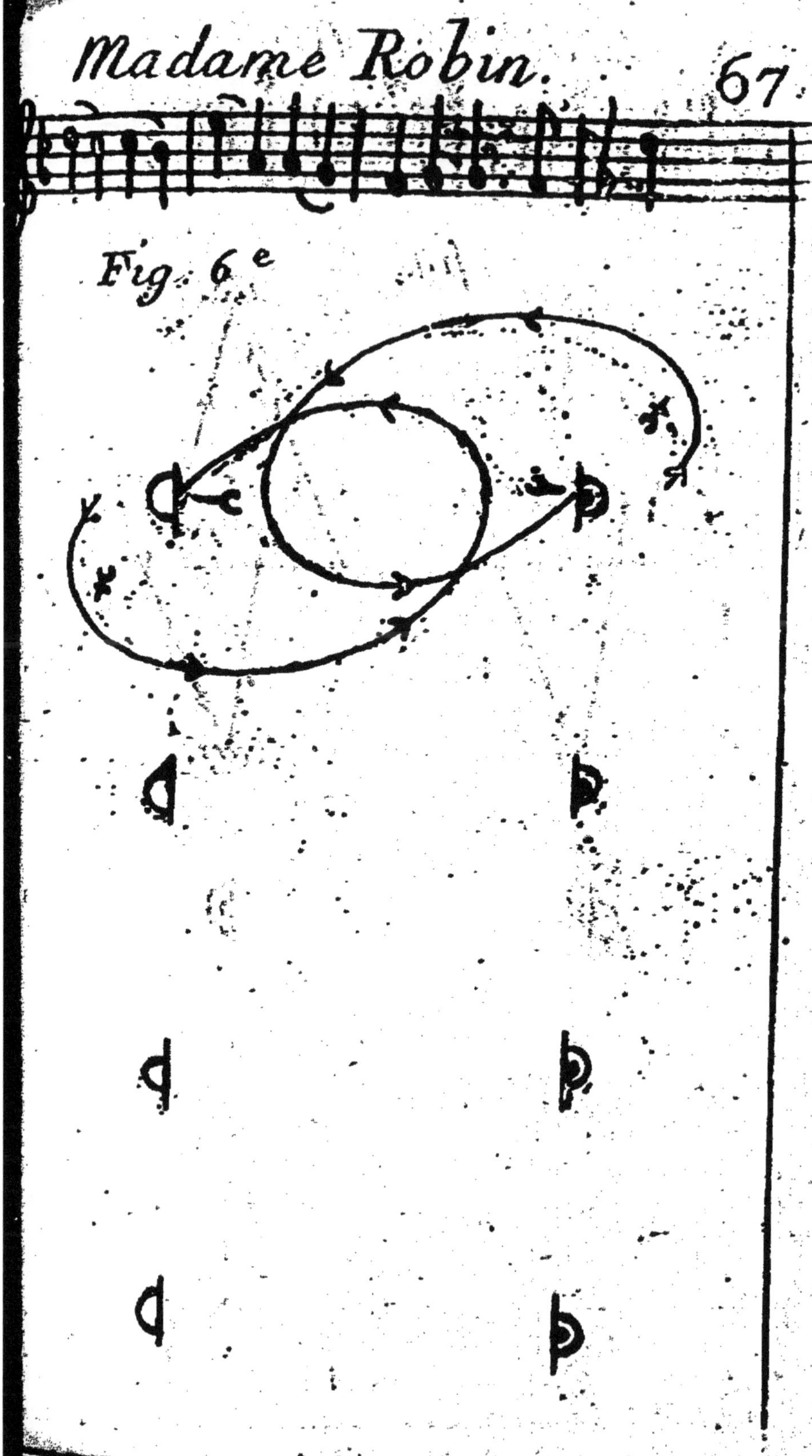
Fig. 6 e

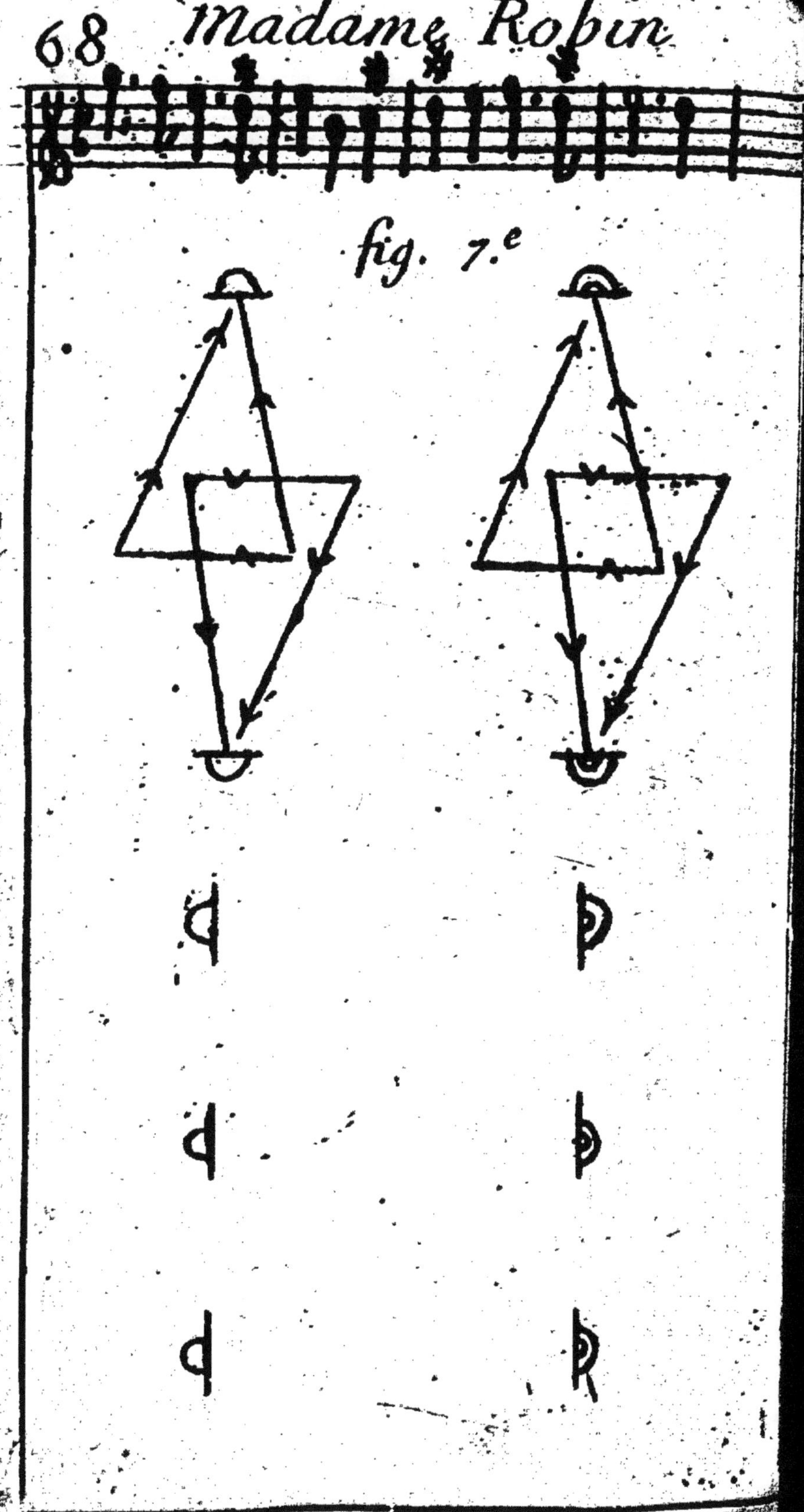
fig. 7.e

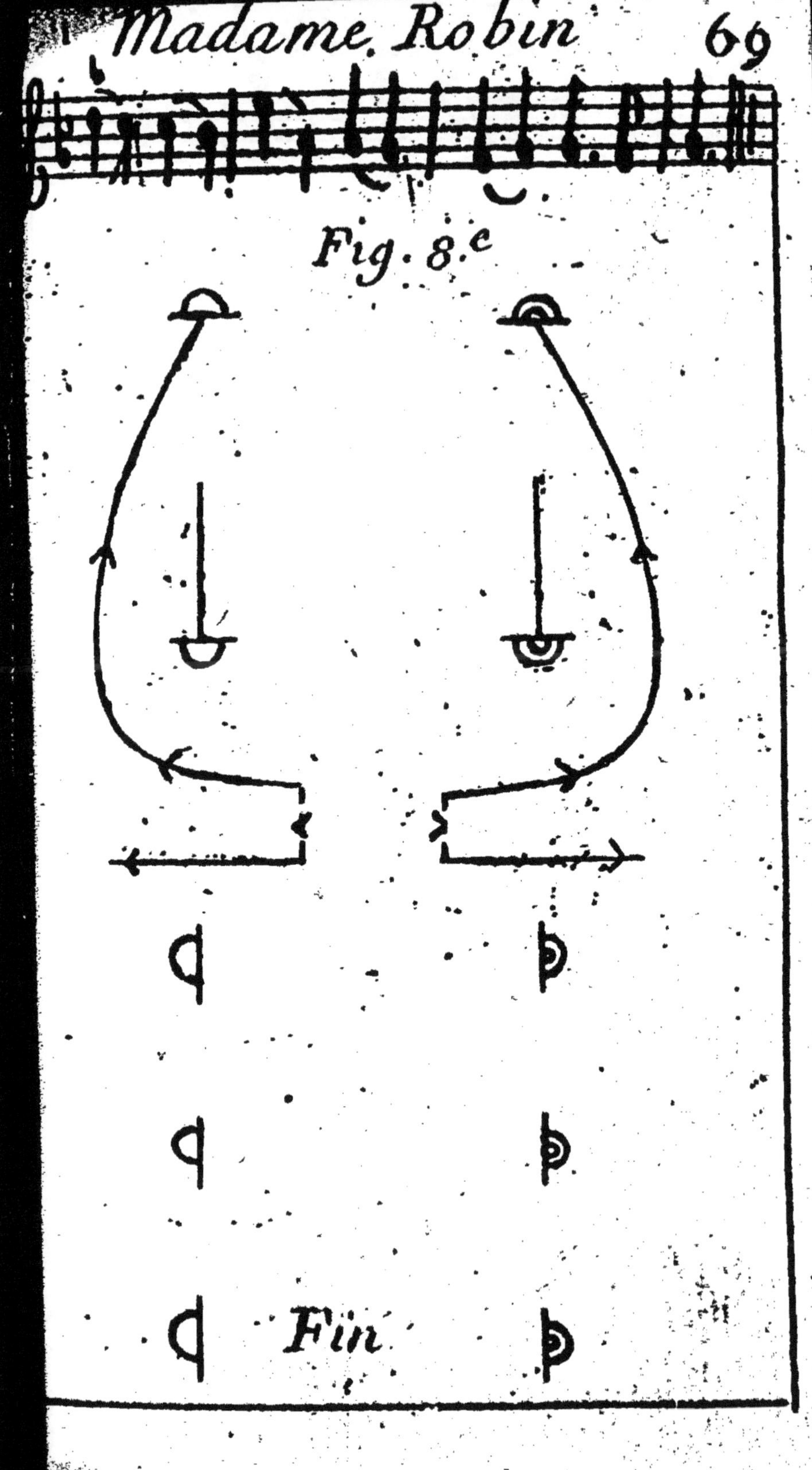
Madame Robin
Fig. 8.e
Fin

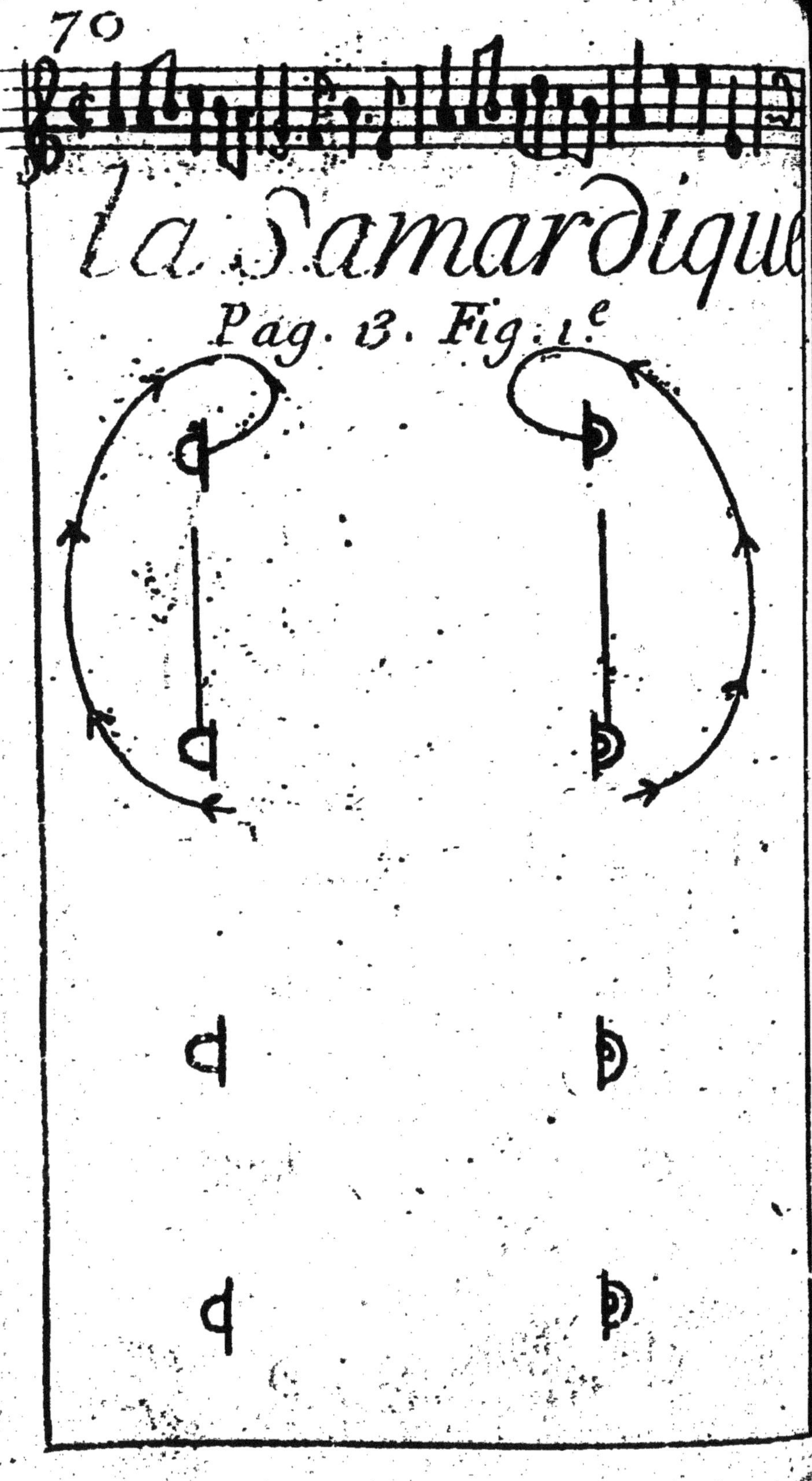
la Samardique
Pag. 13. Fig. 1e

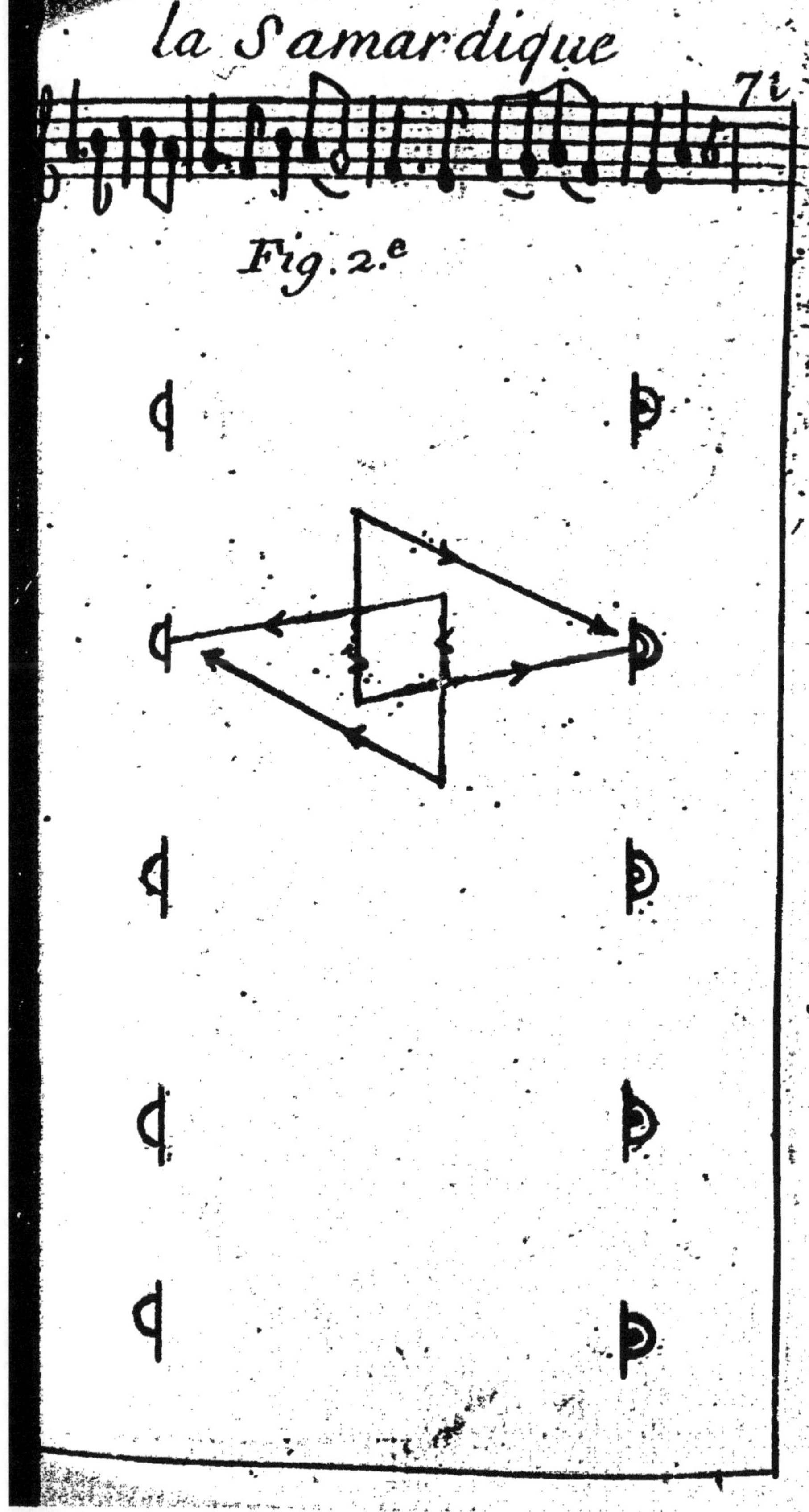
la Samardique
Fig. 2.e

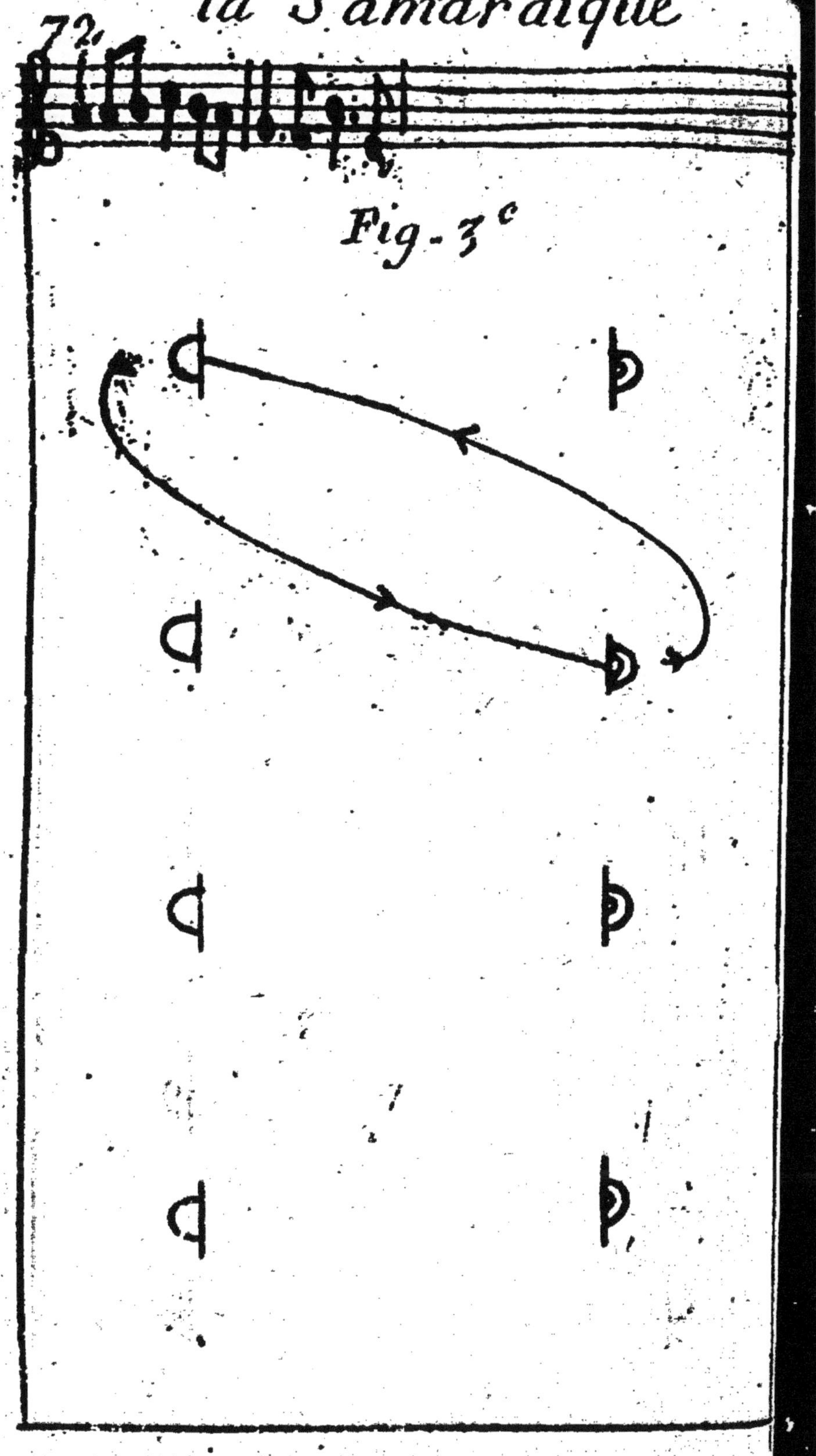
la Samardique
Fig-3e

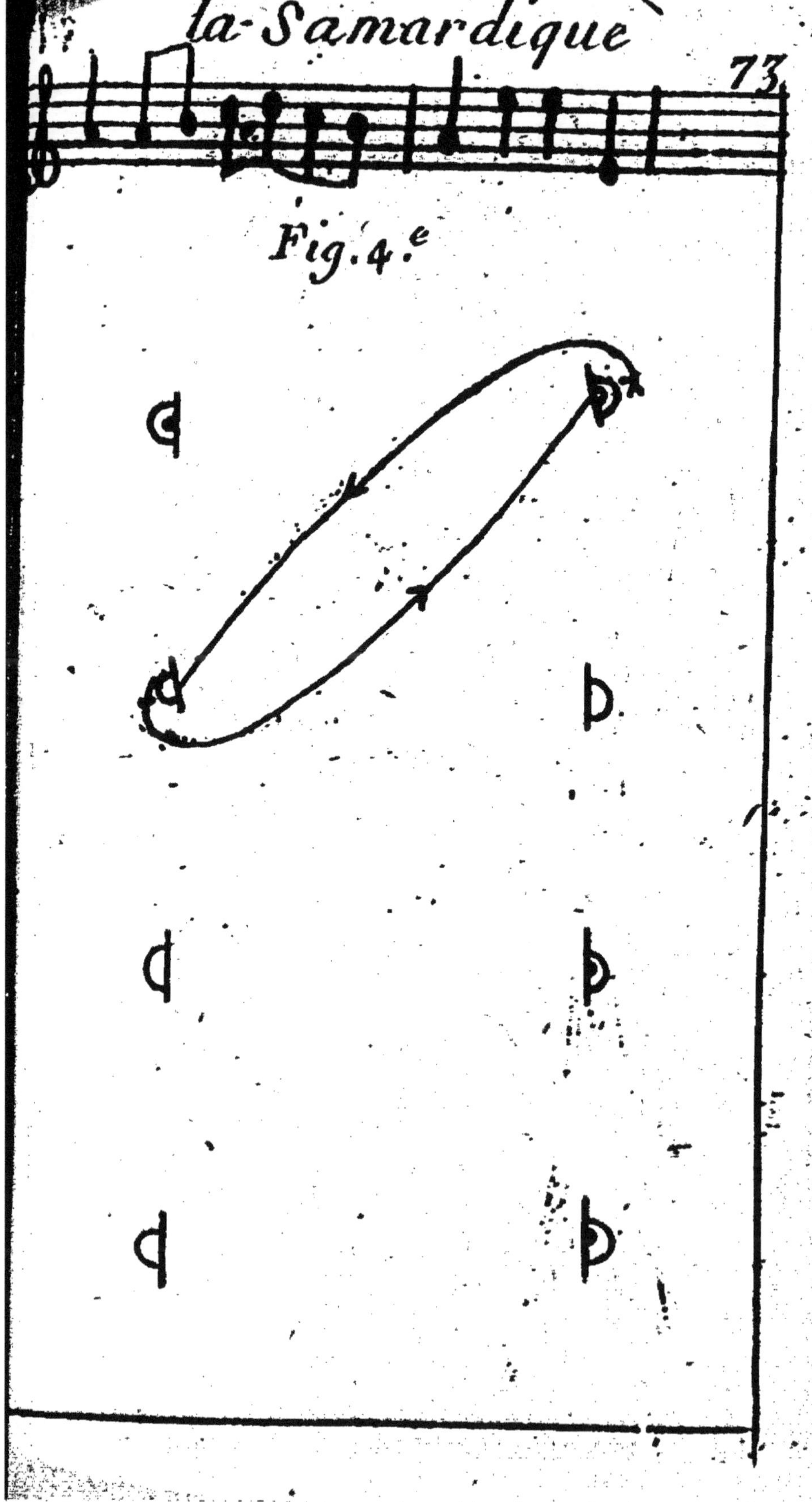
la-Samardique
Fig. 4.e

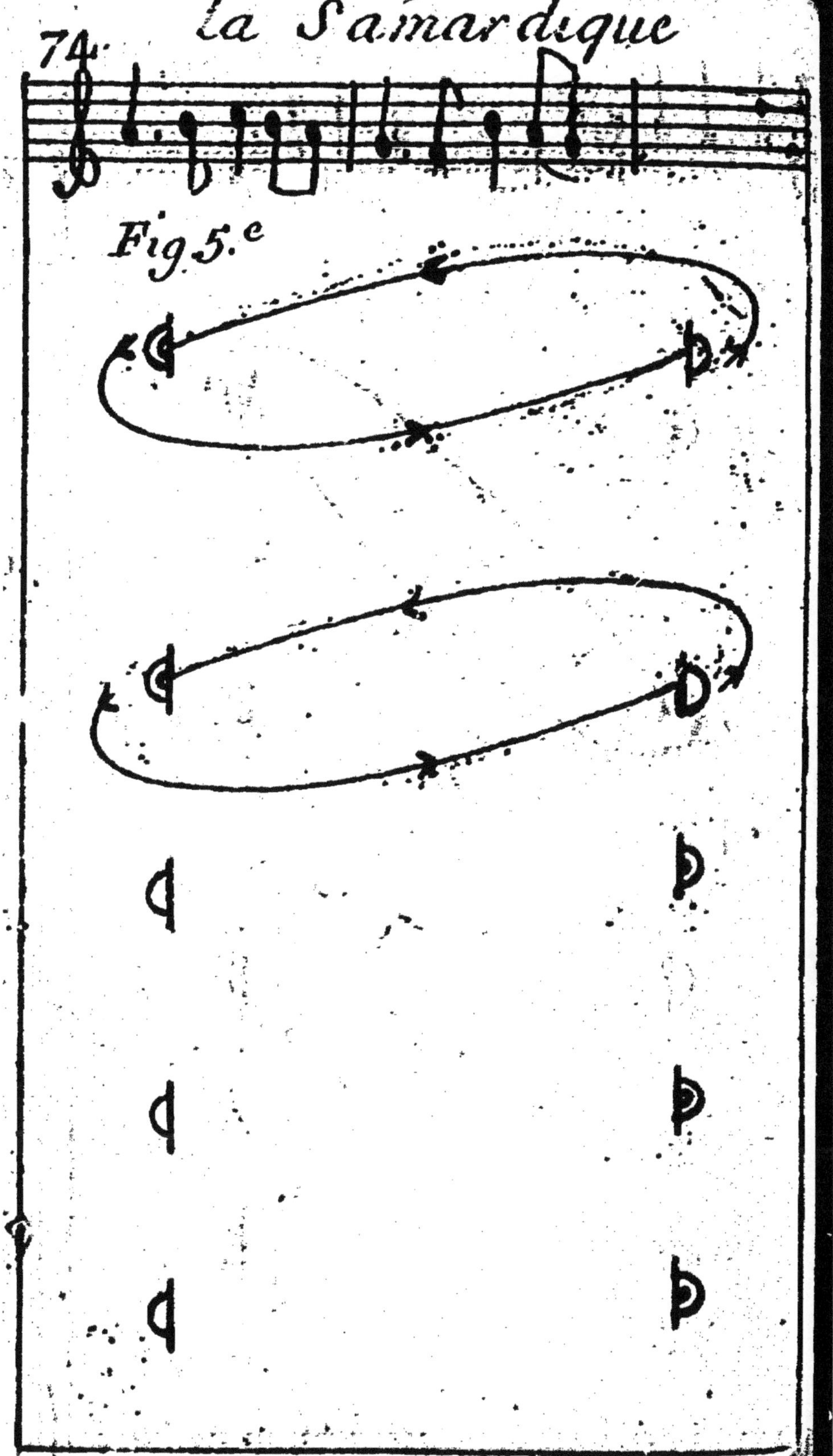
la Saimardique
Fig. 5.e

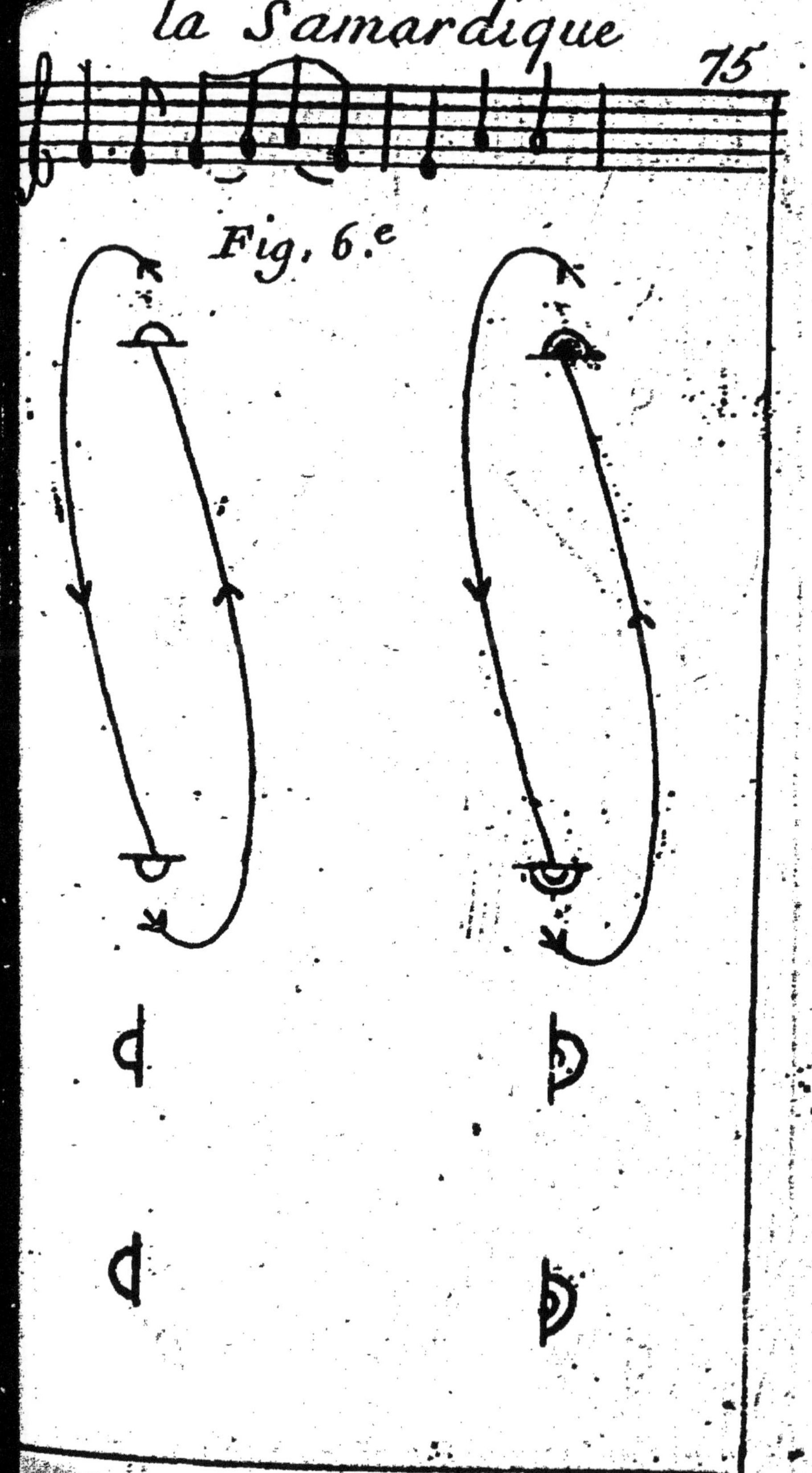
la Samardique
75
Fig. 6.e

la Samardique

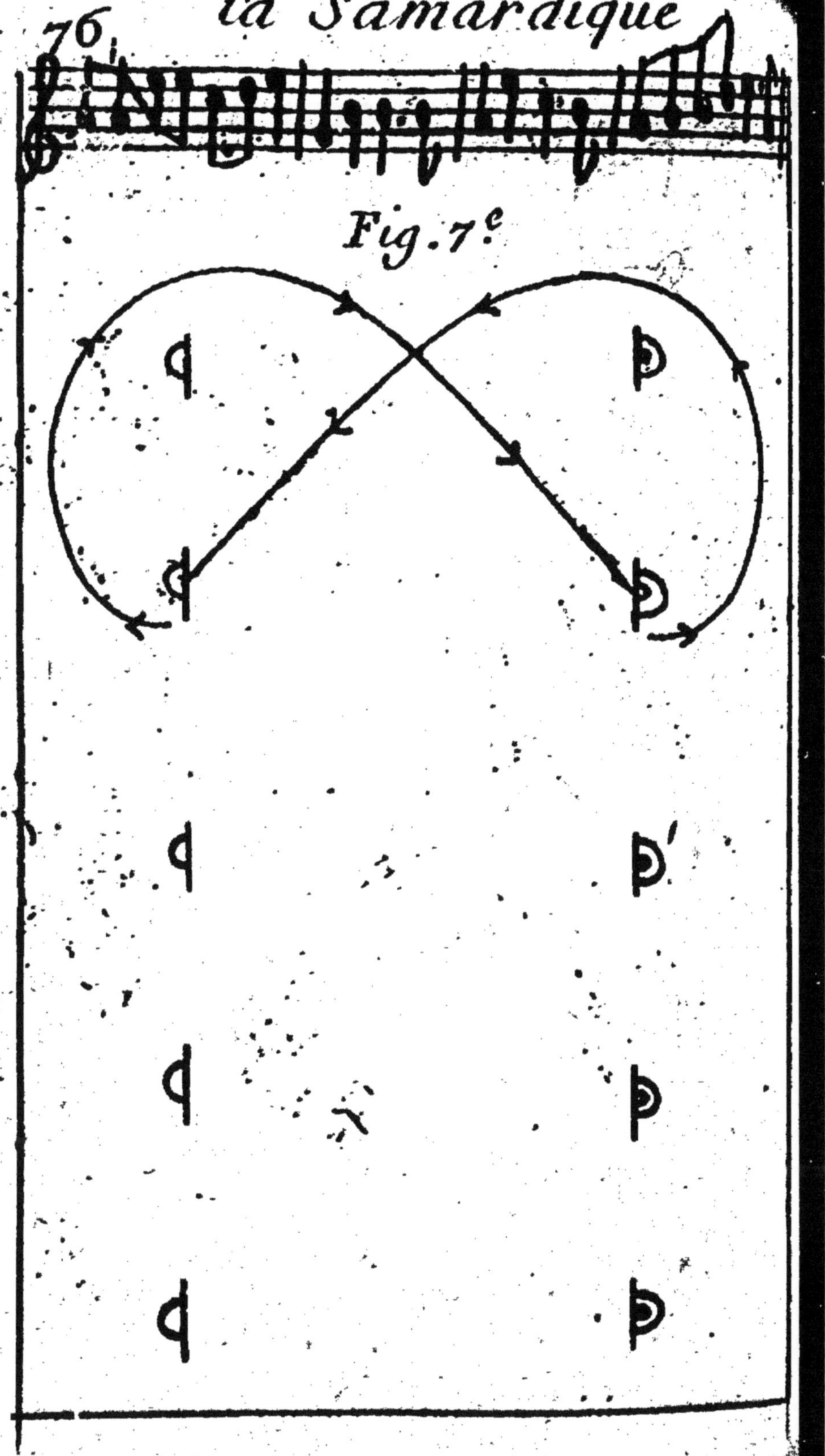

Fig. 7e

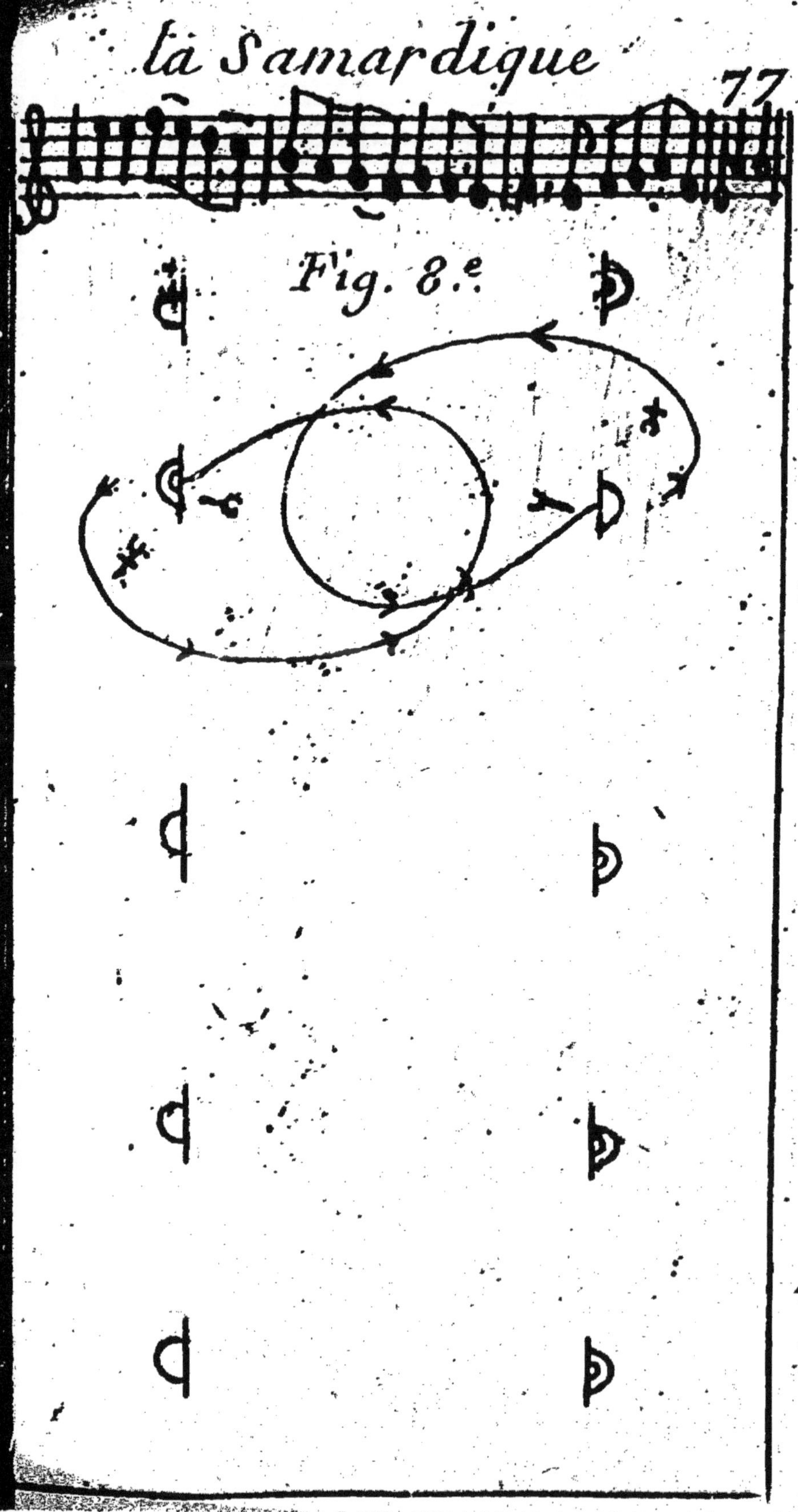
la Samardique
Fig. 8.e

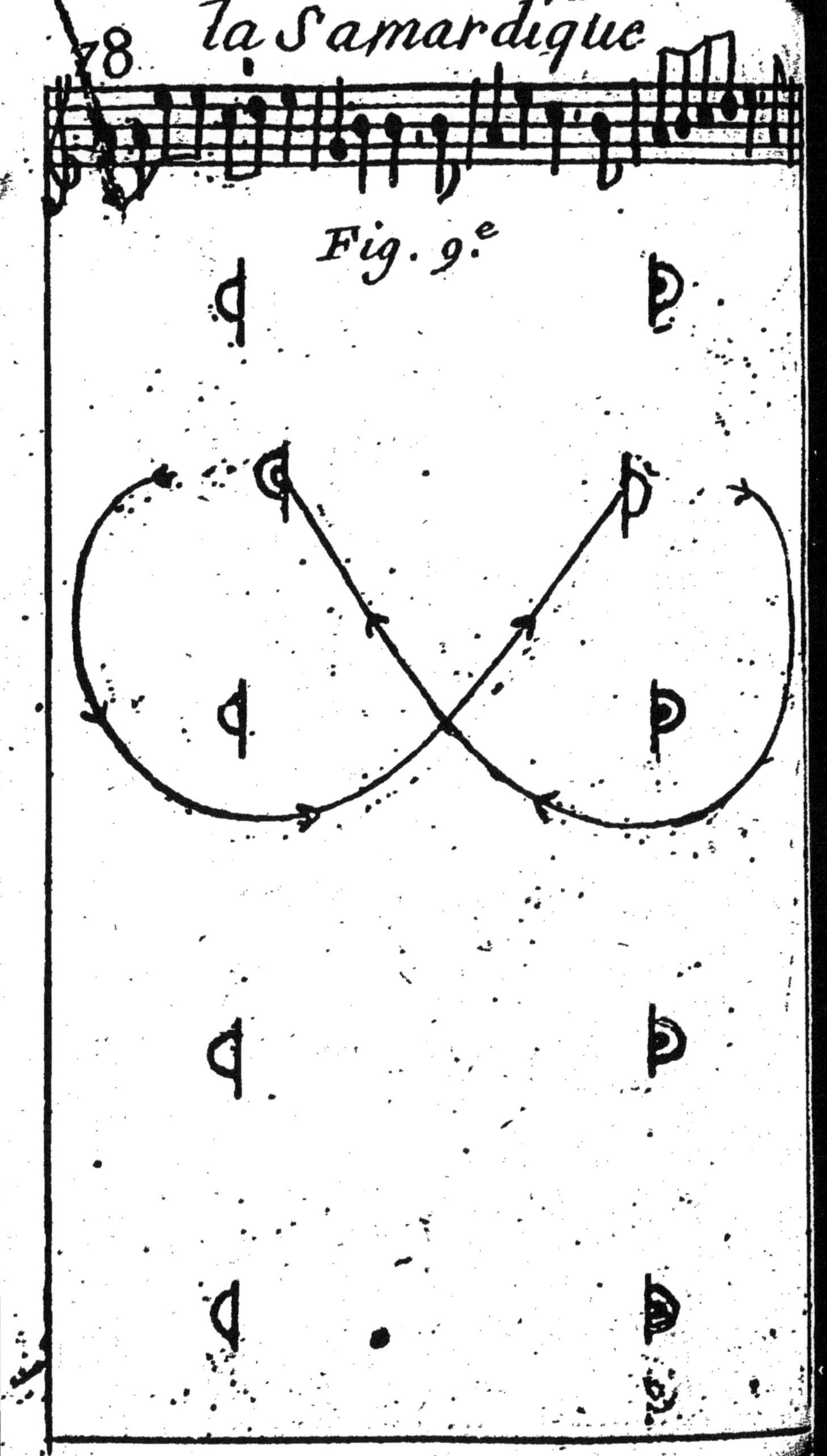
78
la Samardique
Fig. 9.e

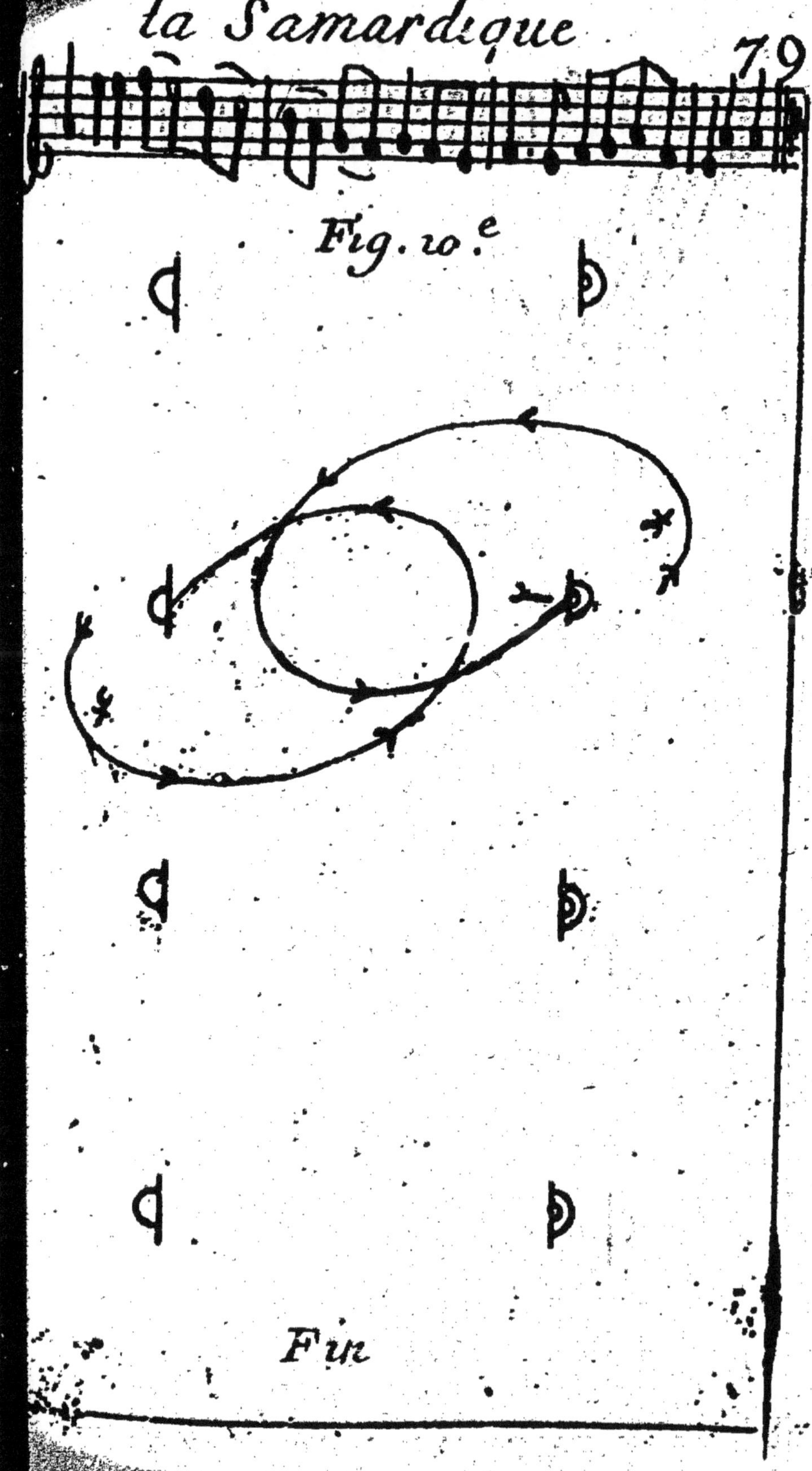
Fig. 10.e
Fin

la Gigue Espagno

Pag 14. Fig. 1.e

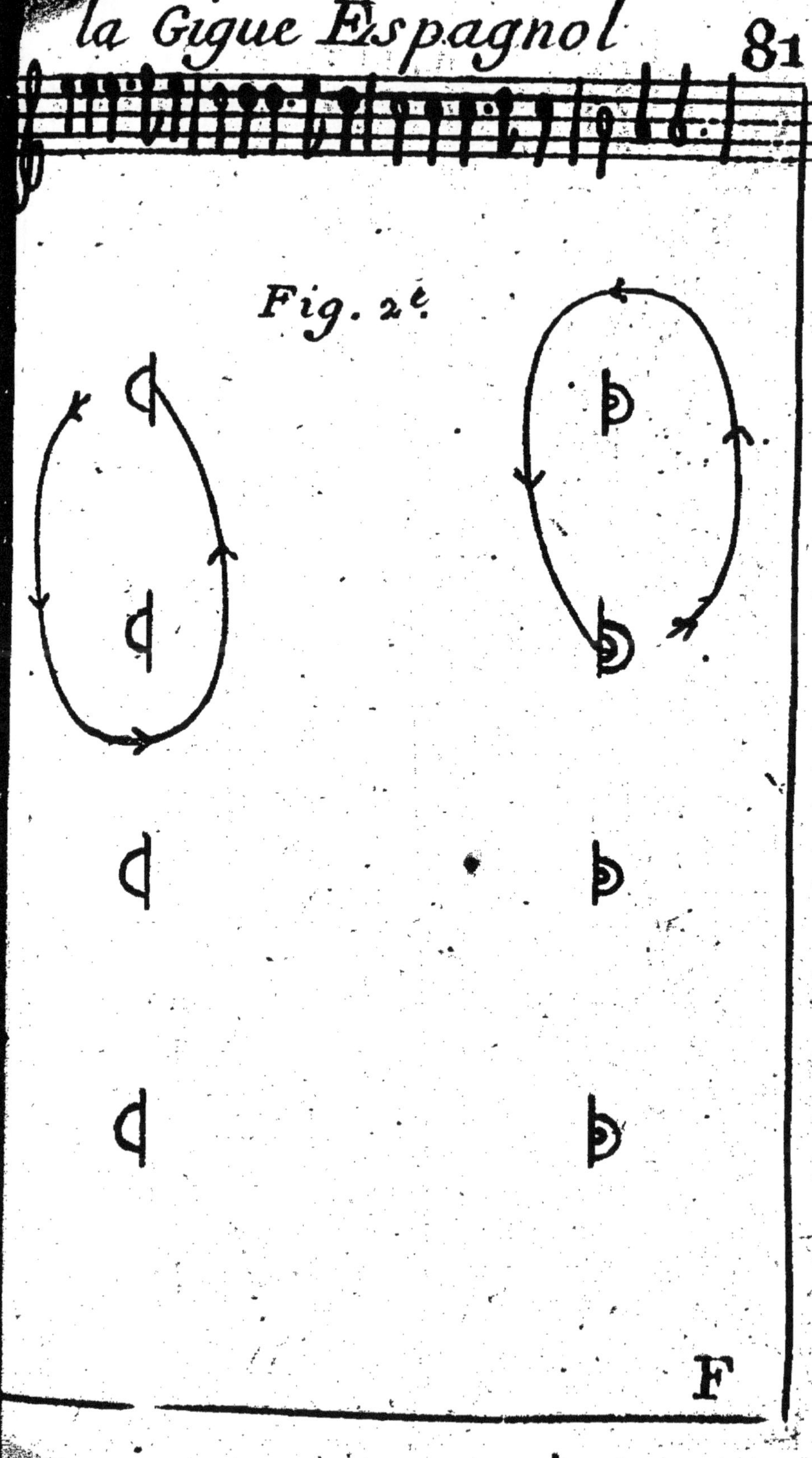
Fig. 2e.
F

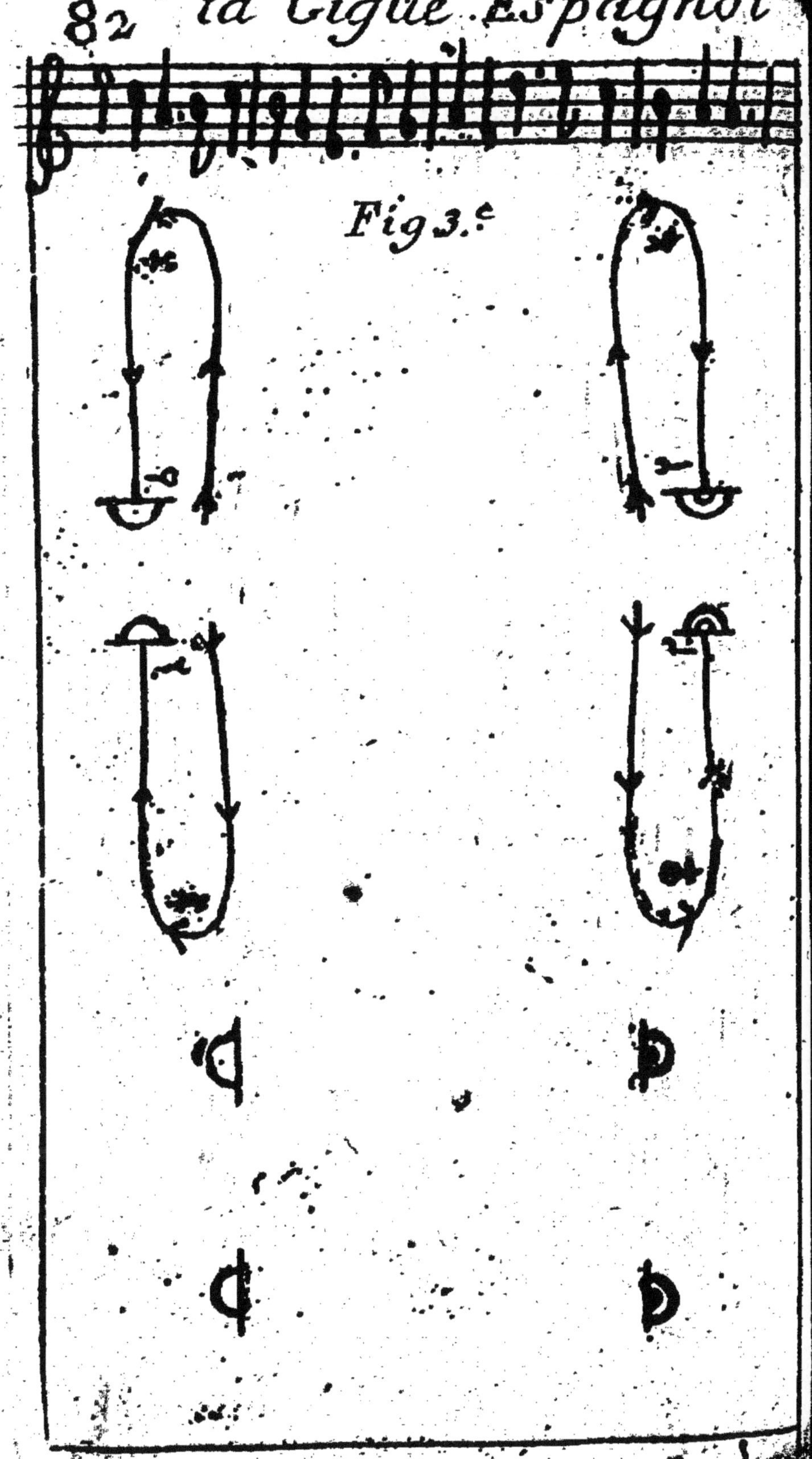
Fig 3.e

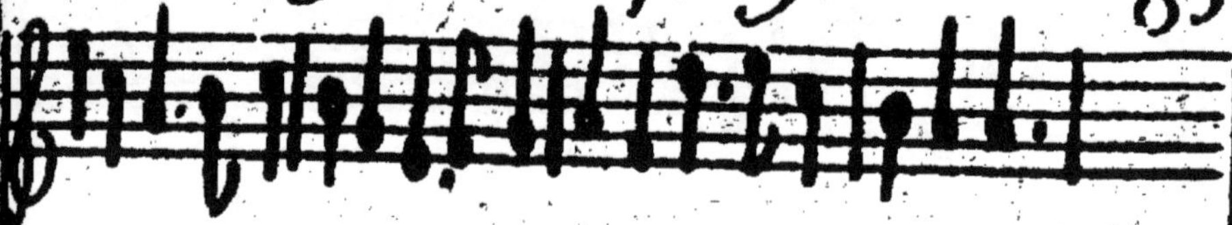

Fig. 4.e

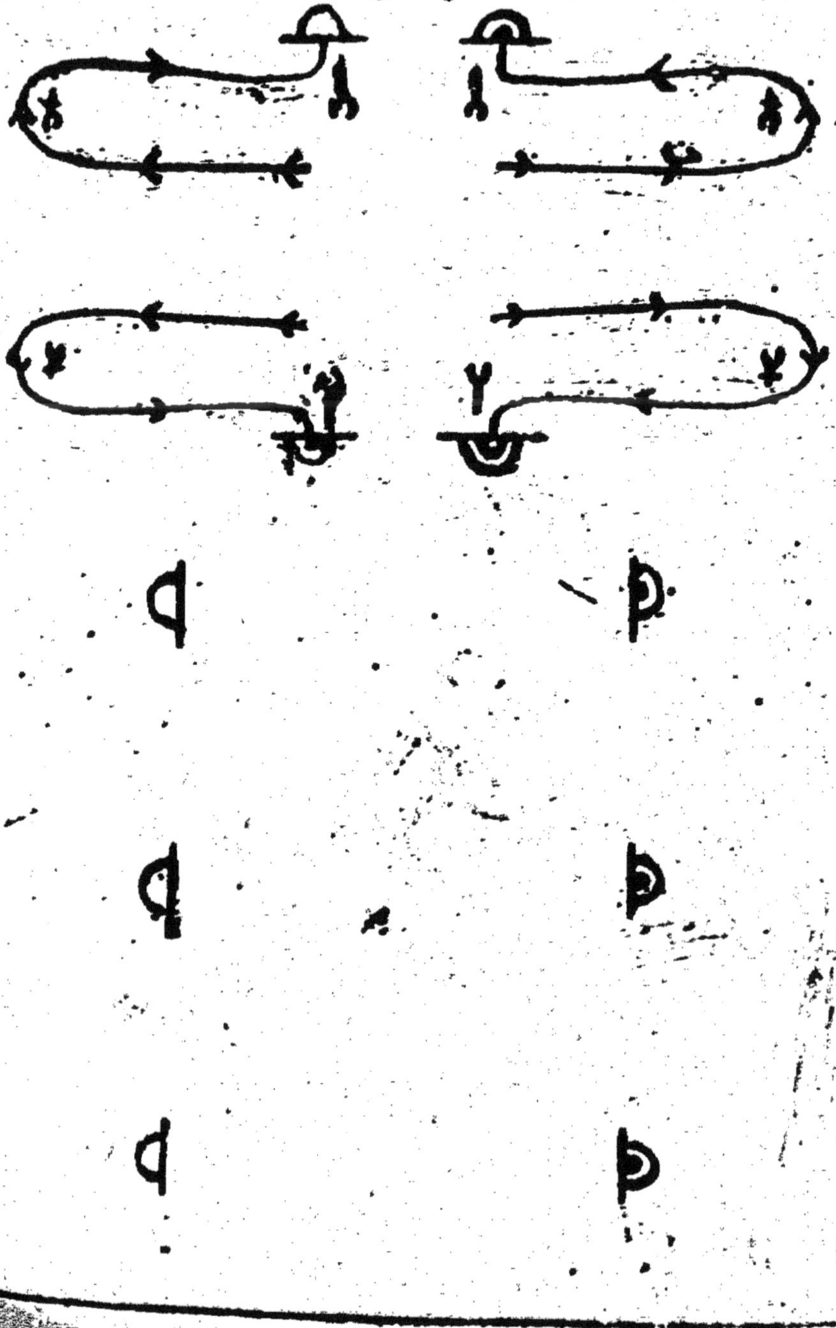

 la Gigue Espagnol

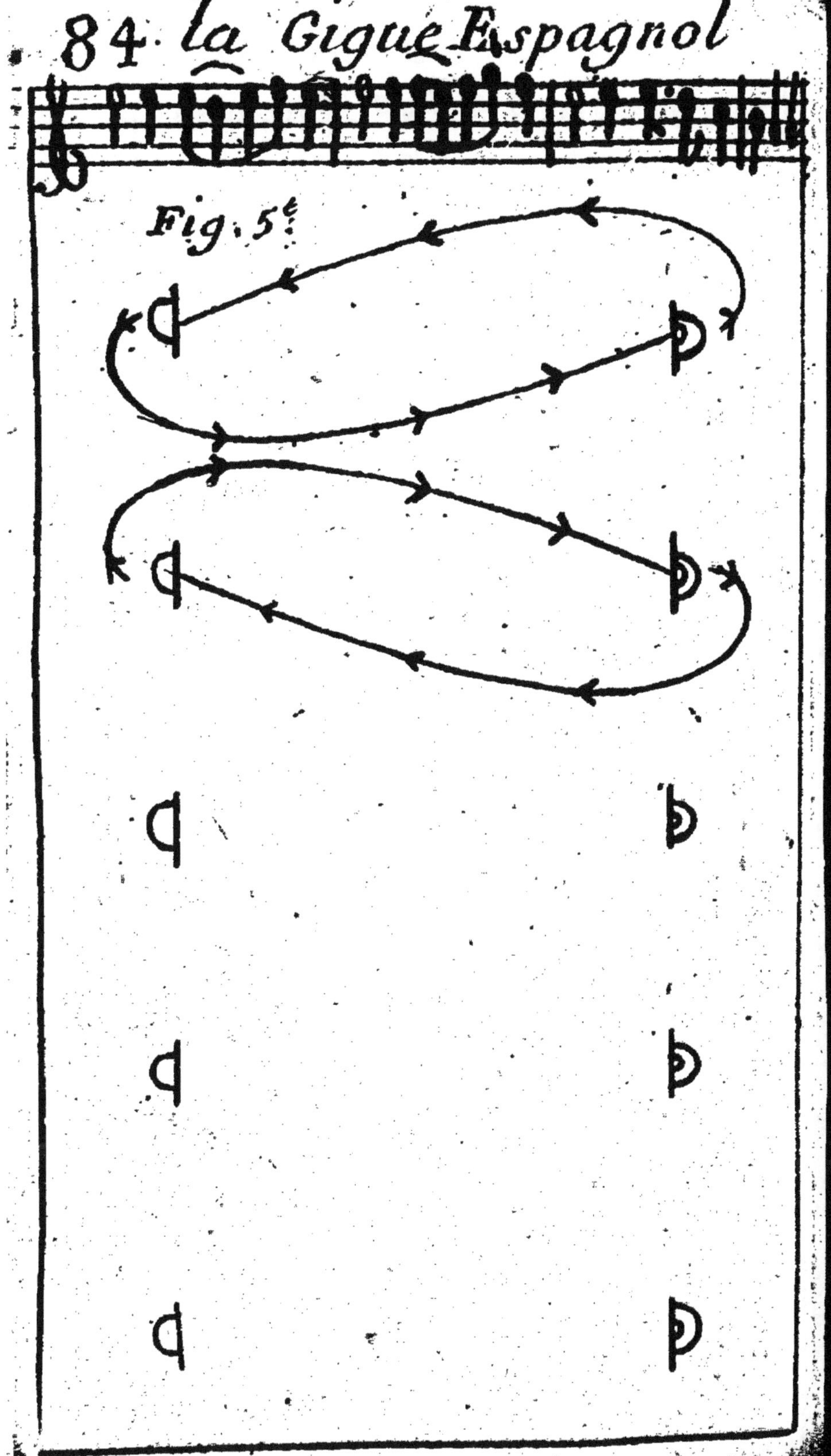

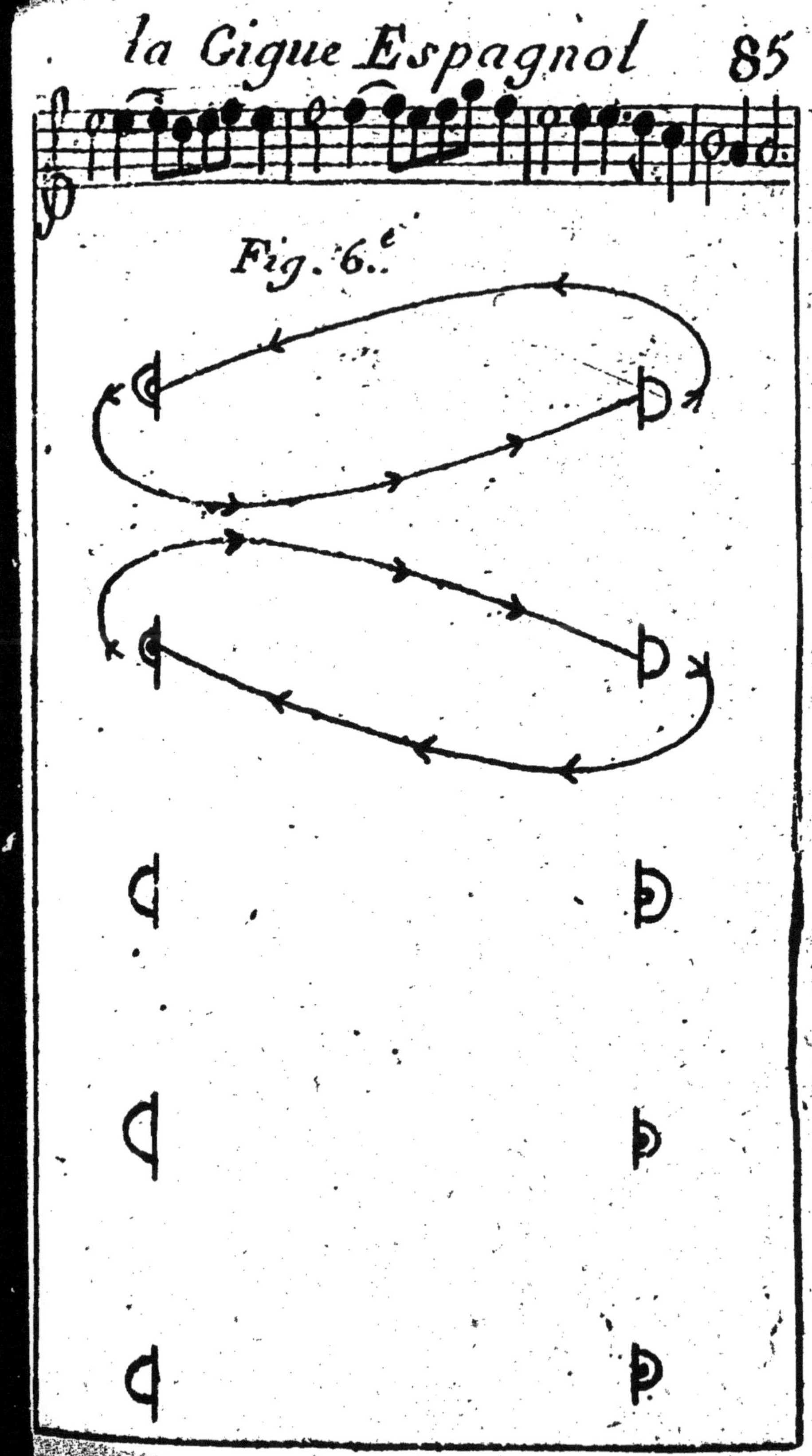
Fig. 6.e

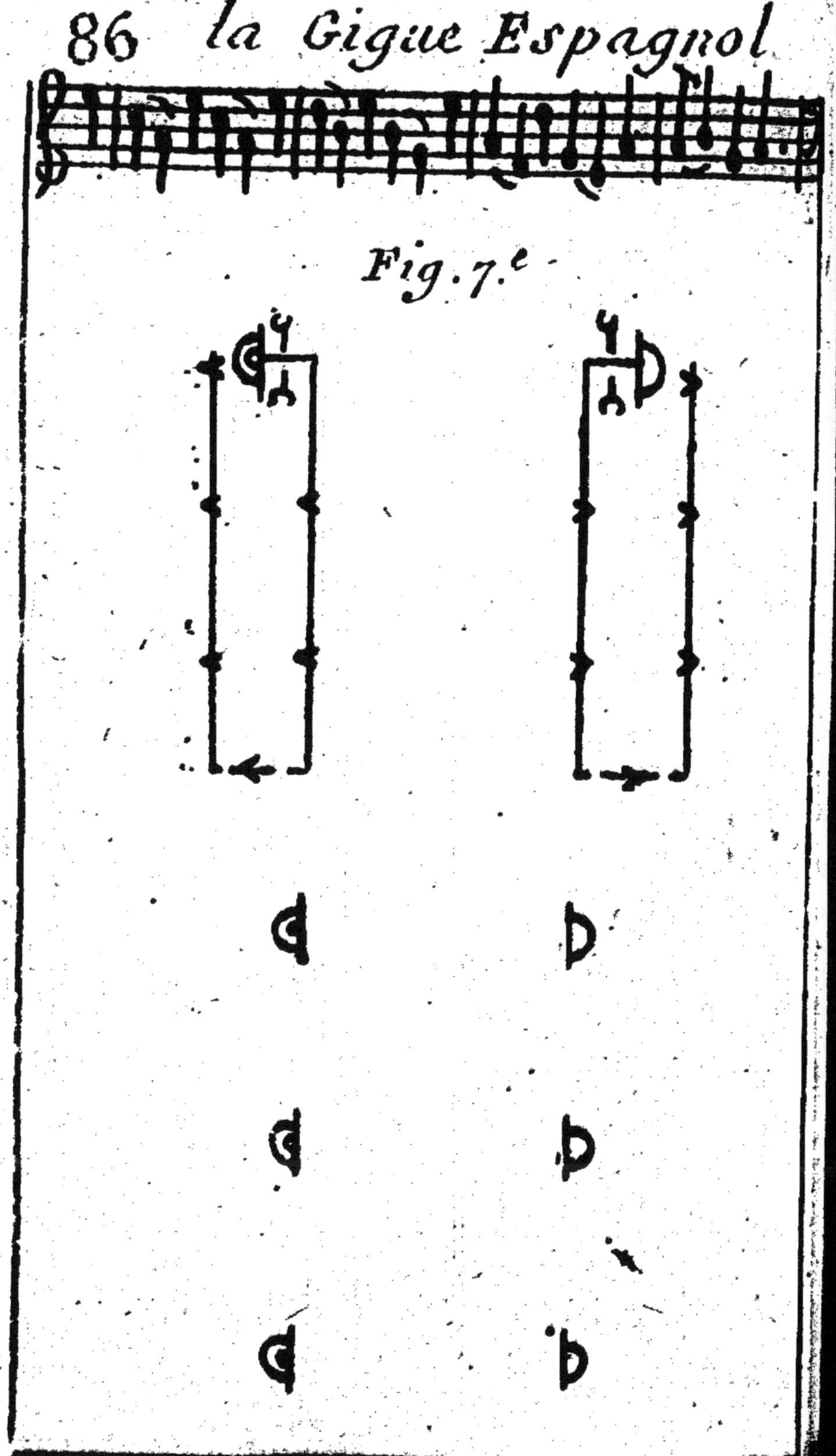

Fig. 7.e

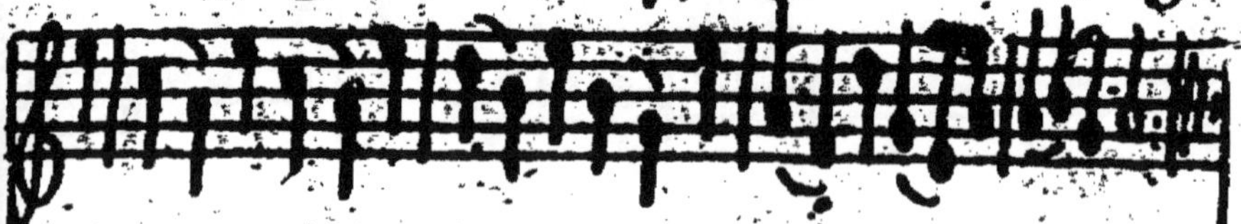

Fig. 8e

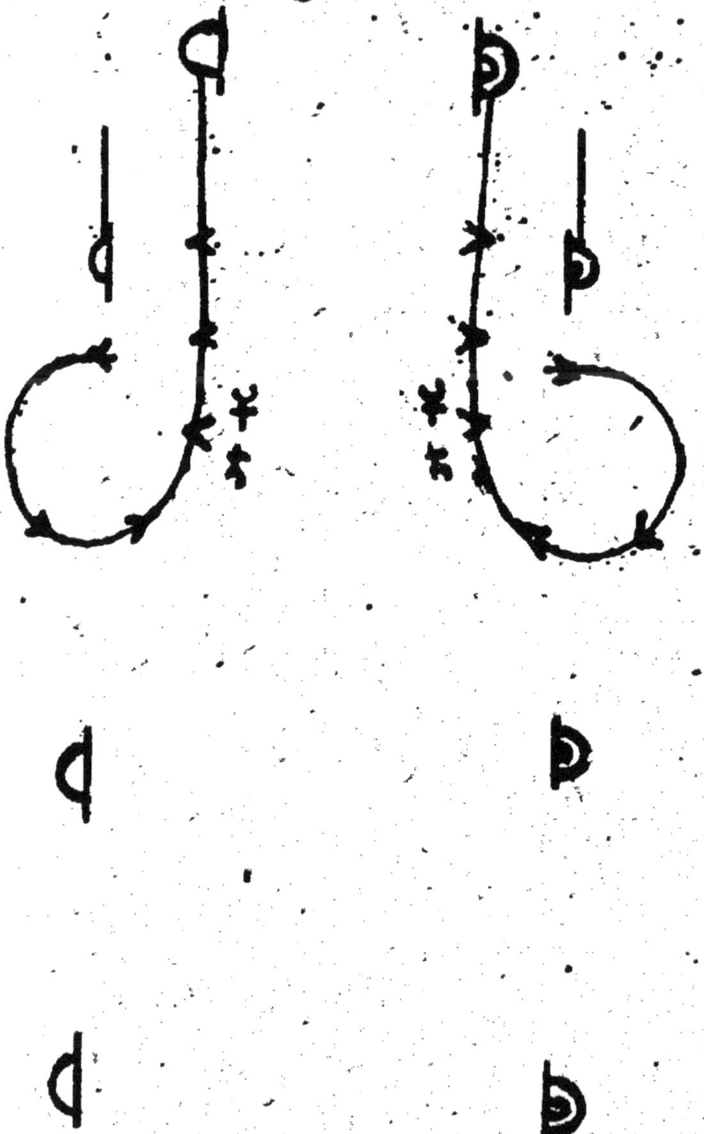

Fin

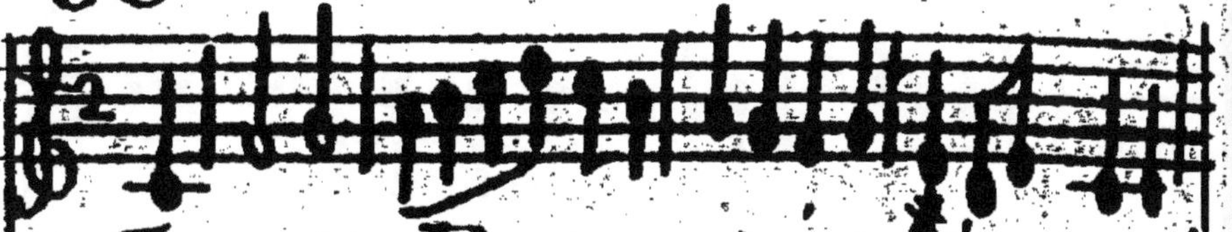

La Baptistine

Fig. 1e. Pag. 15e

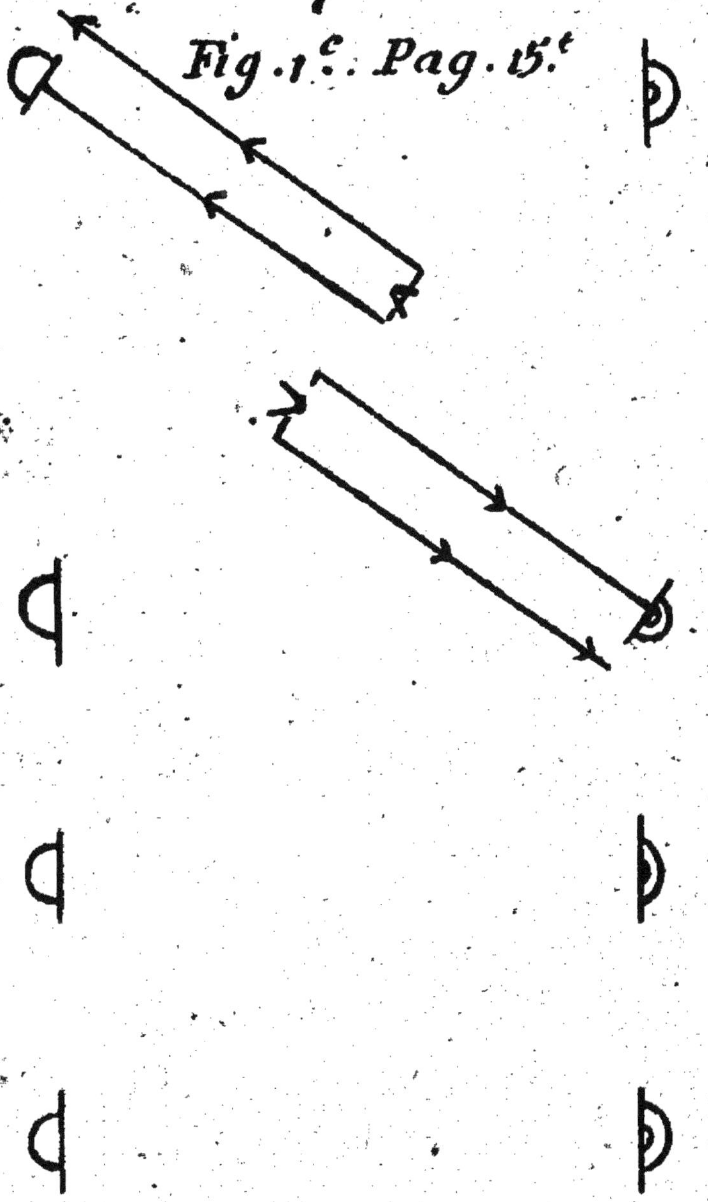

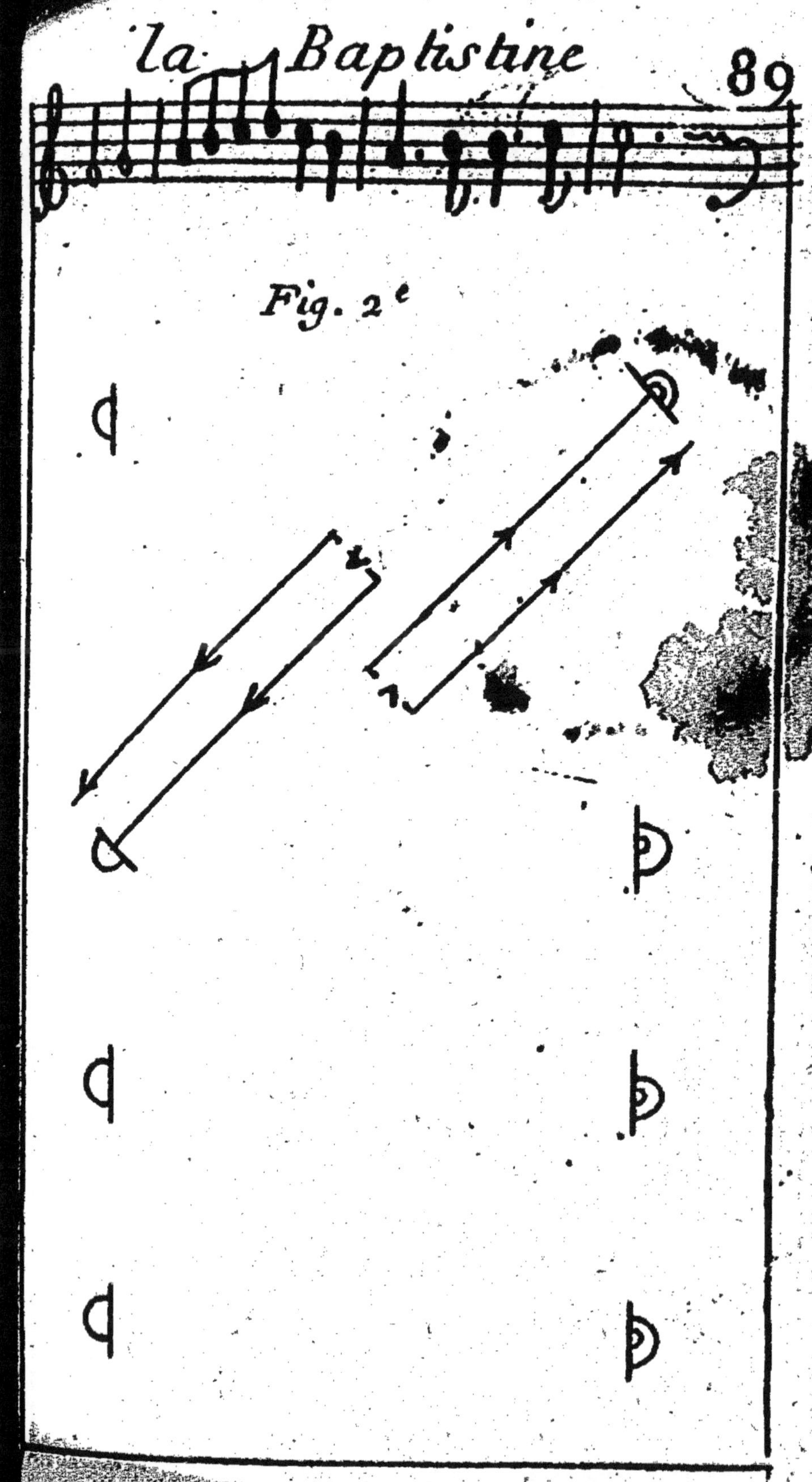
Fig. 2e
2
1

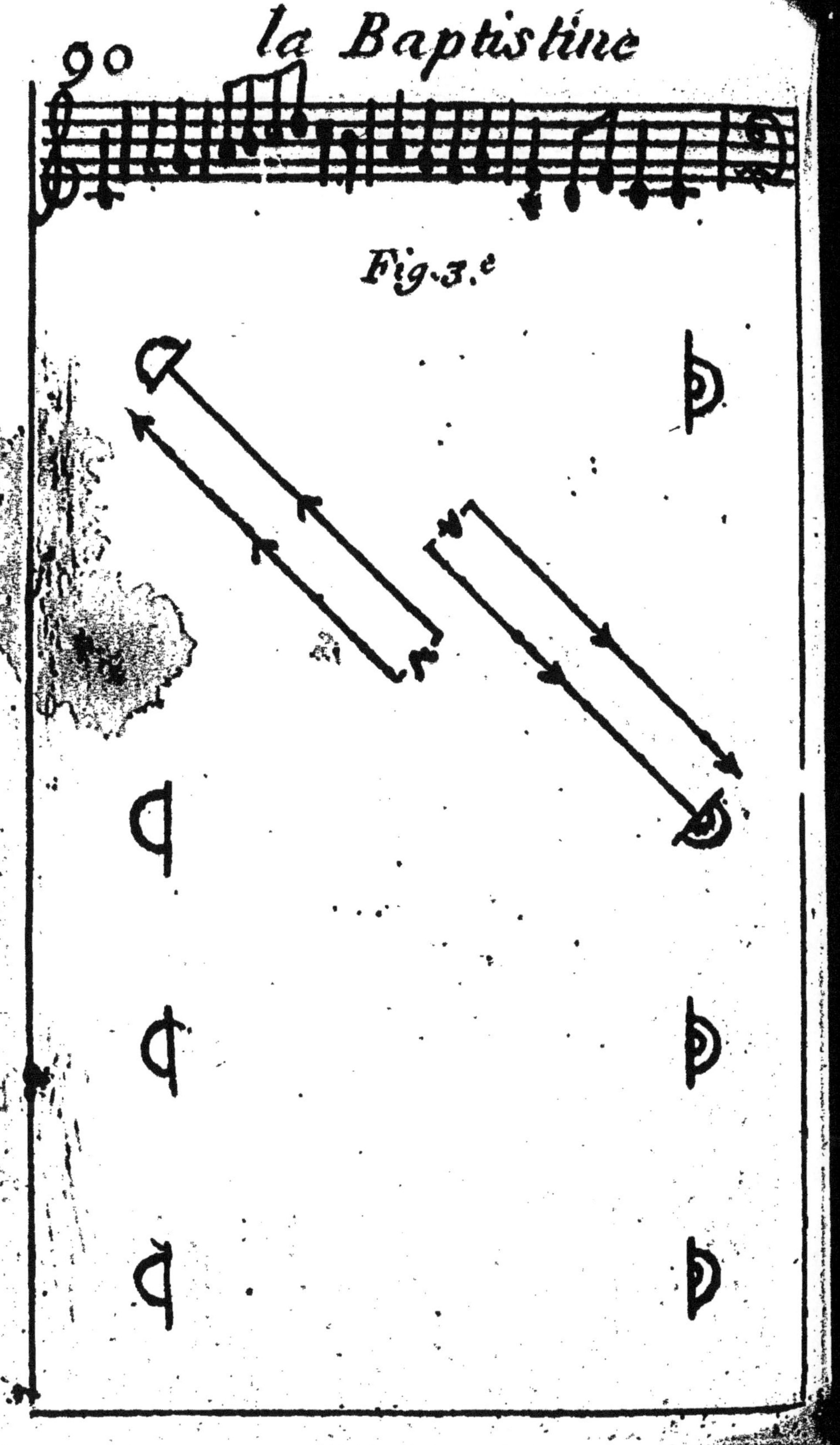

Fig. 3.e

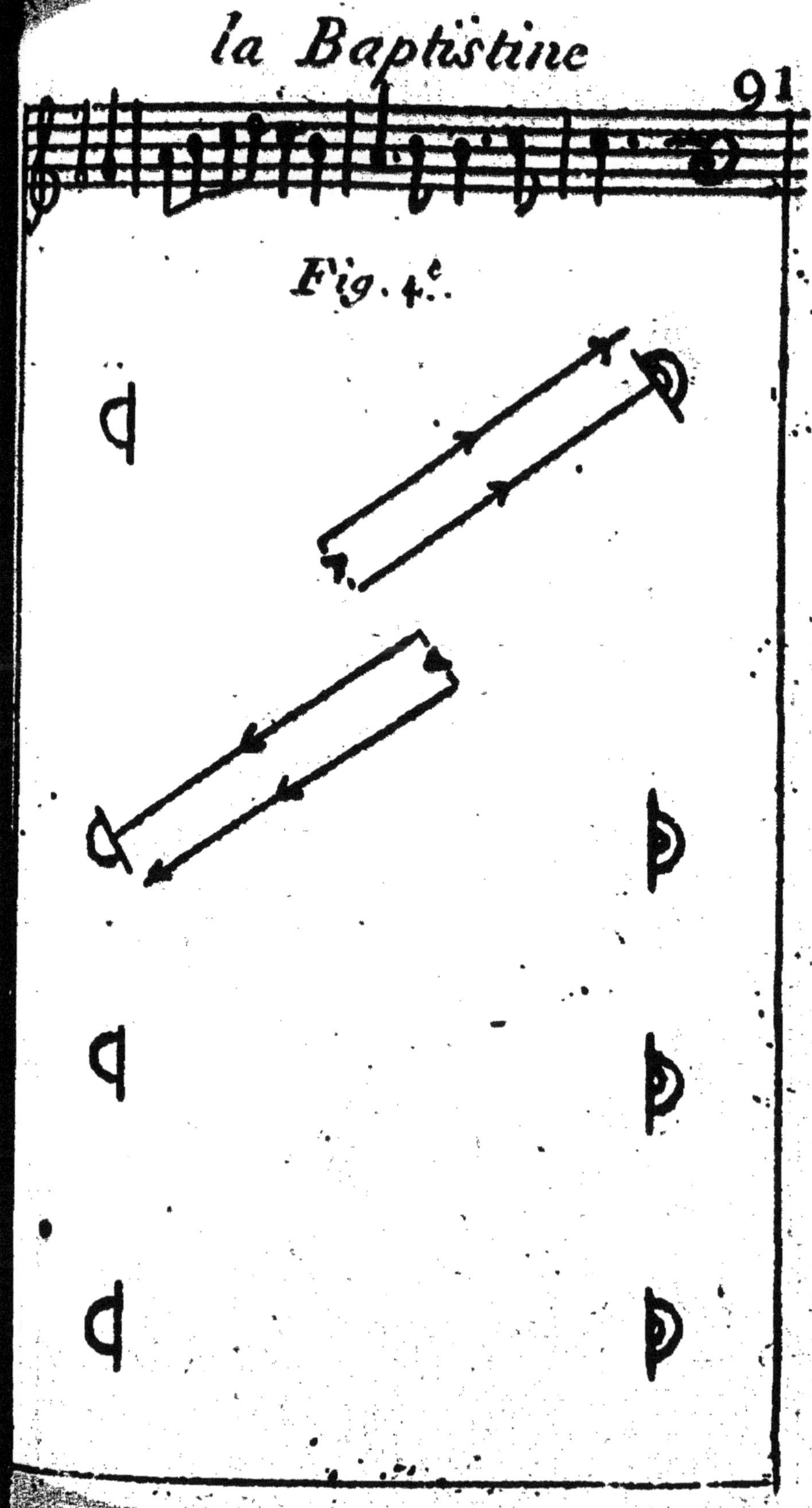
la Baptistine
91
Fig. 4.e

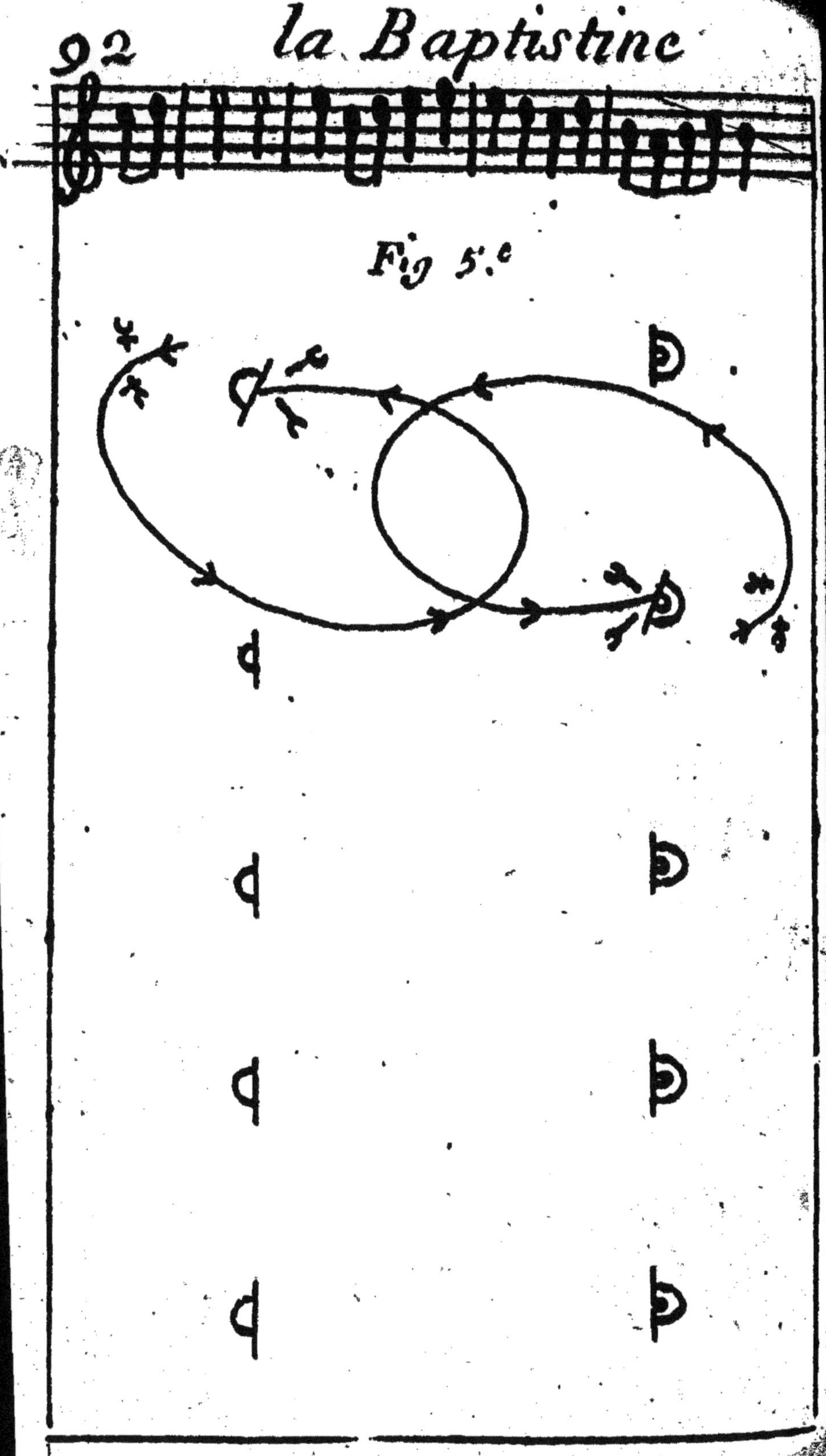
Fig 5.e

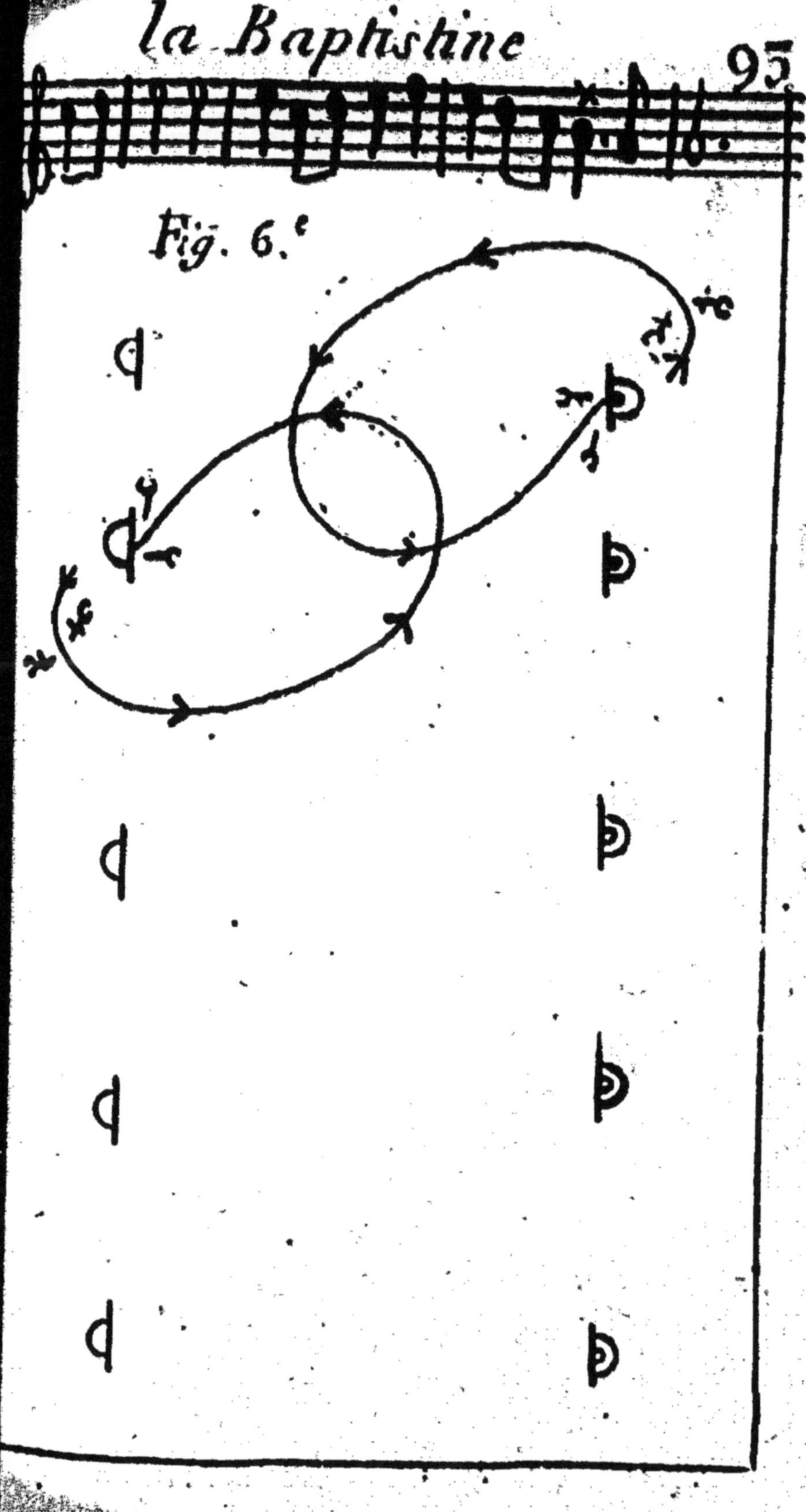
Fig. 6.e

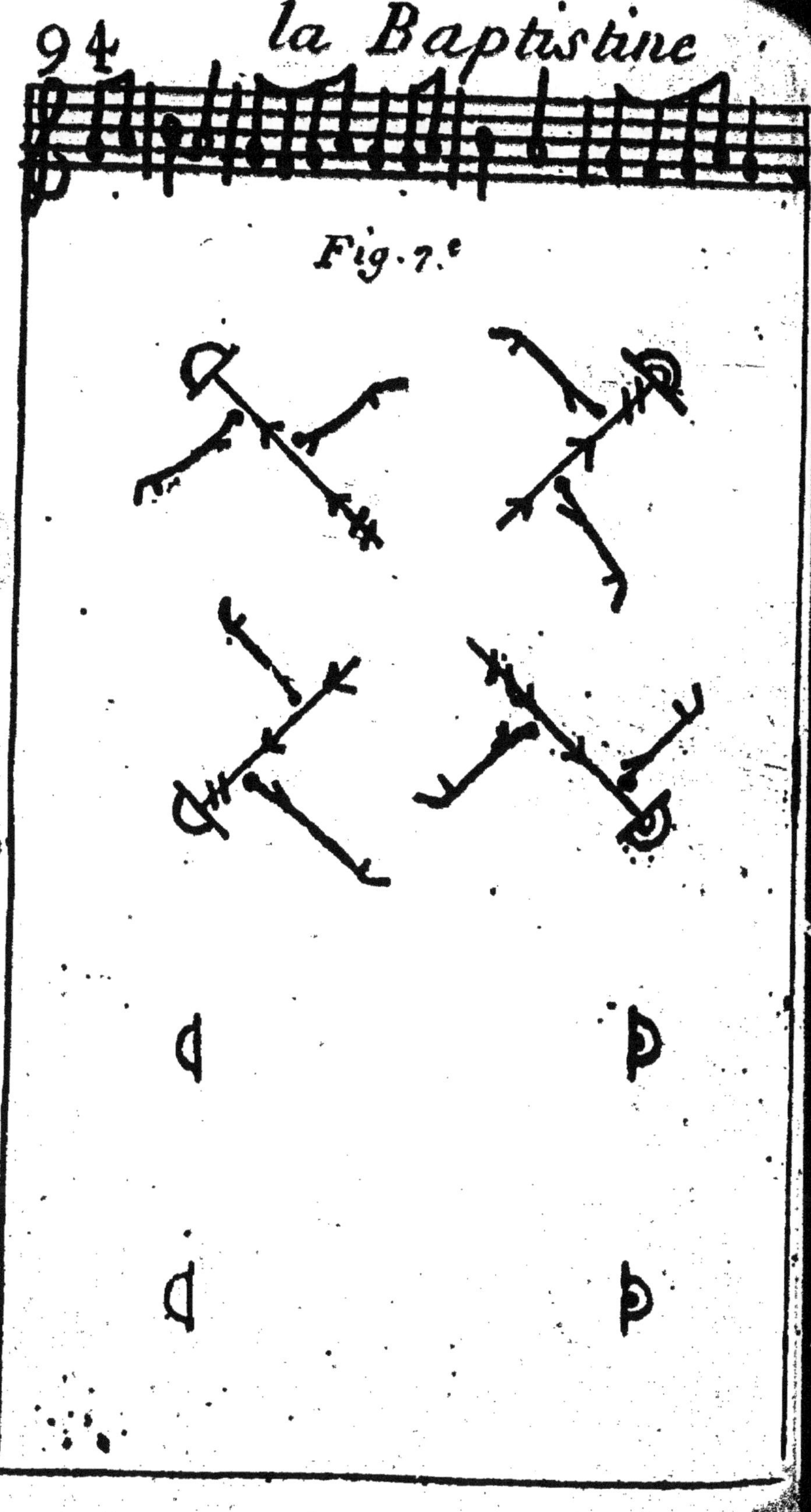

Fig. 7.e

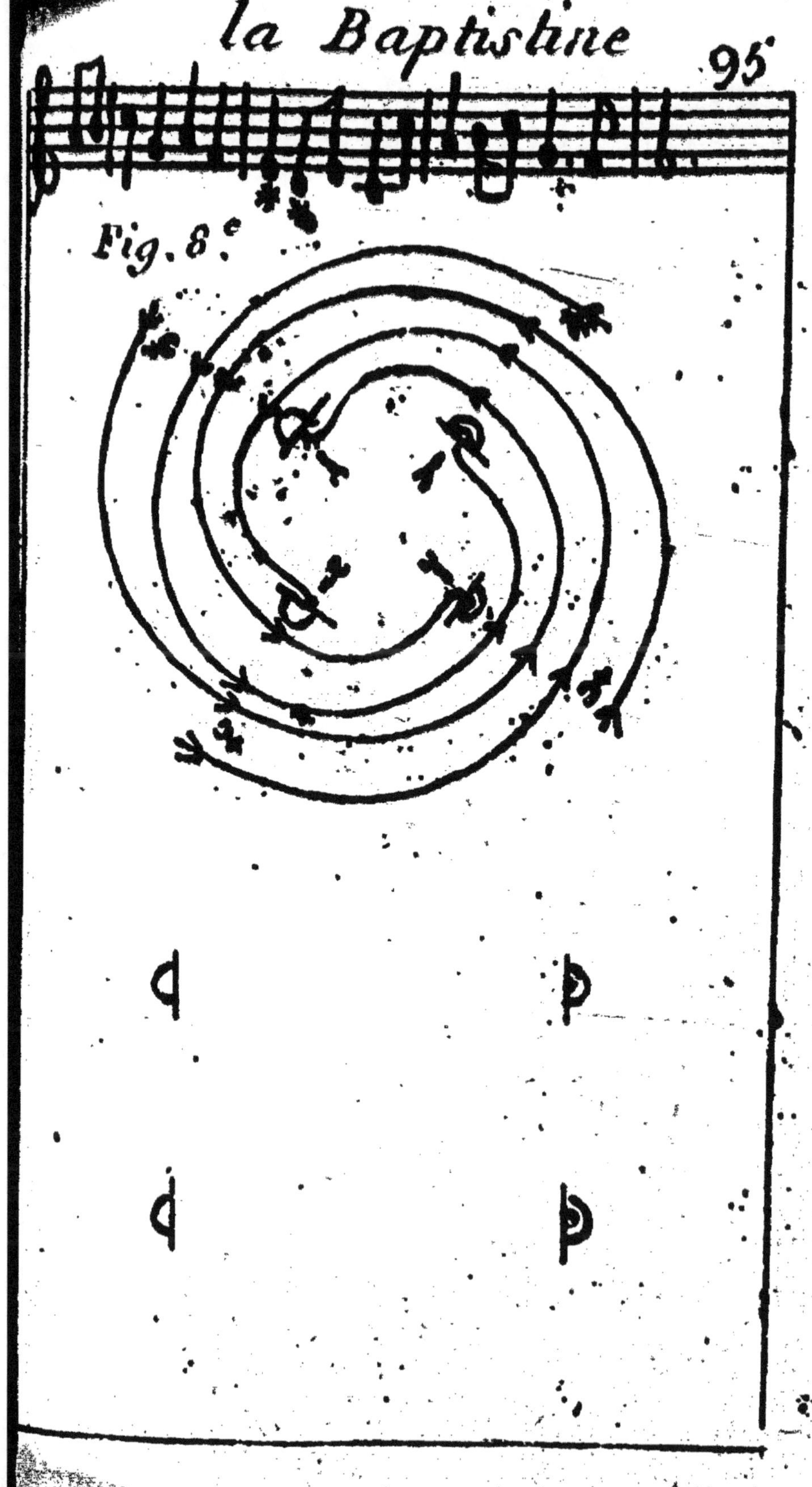
la Baptistine
Fig. 8e

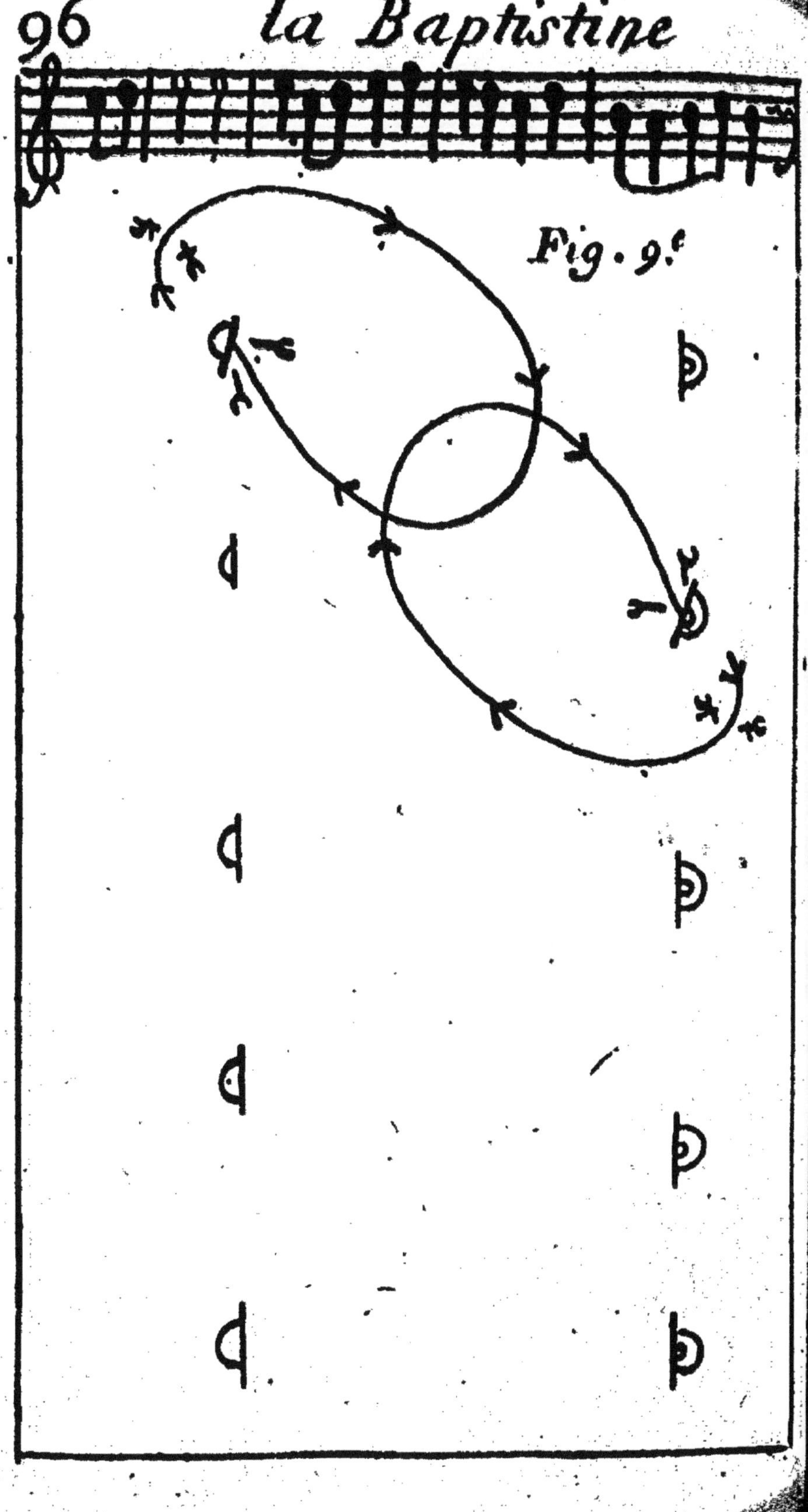
Fig. 9.e

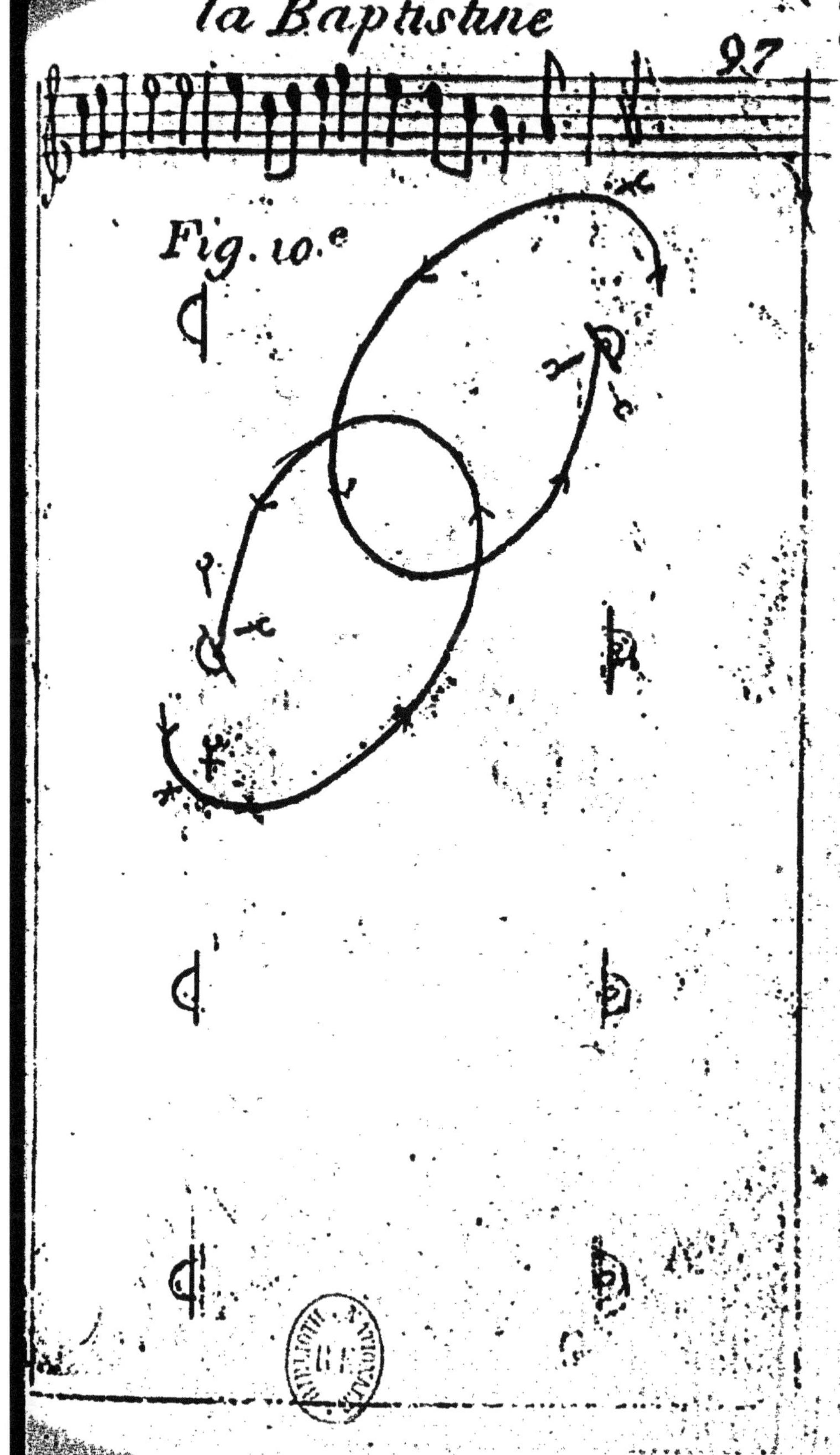
la Baptistine
Fig. 10.e

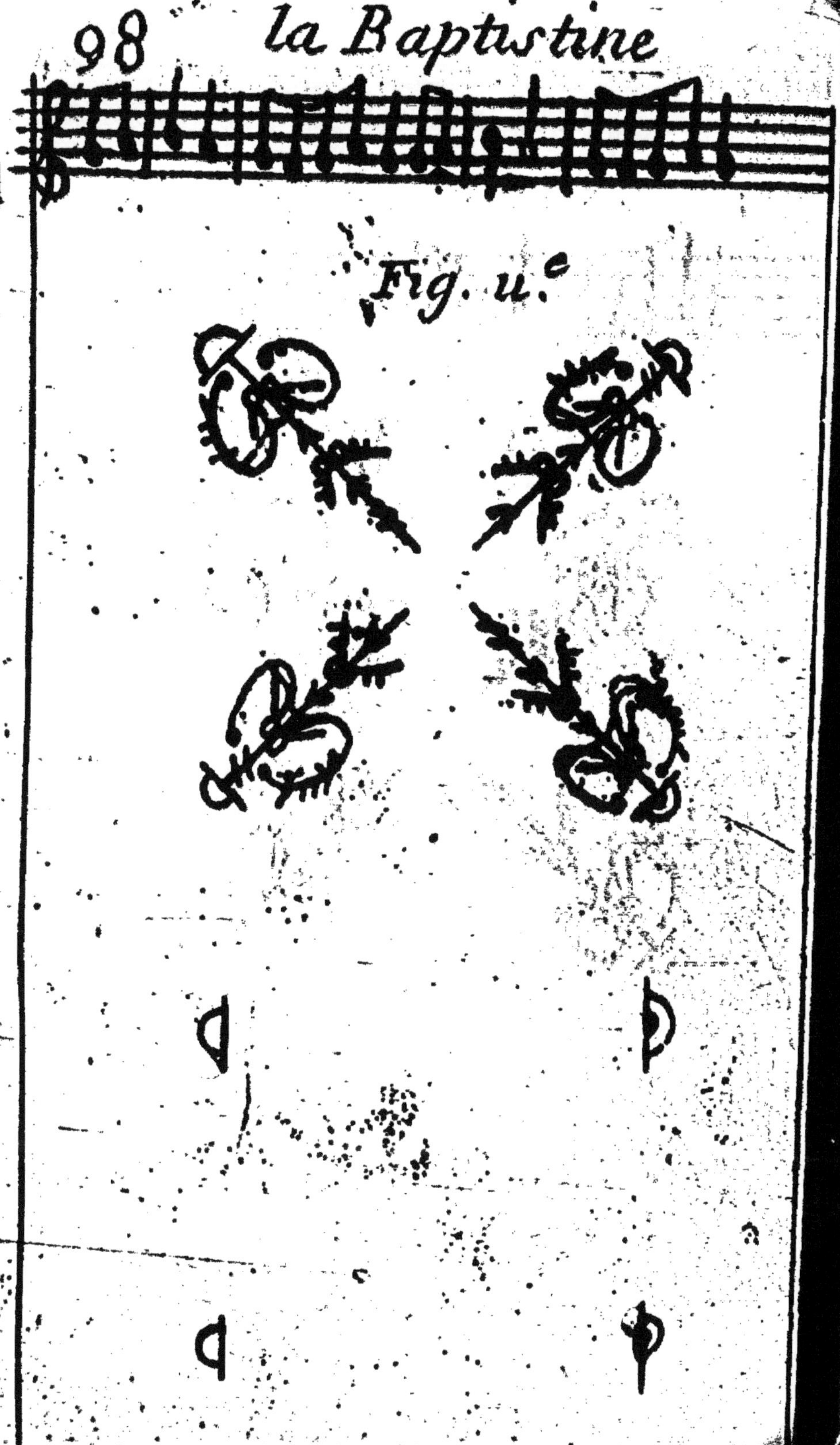
Fig. u.e

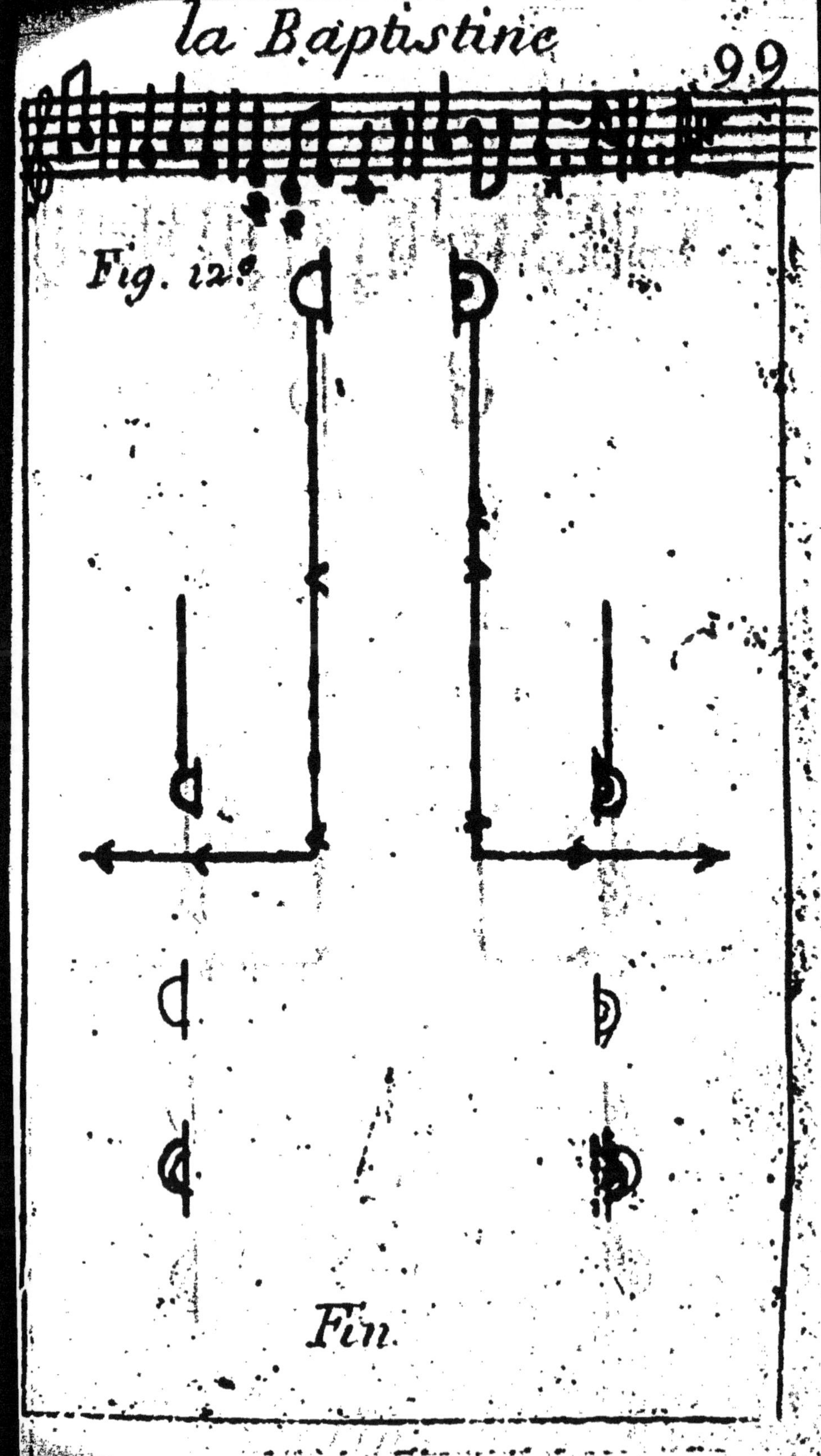
la Baptistine
Fig. 12.e
Fin.

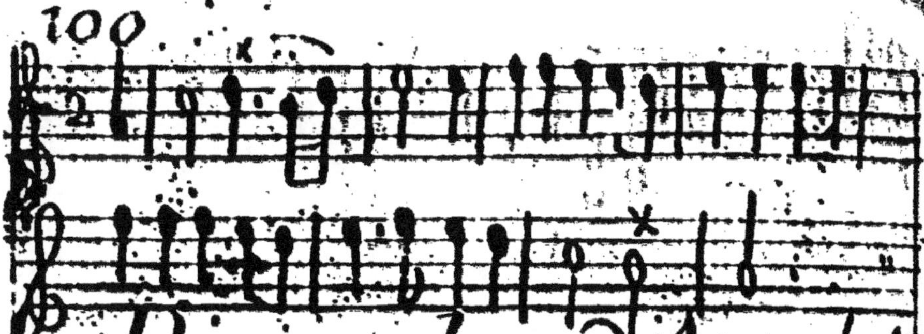

le Rigaudon d'Anglet.re

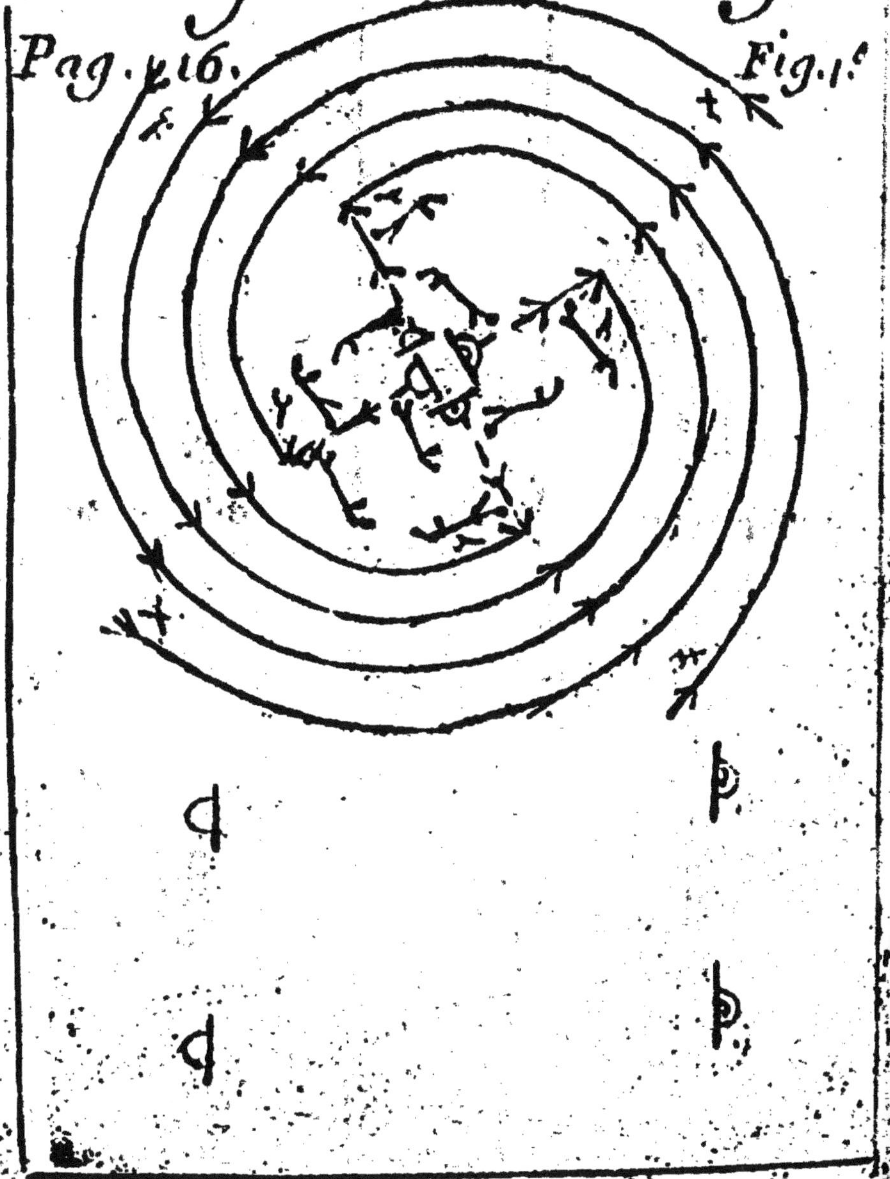

Pag. 116. Fig. 1.e

le Rigaudon d'Angleterre

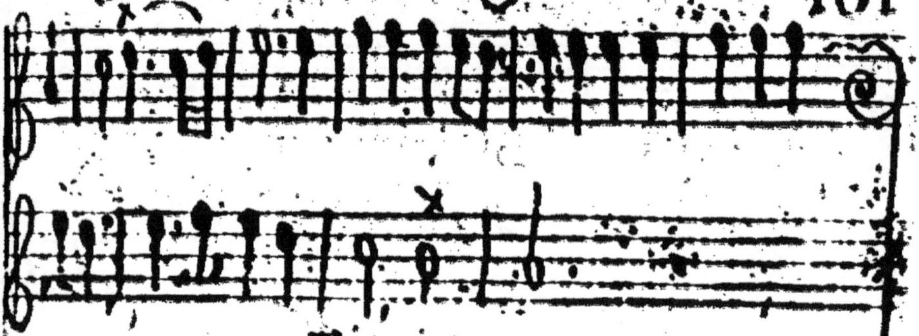

Fig. 2.e

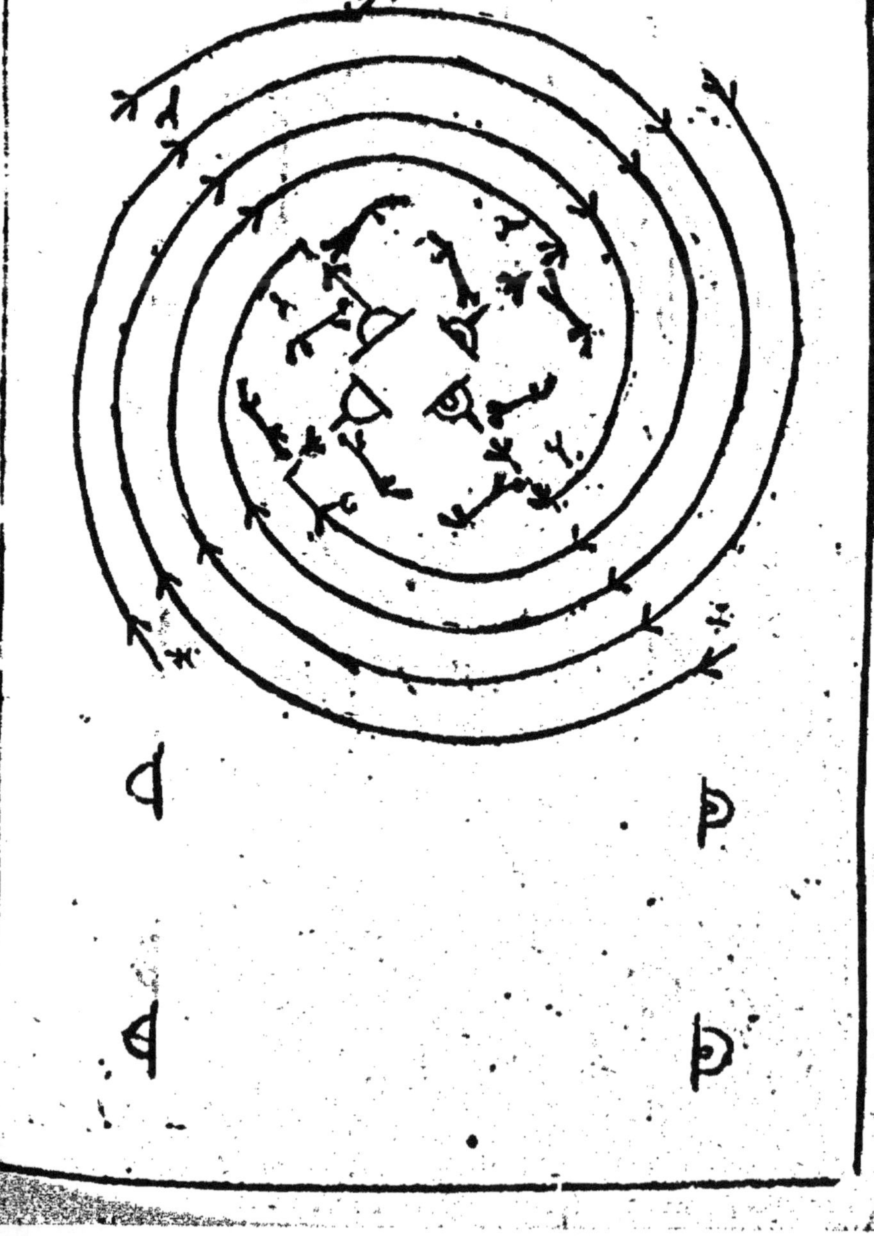

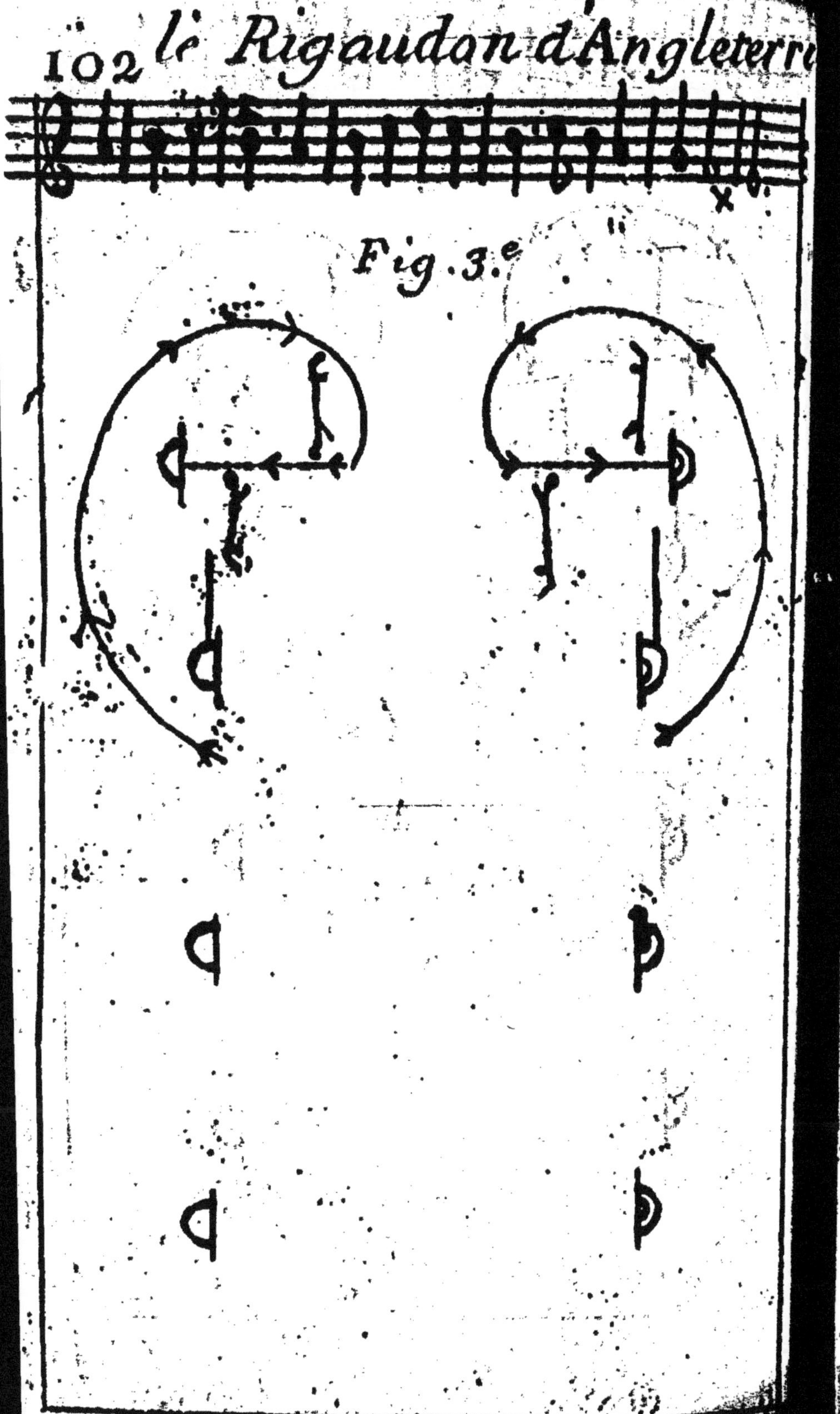
Fig. 3.e

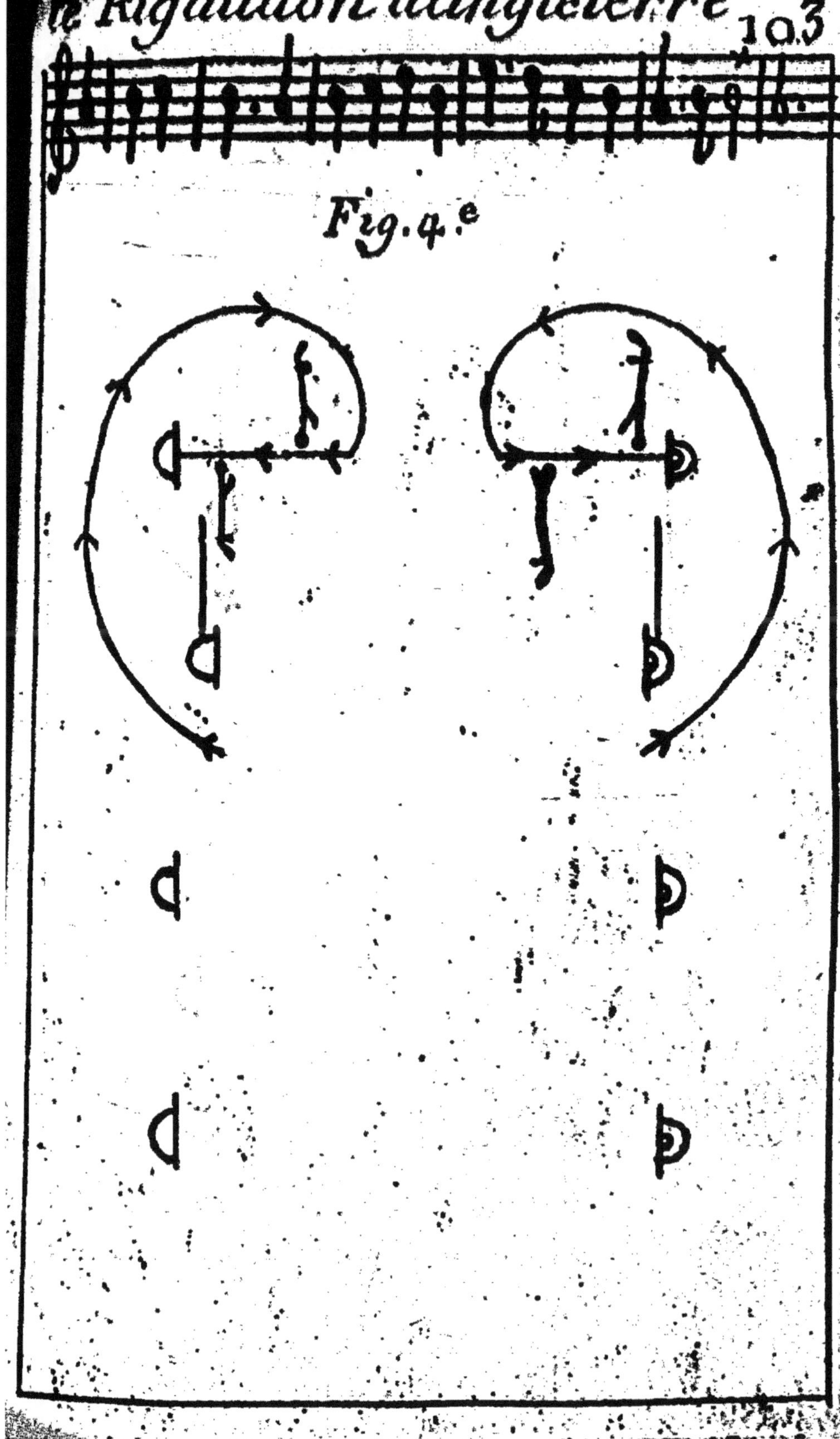
le Rigaudon d'Angleterre
Fig. 4.e

le Rigaudon d'Angleterre

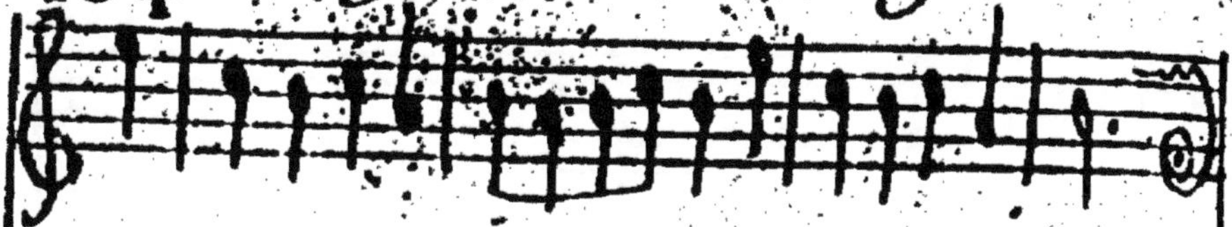

Fig 5.e

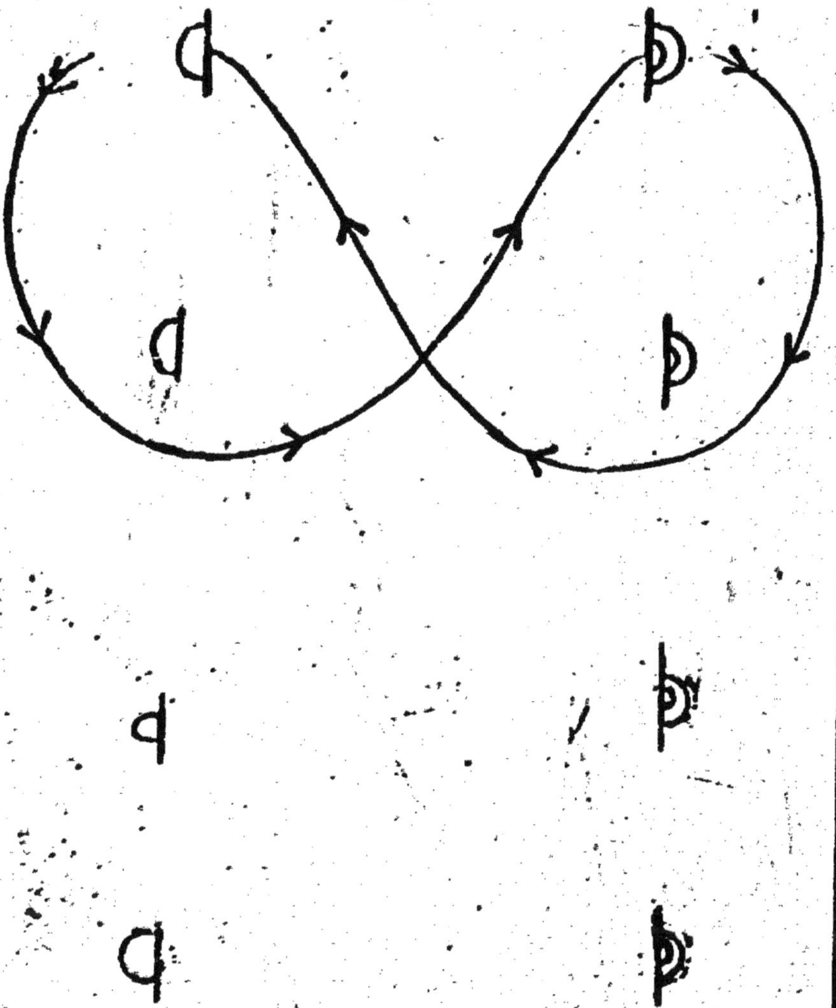

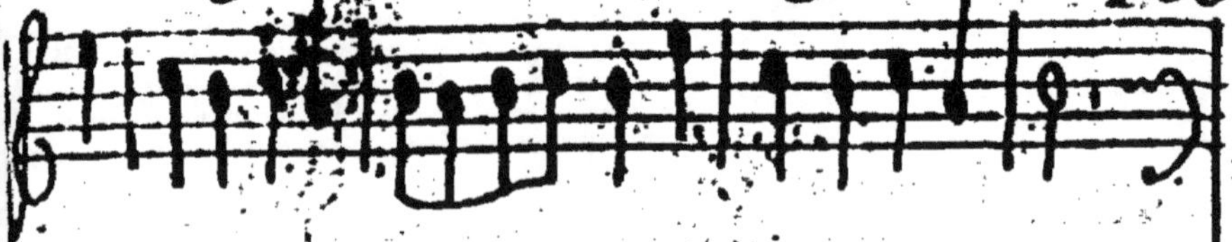

Fig. 6.

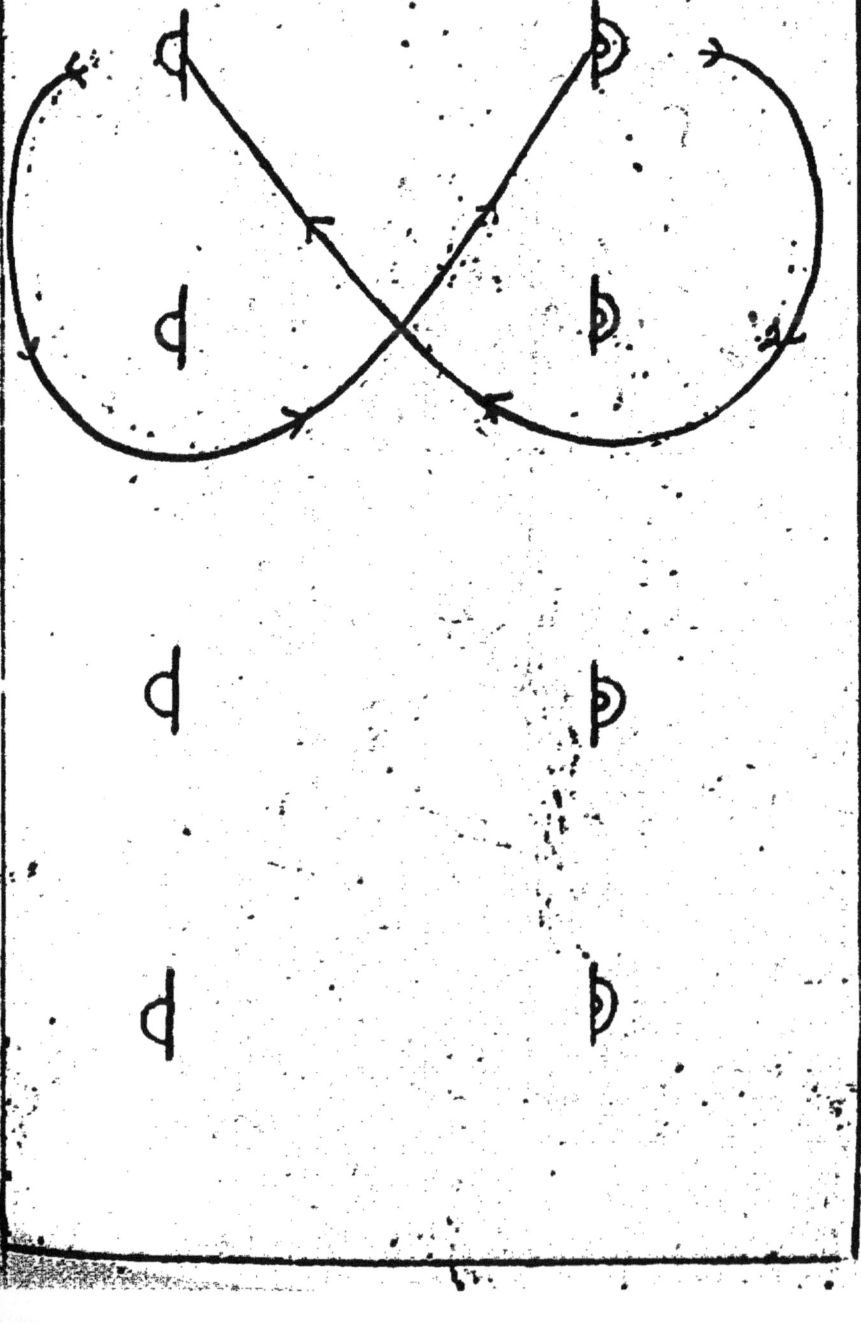

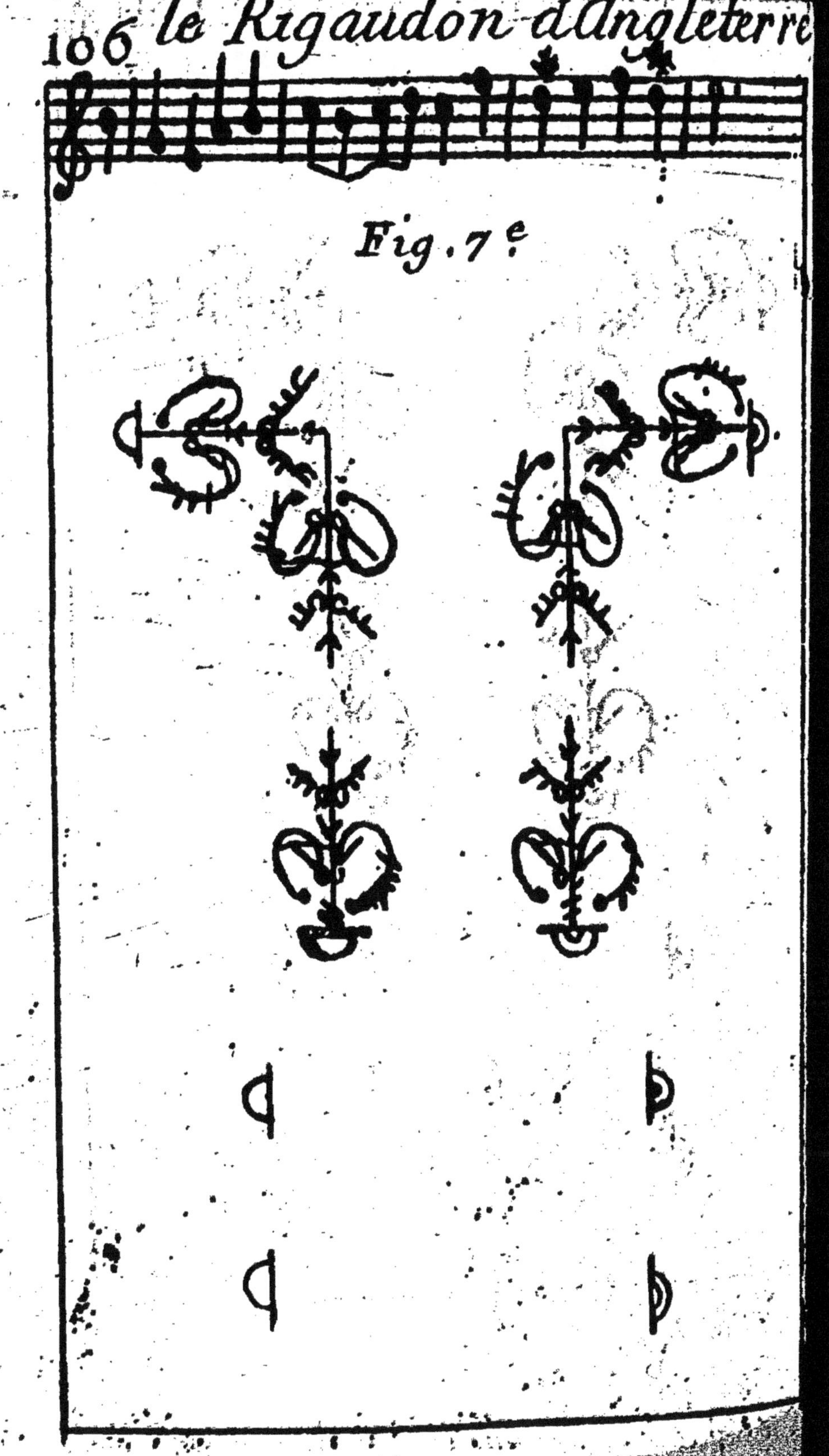

Fig. 7^e^

le Rigaudon d'Angleterre

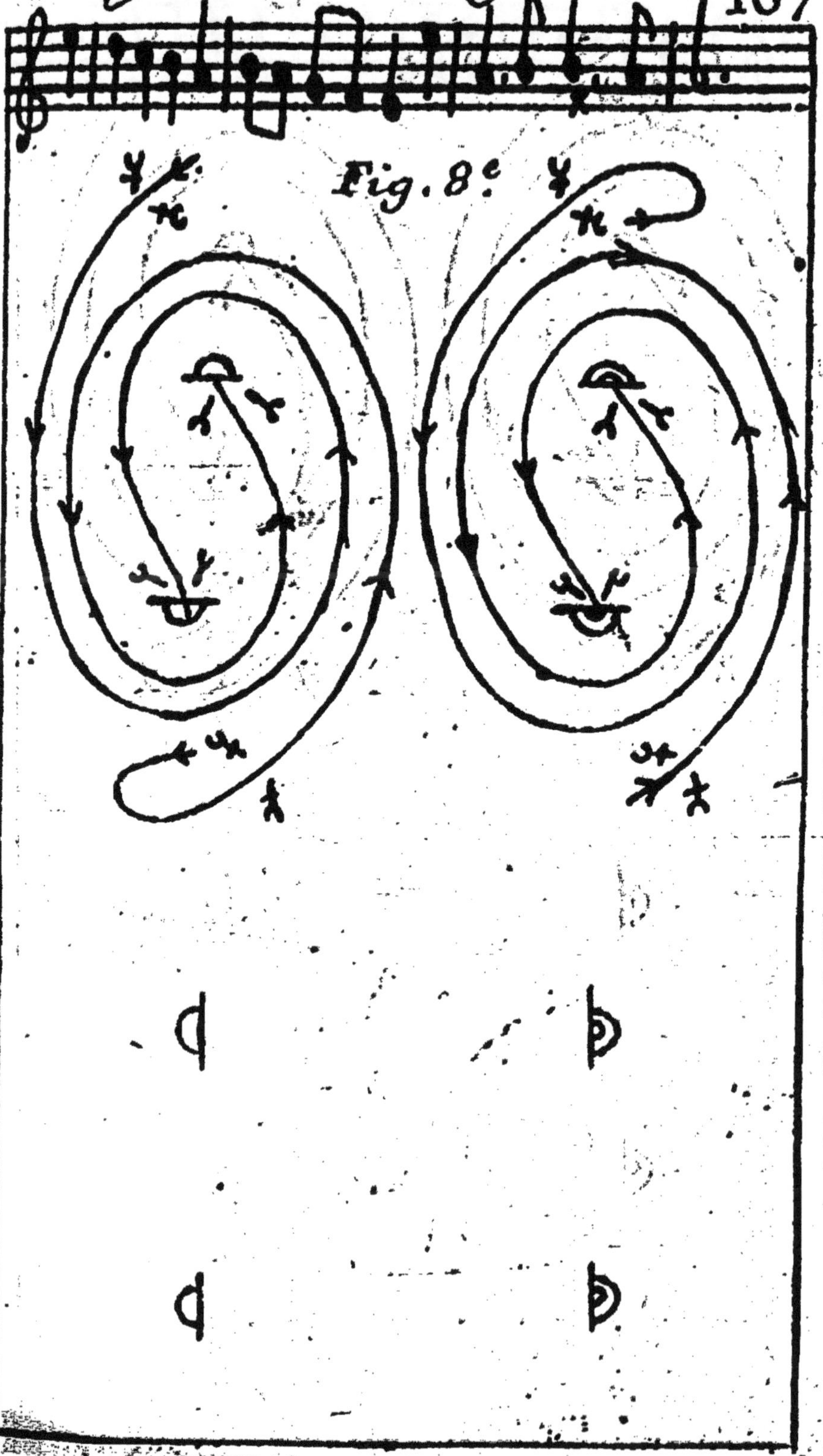

Fig. 8e.

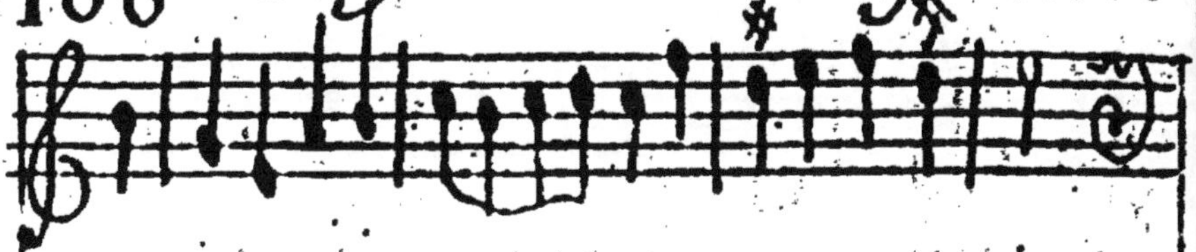

le Rigaudon d'Angleterre

Fig. 9.e

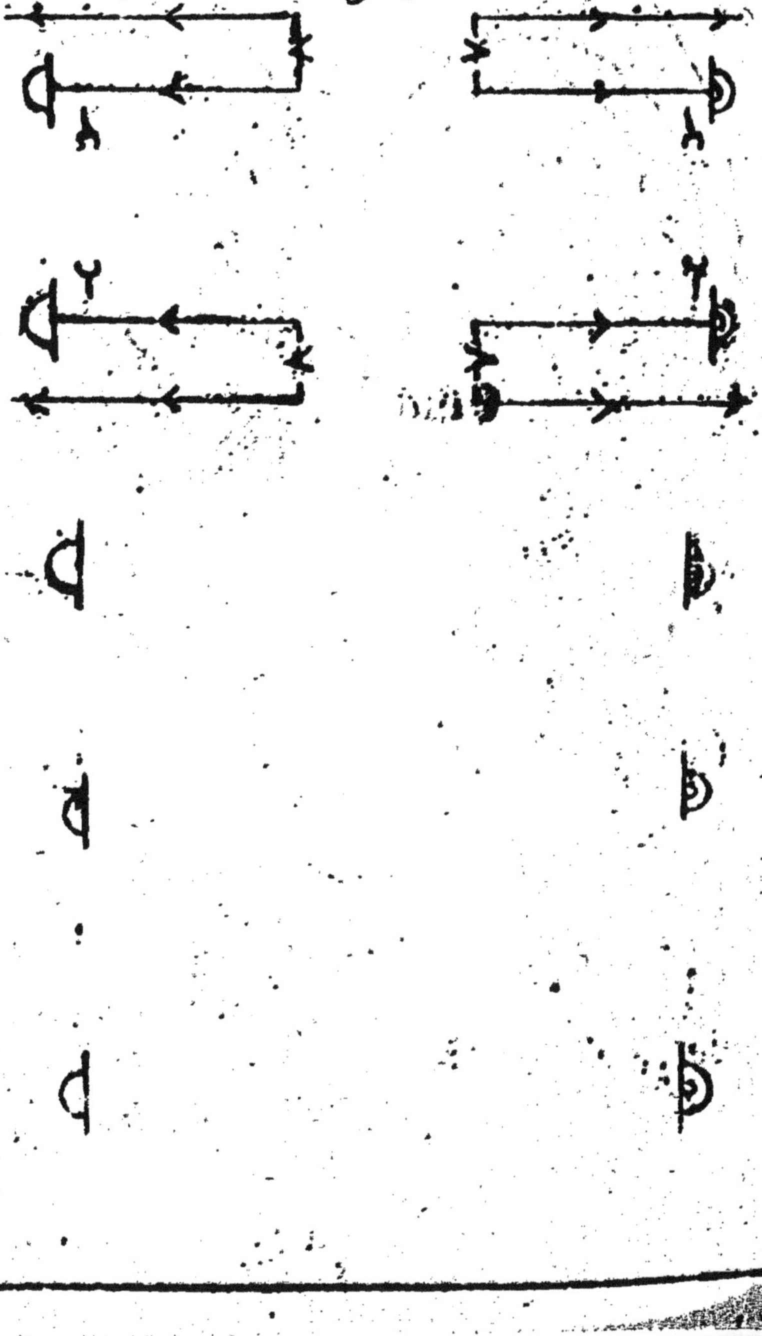

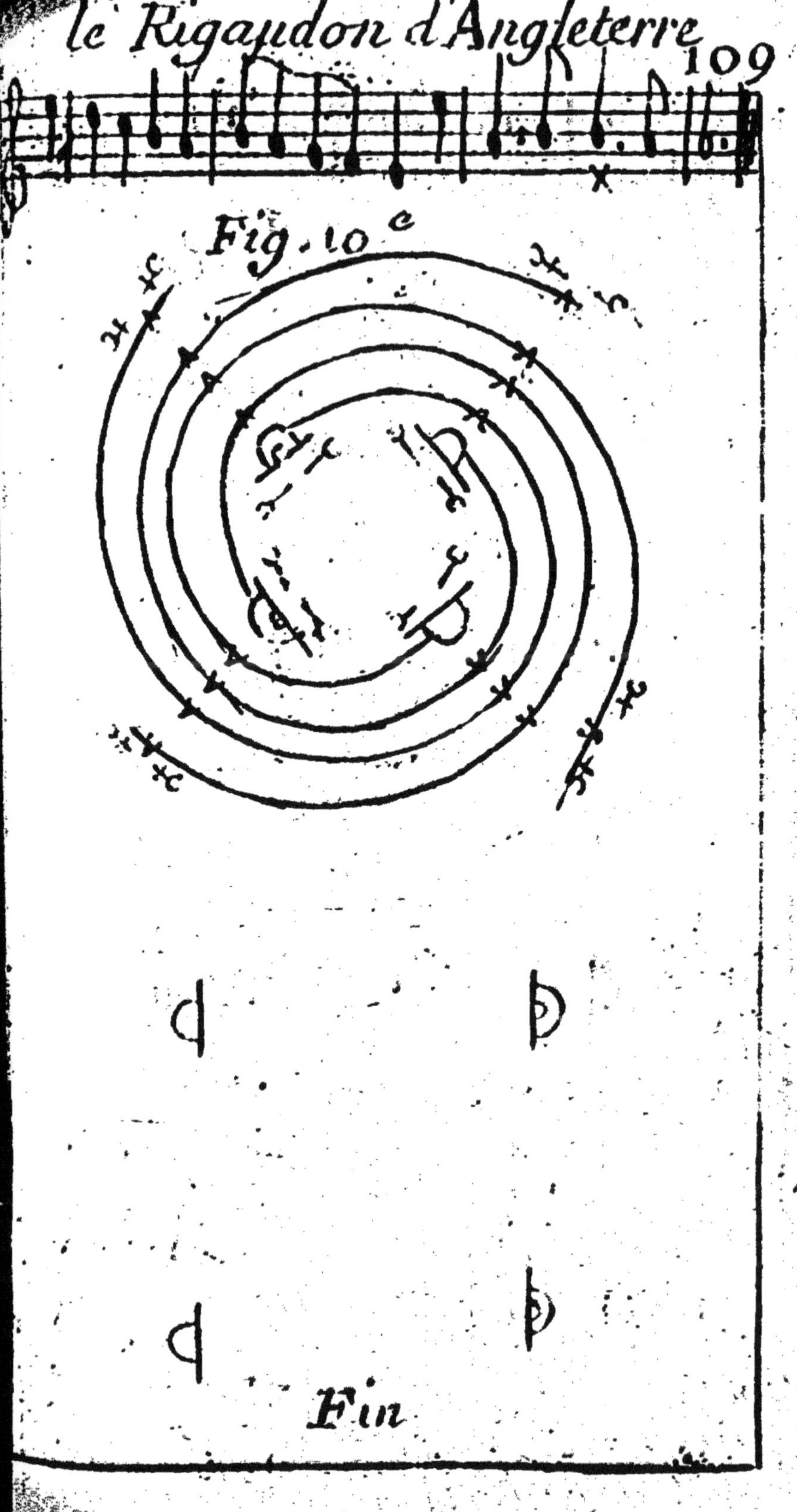
le Rigaudon d'Angleterre
109
Fig. 10e
Fin

ha-Voyés donc.

Pag. 18. Fig. 1.e

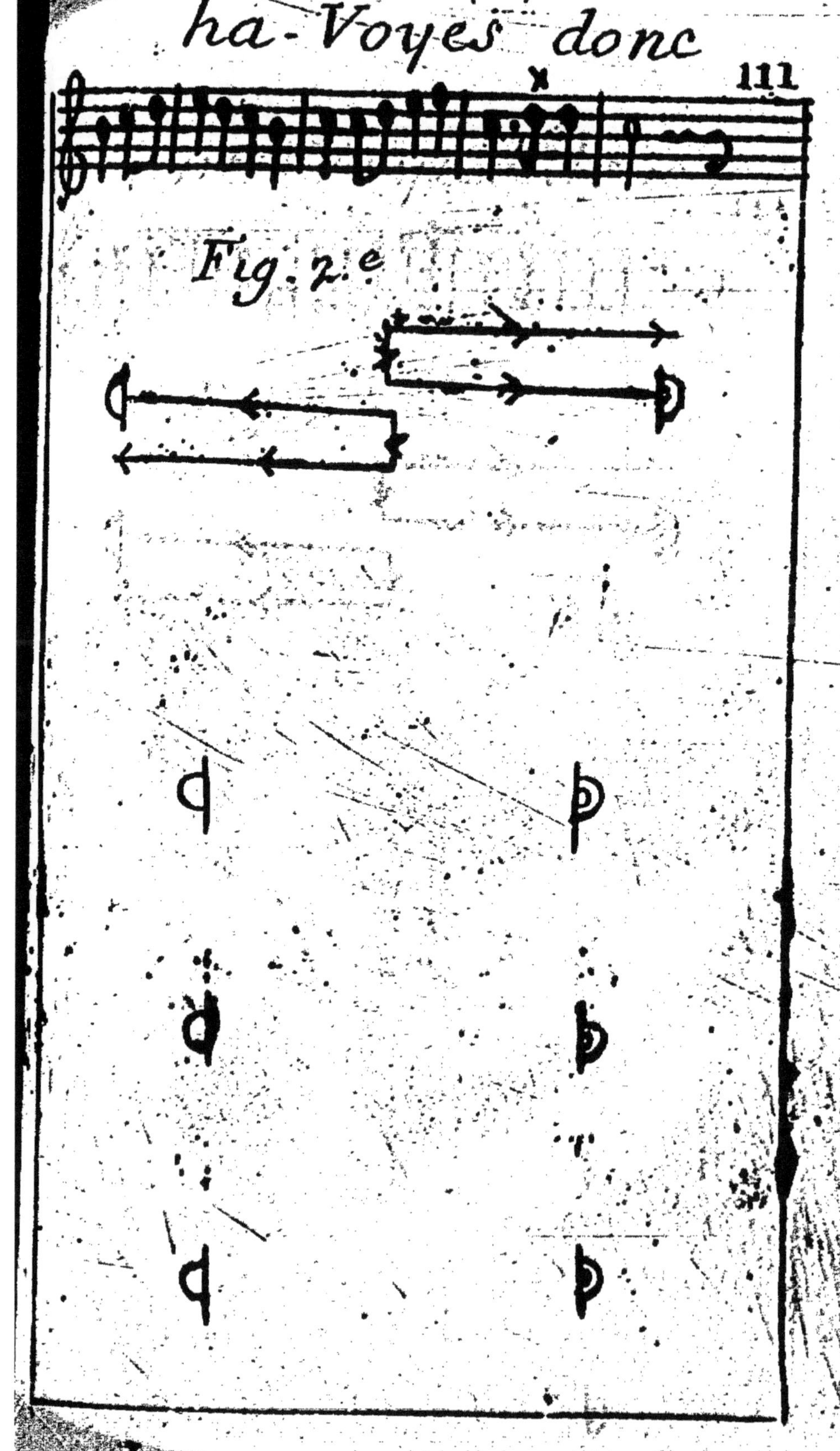
ha-Voyés donc
Fig. 2e

Havoyes donc

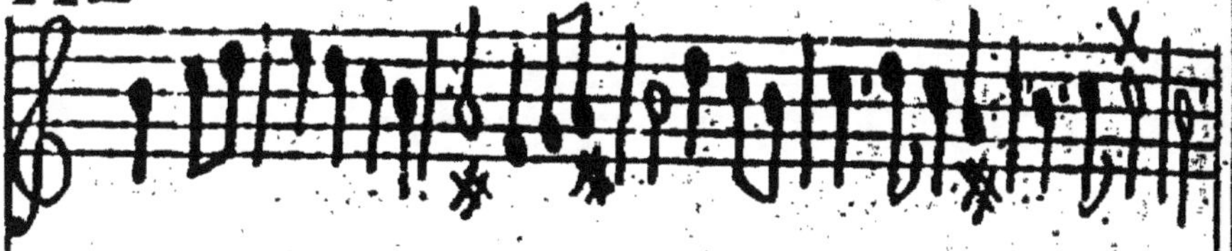

Fig. 3.e

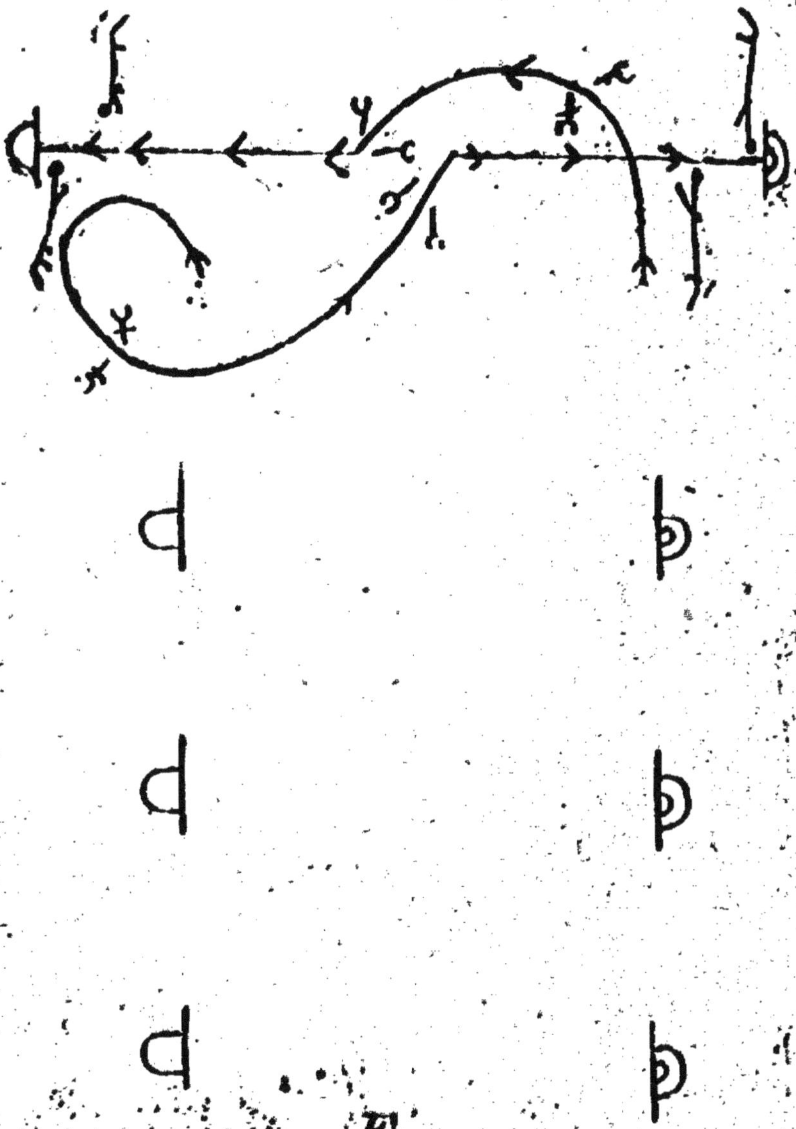

Fin

les Mariniers

Pag. 15. . Fig. 1e.

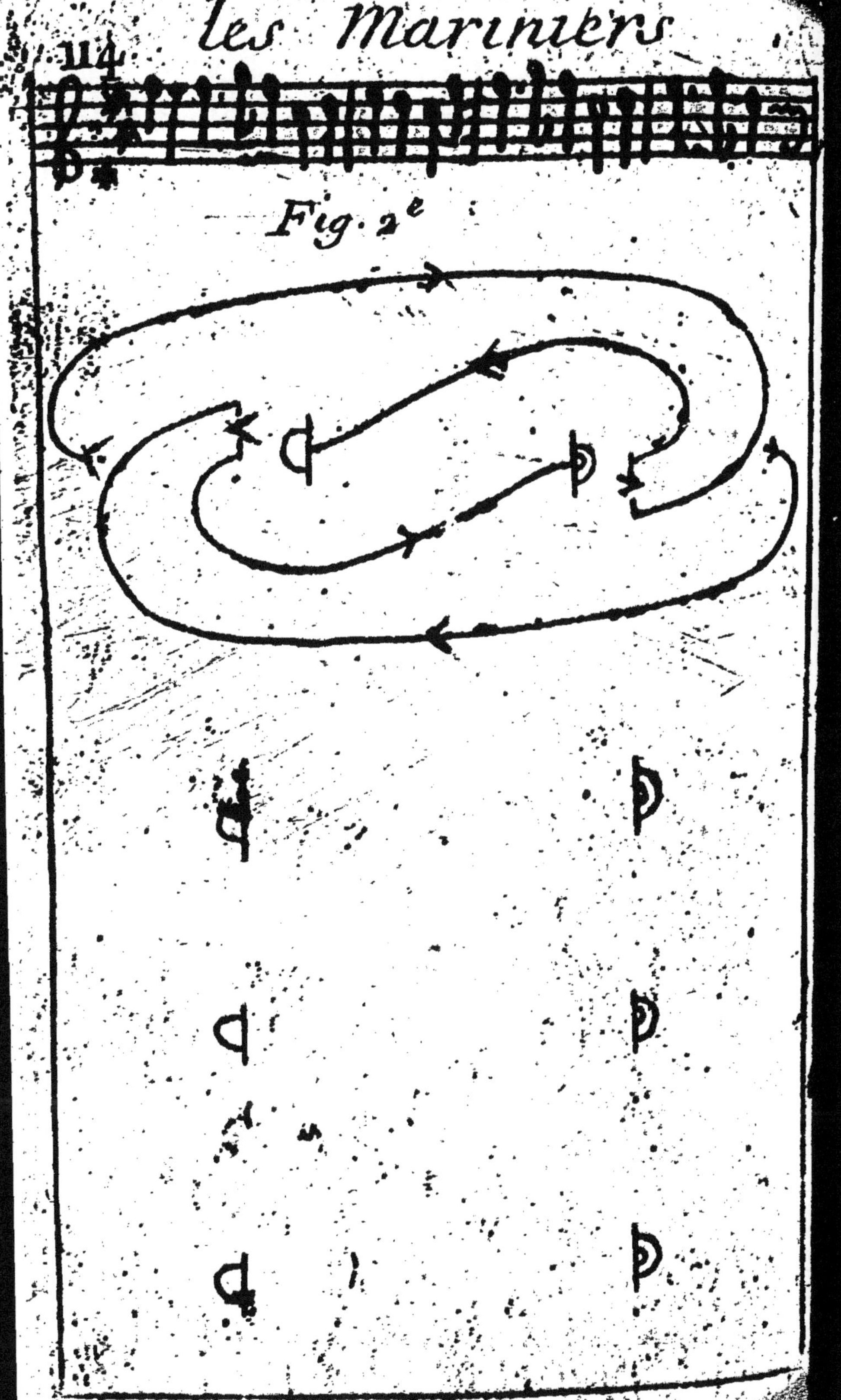
les Mariniers
Fig. 2e

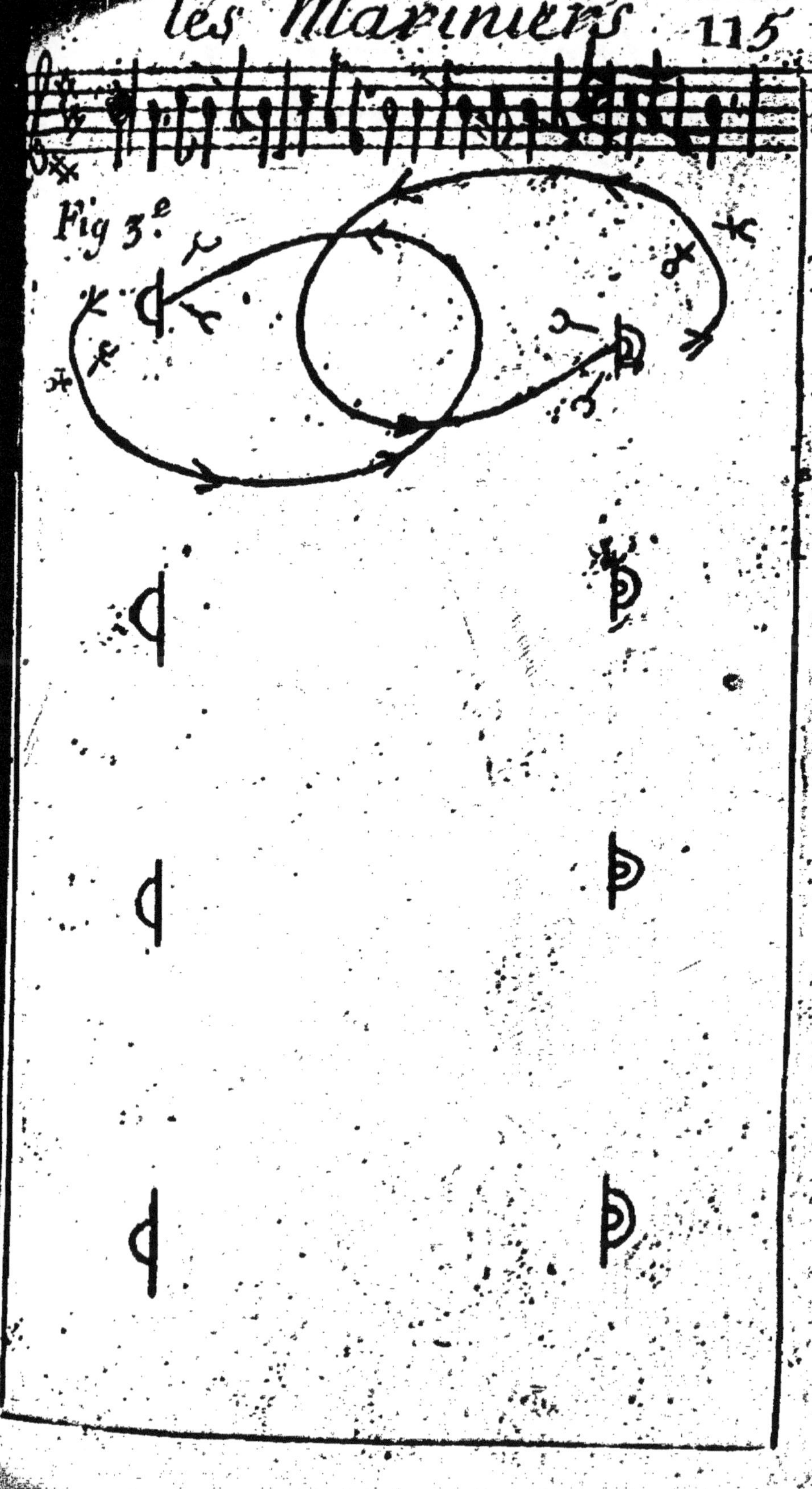
Fig 3.e

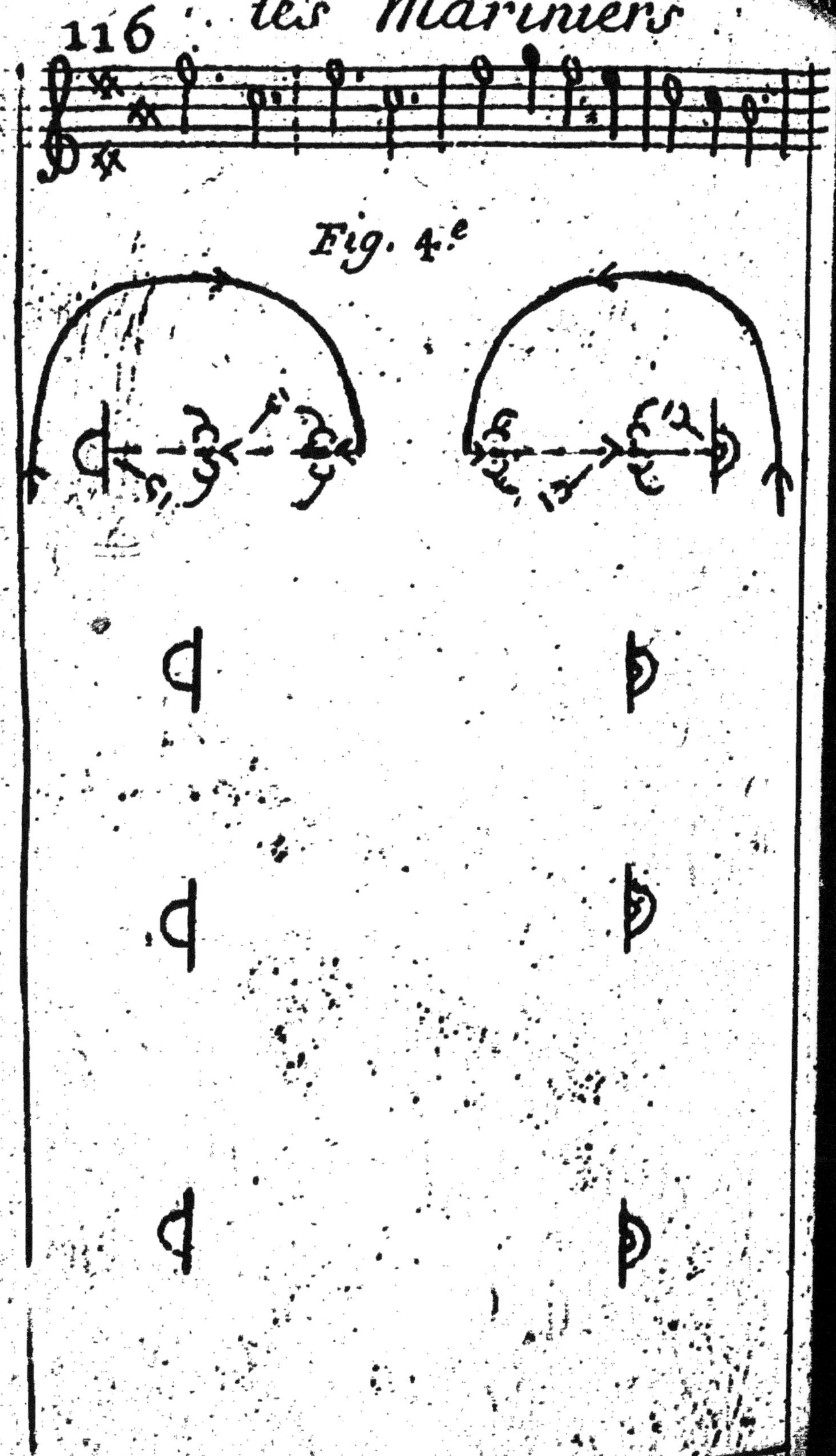

Fig. 4.e

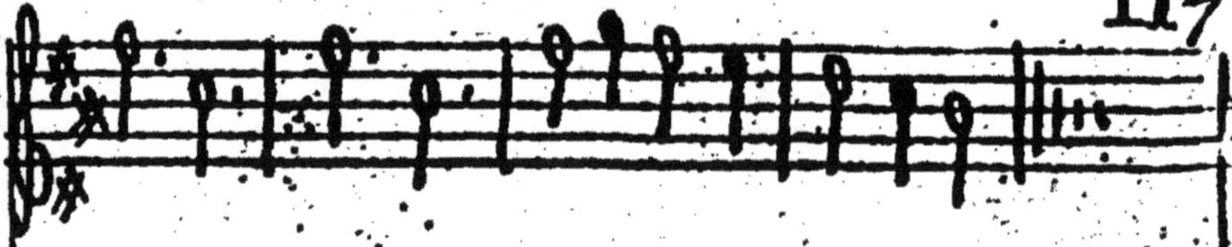

Fig. 5.e

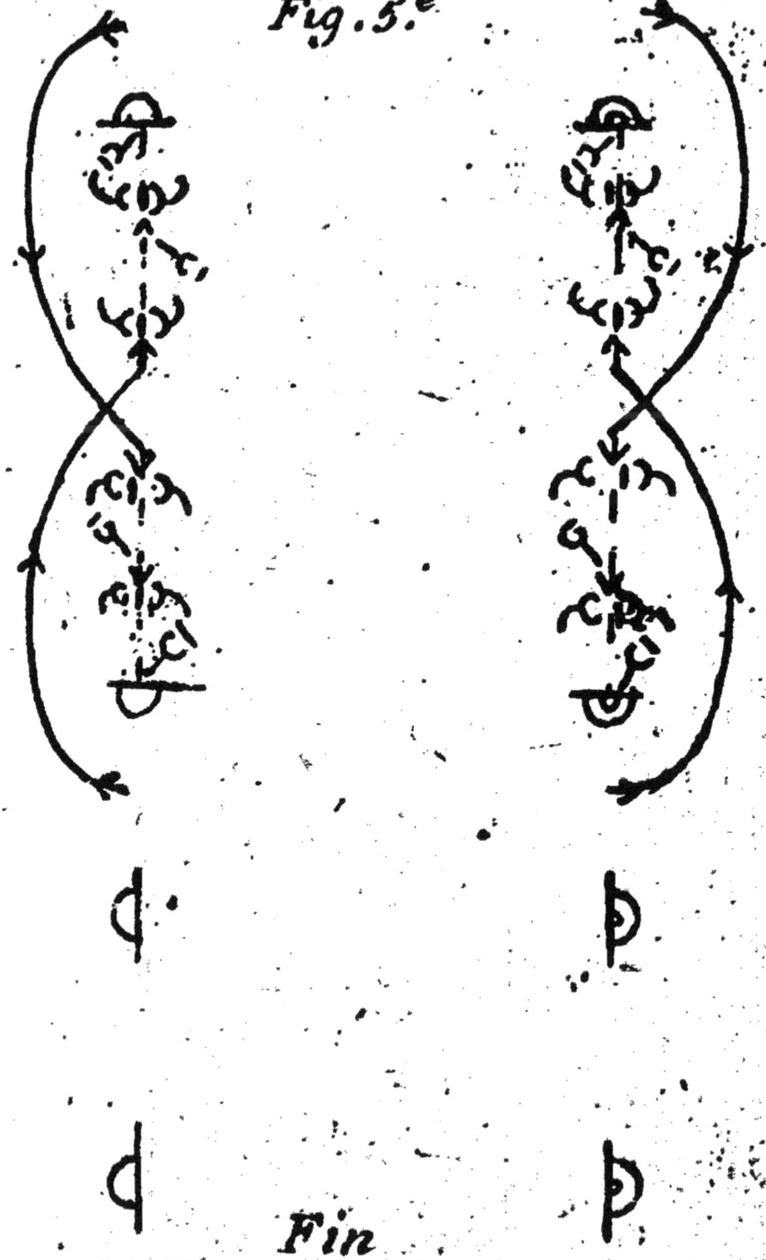

Fin

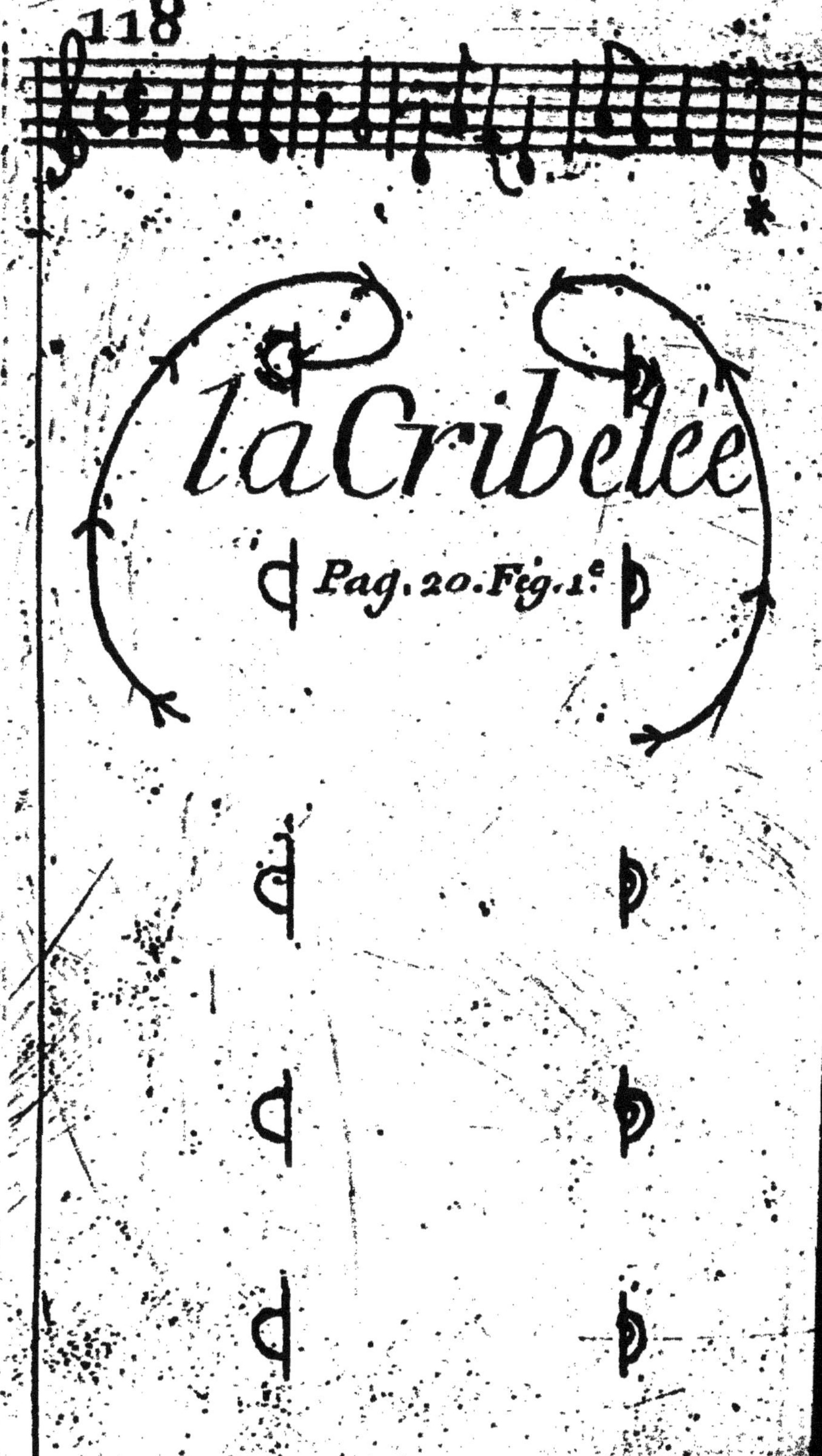
la Cribelée
Pag. 20. Fig. 1.e

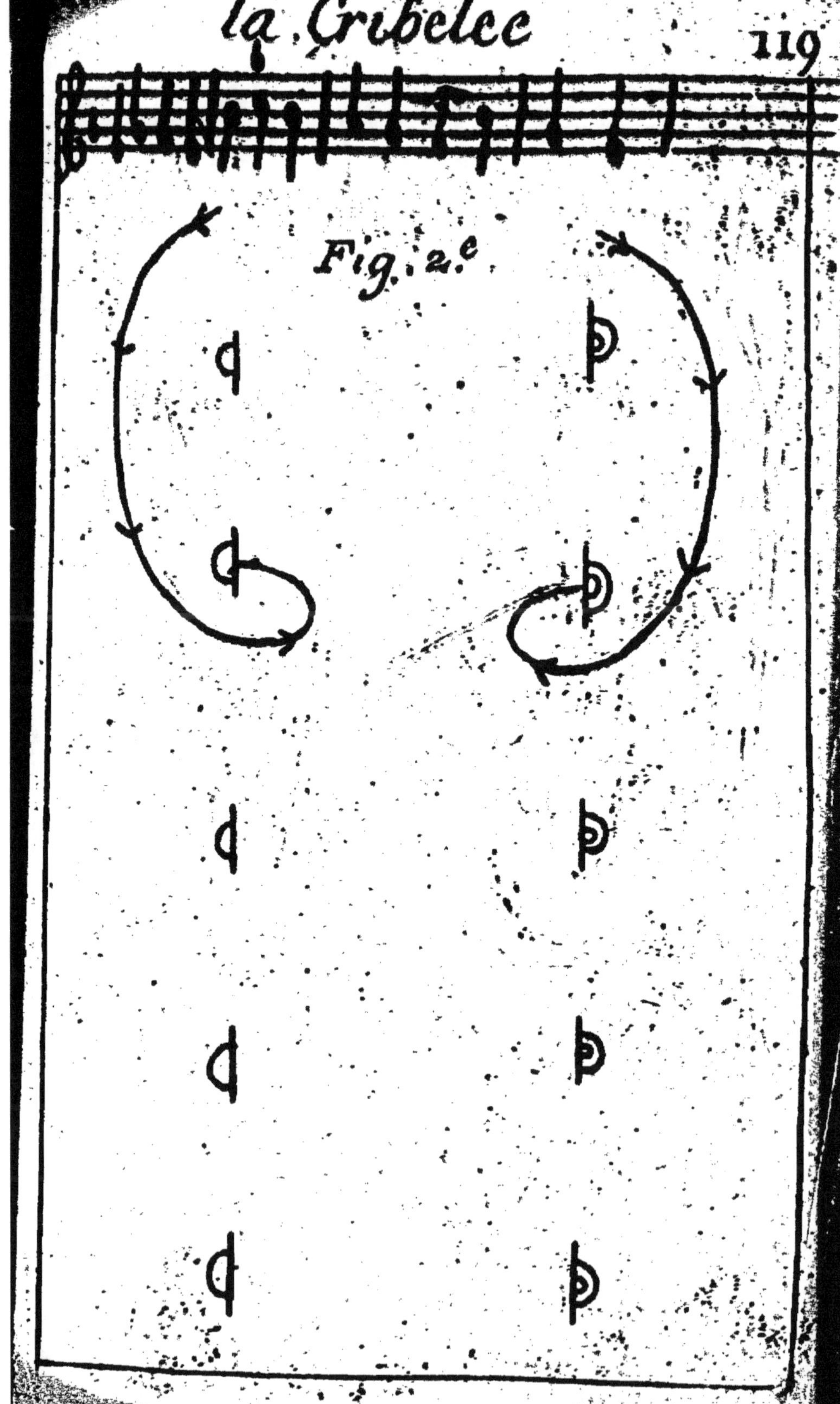
Fig. 2.e

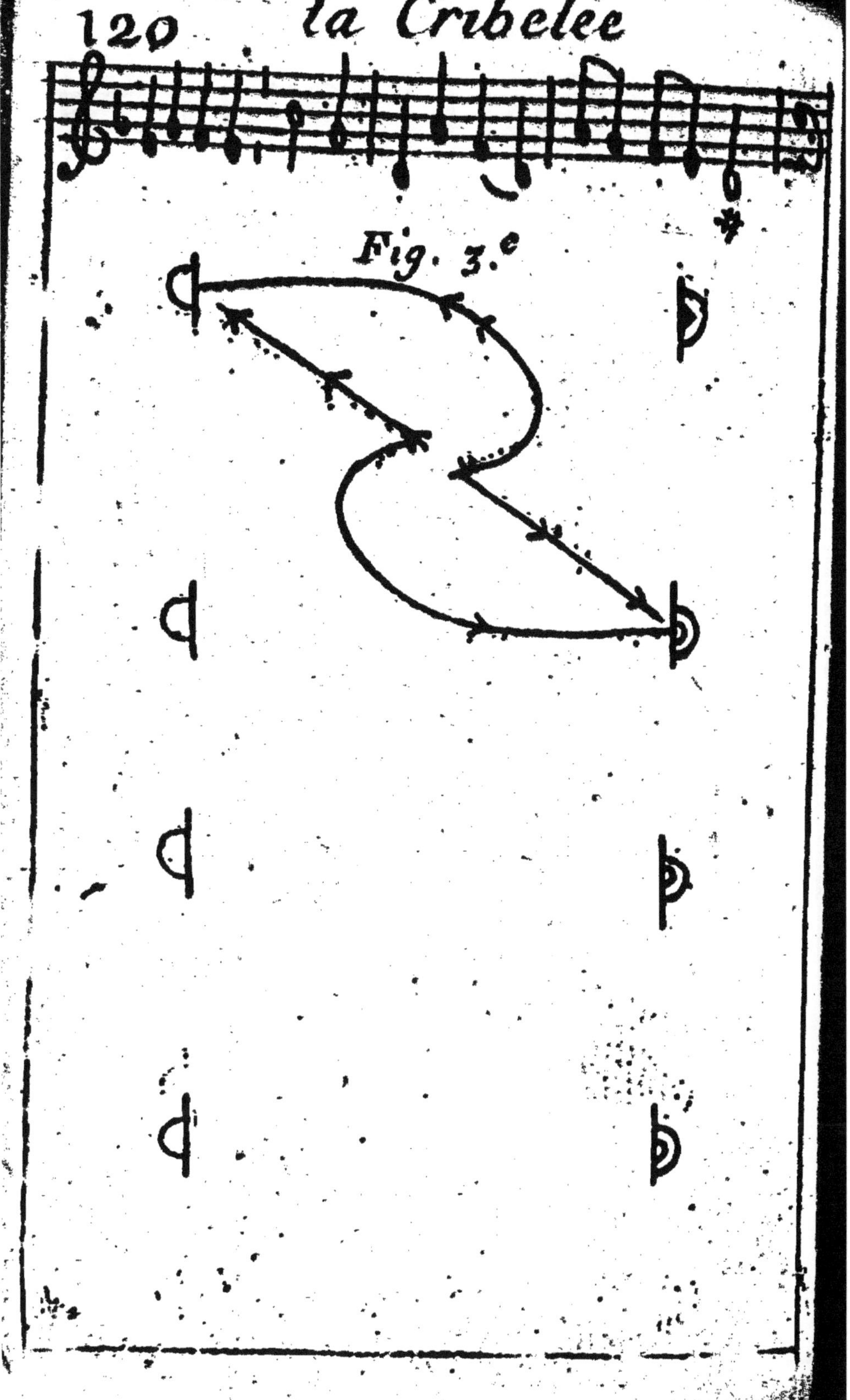
Fig. 3.e

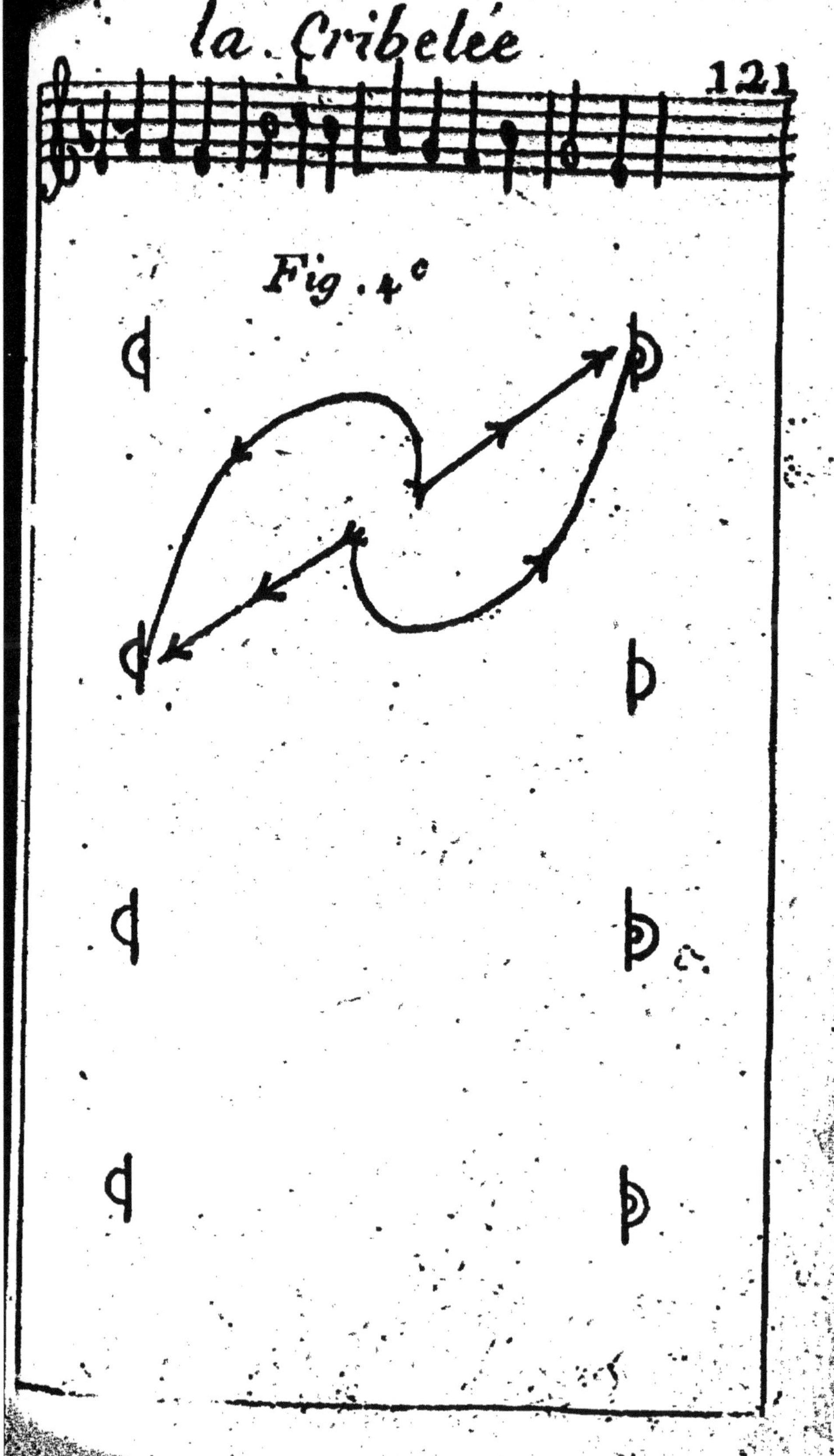
la Cribelée
Fig. 4e

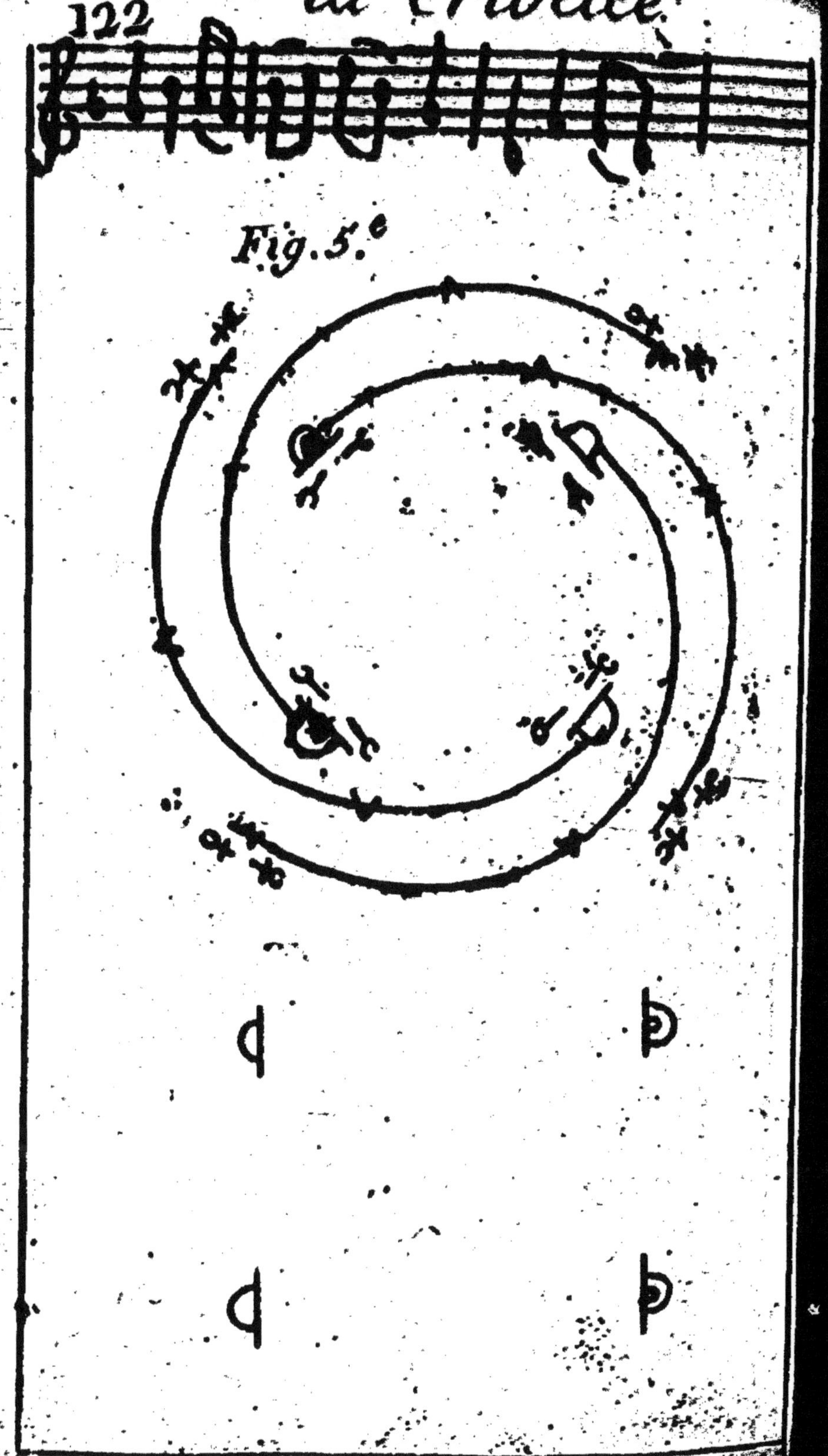
Fig. 5.e

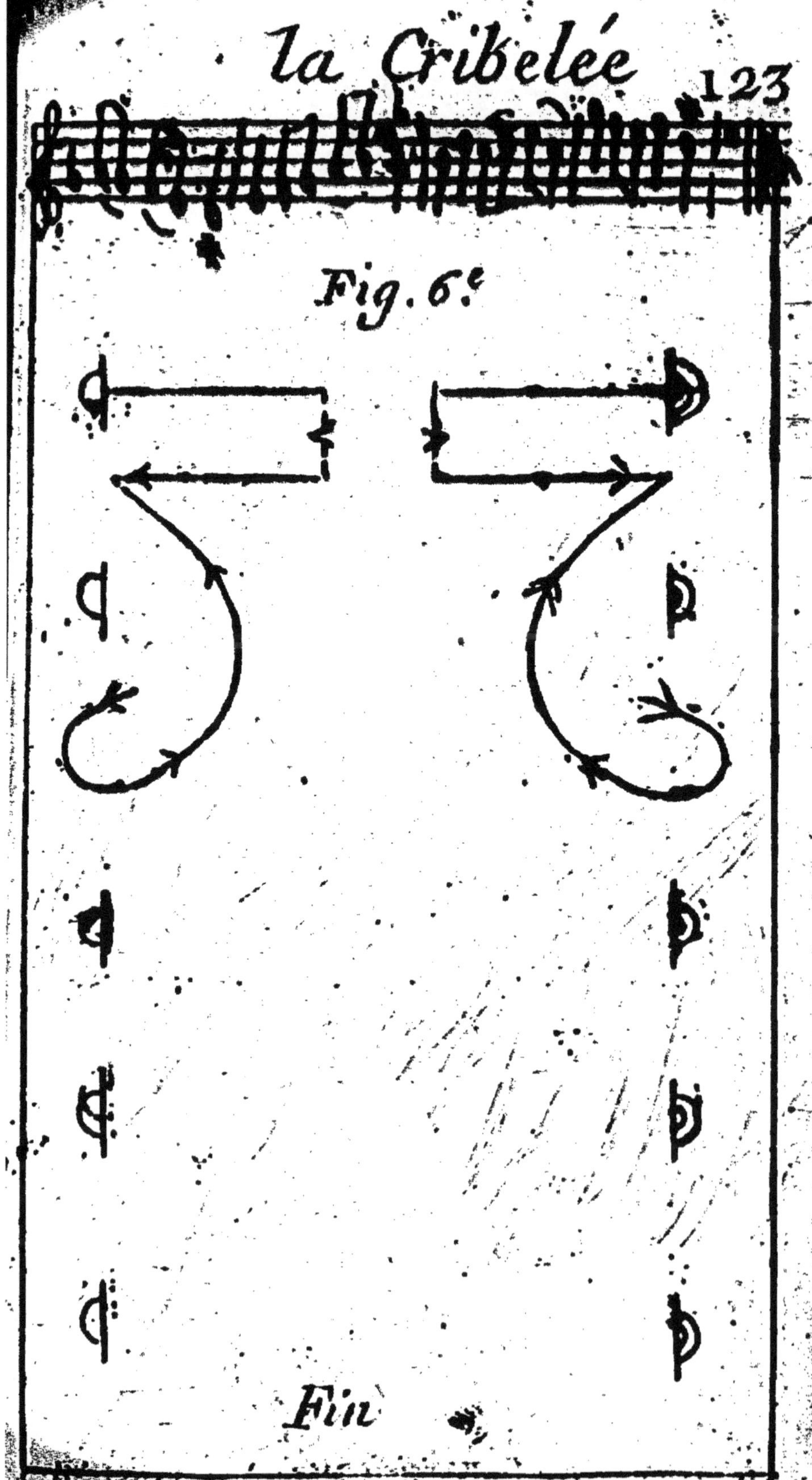
la Cribelée
123
Fig. 6.e
Fin

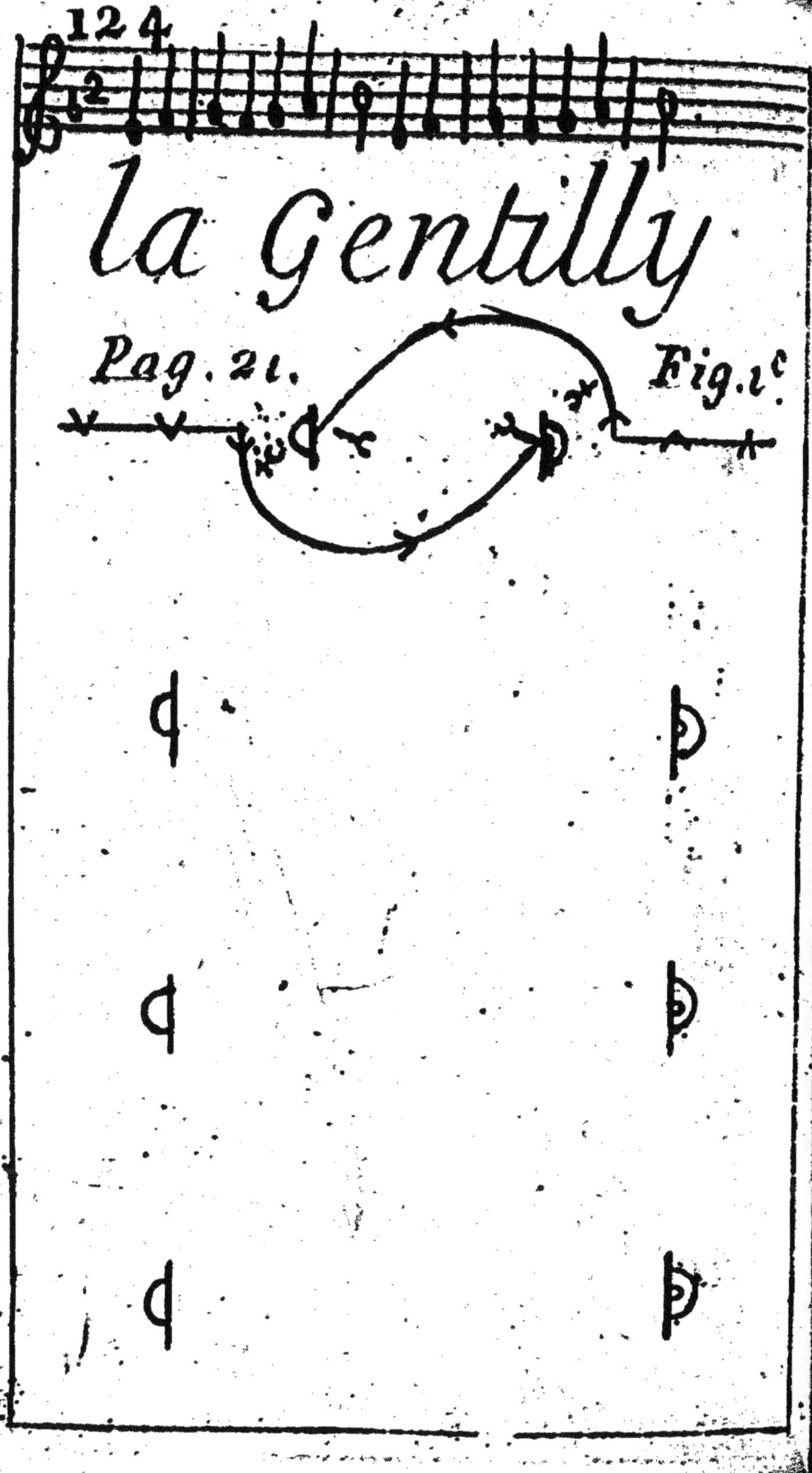

124
la Gentilly
Pag. 21.
Fig. 1e

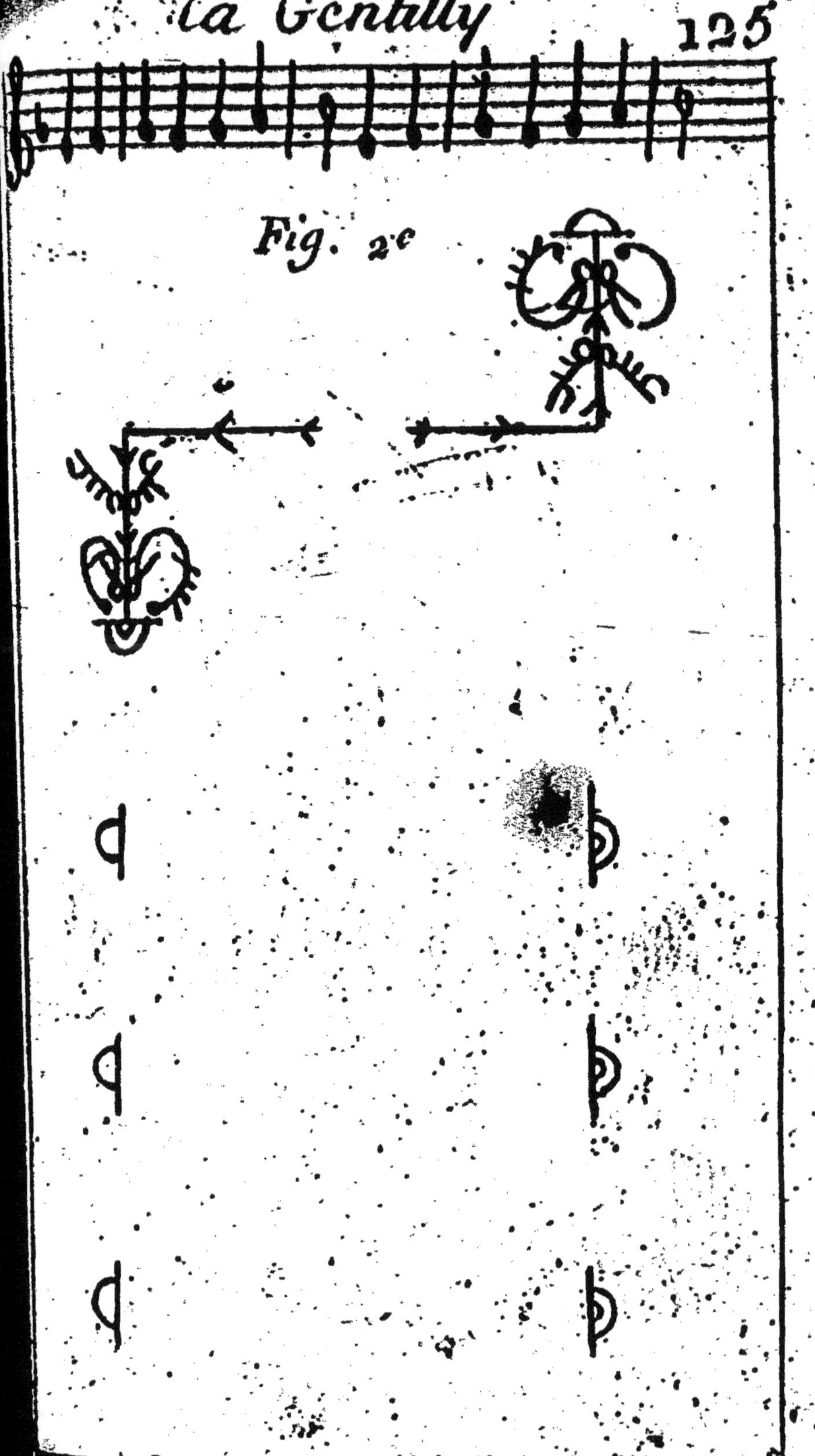
Fig. 2e

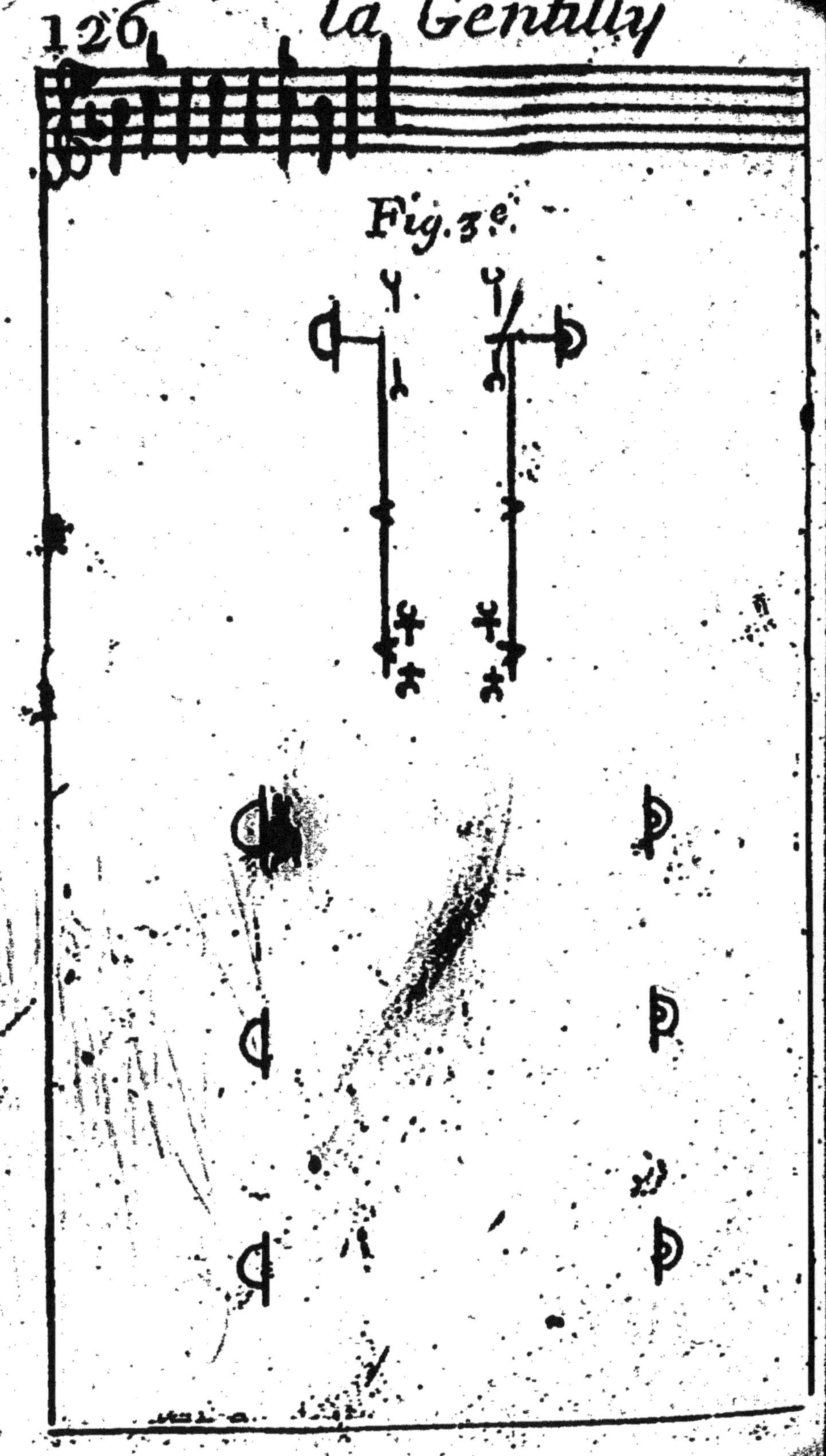
Fig. 3e.

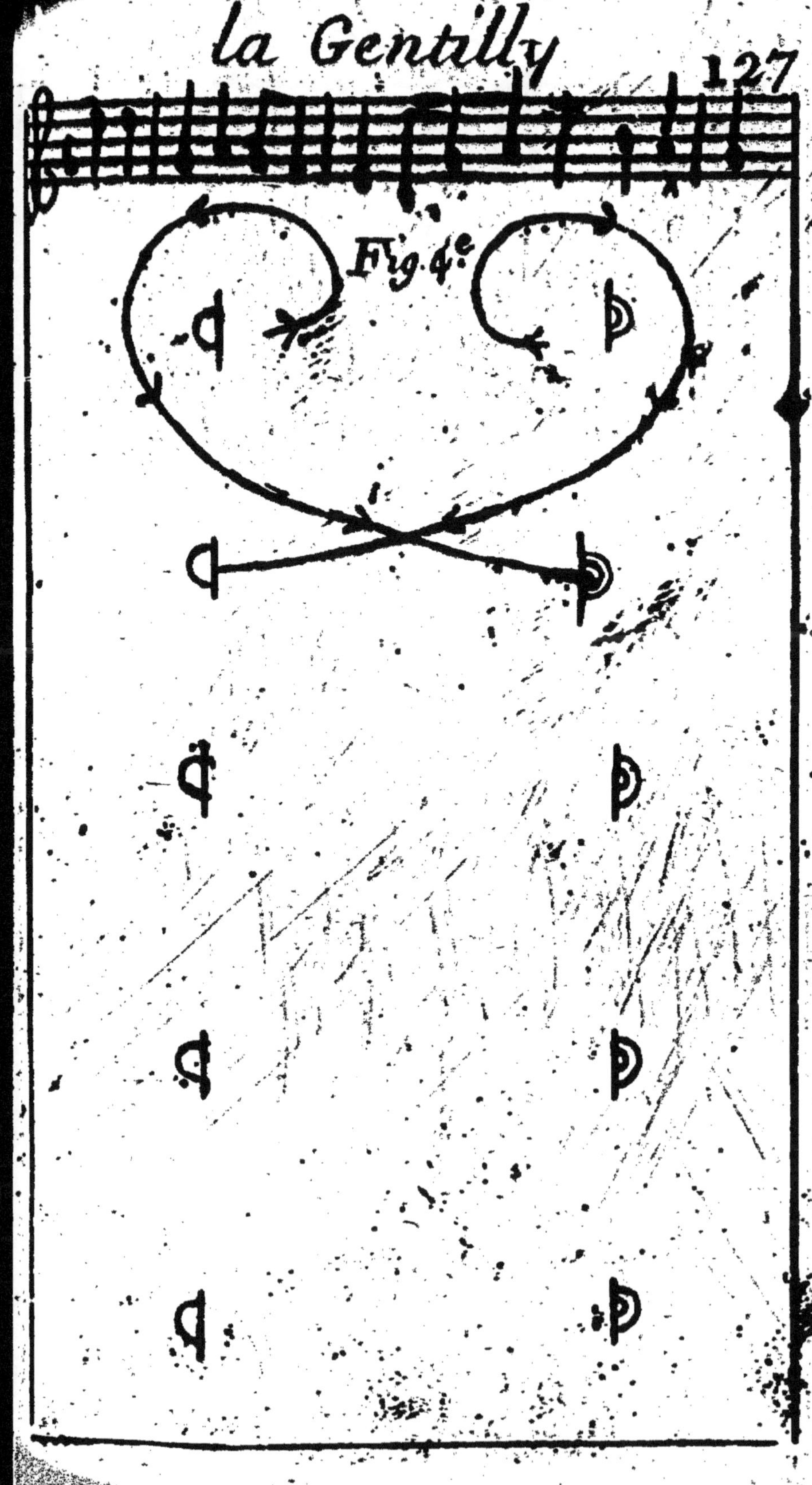
Fig. 4e.

la Gentilly

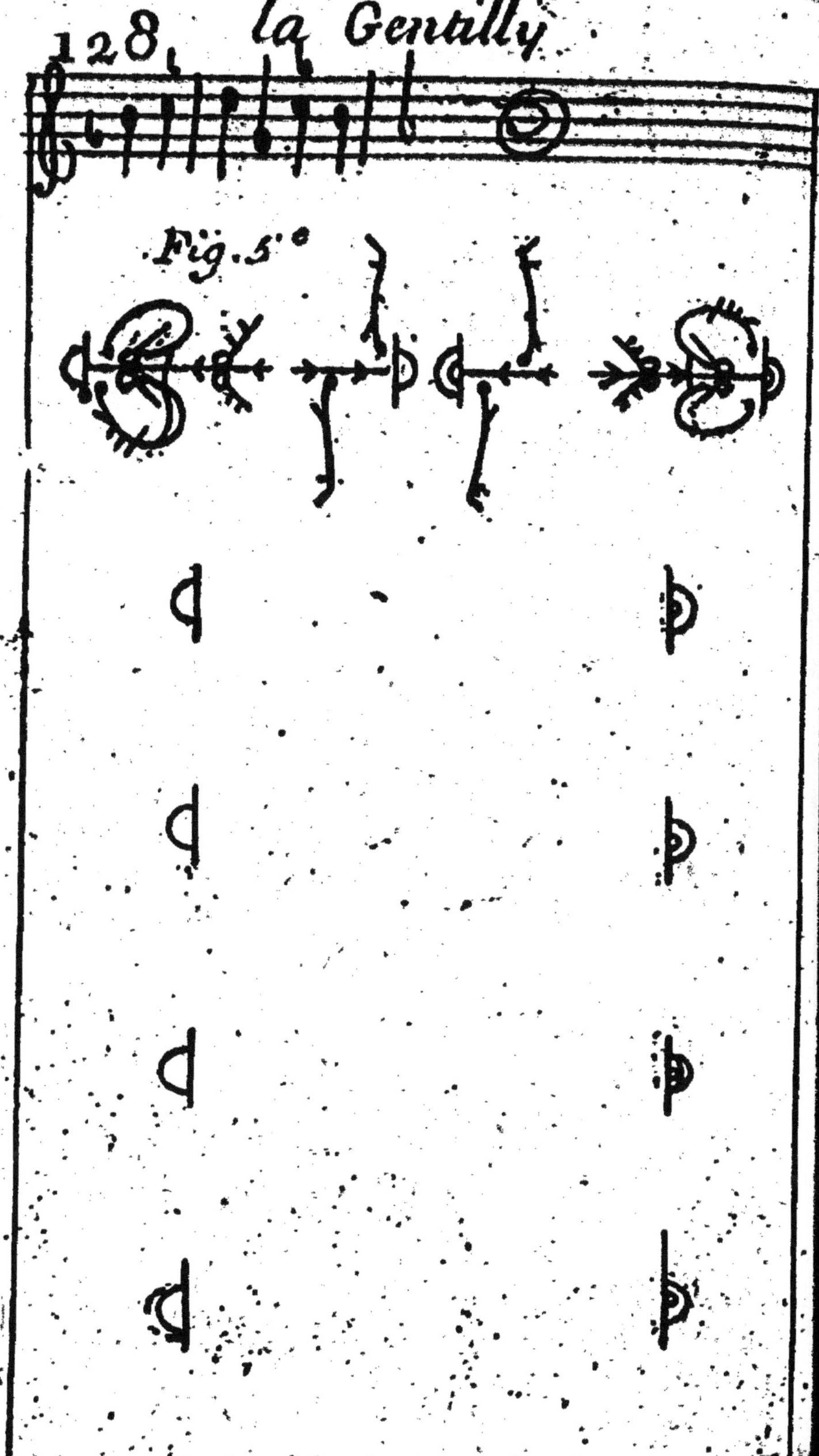

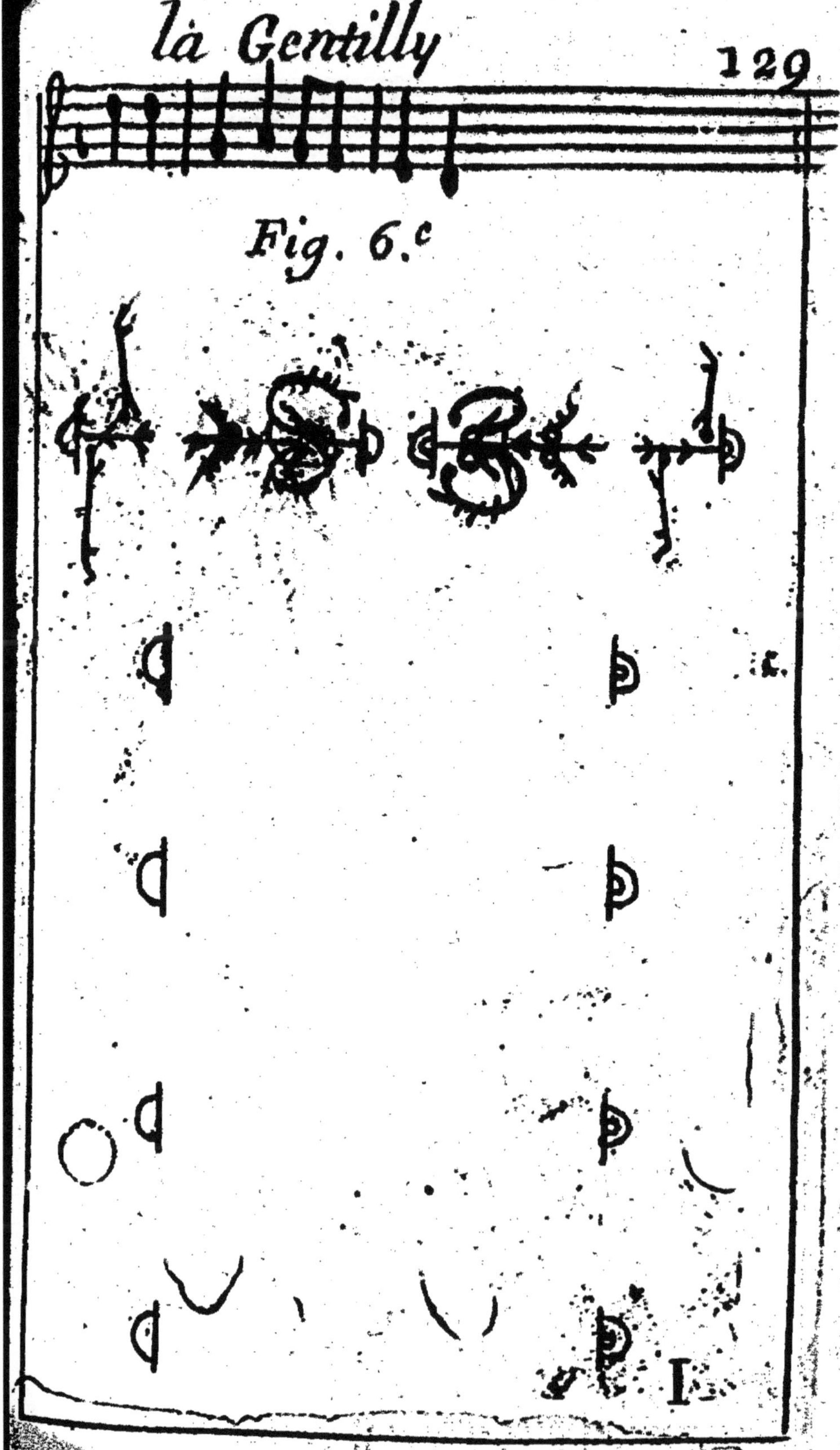
là Gentilly
Fig. 6.c
I

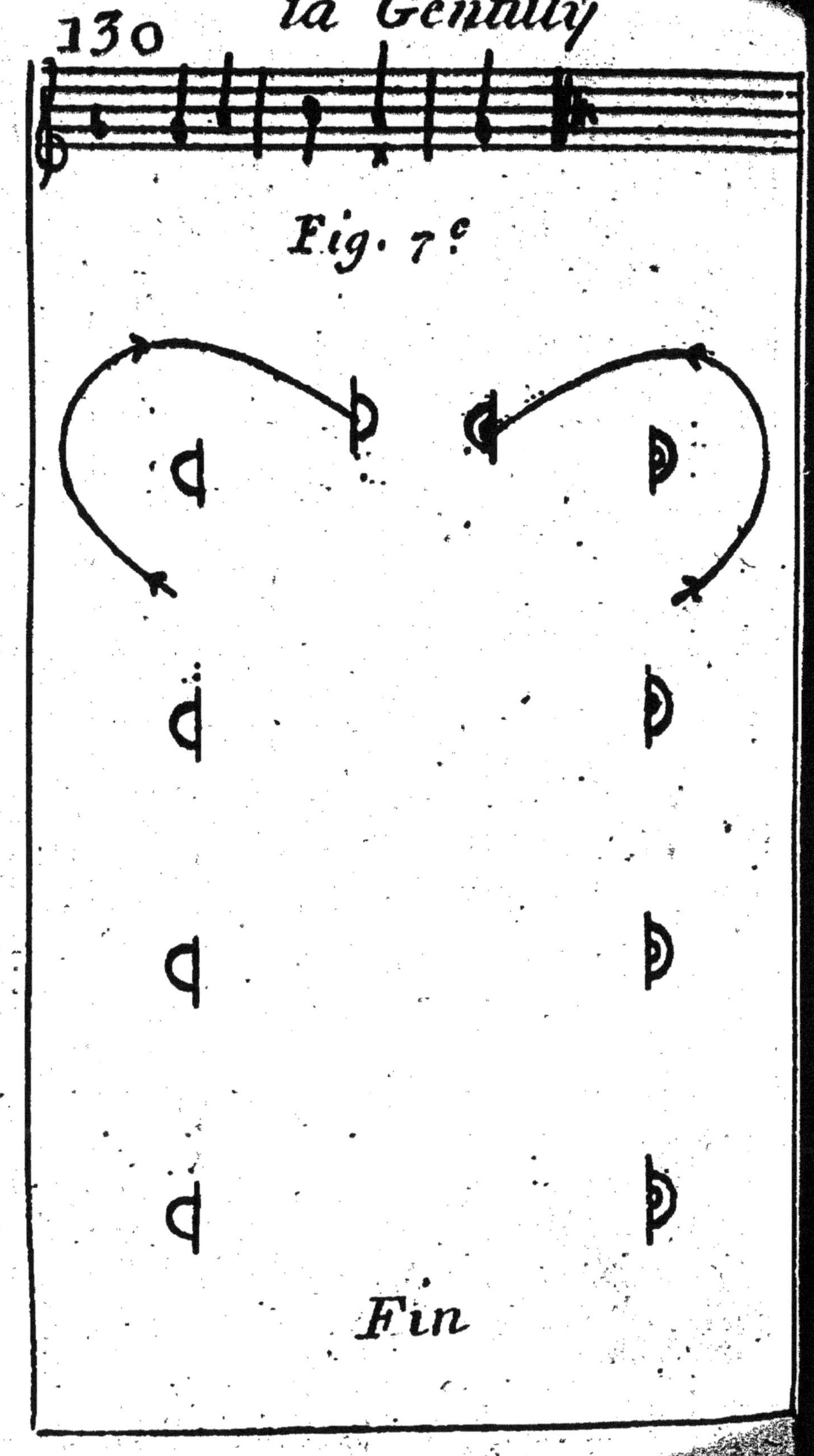
la Gentilly
Fig. 7e
Fin

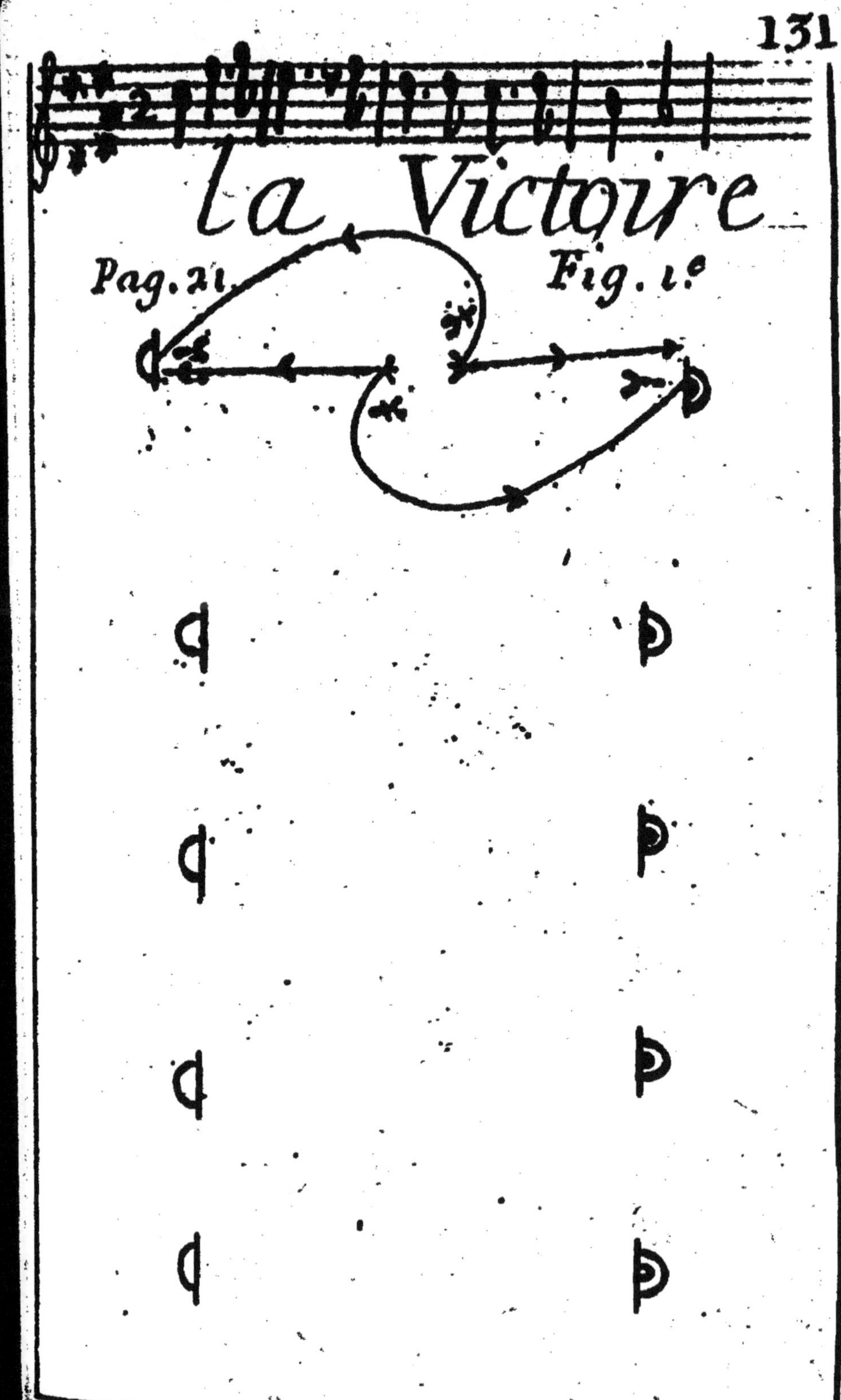
la Victoire
Pag. 21.
Fig. 1.e

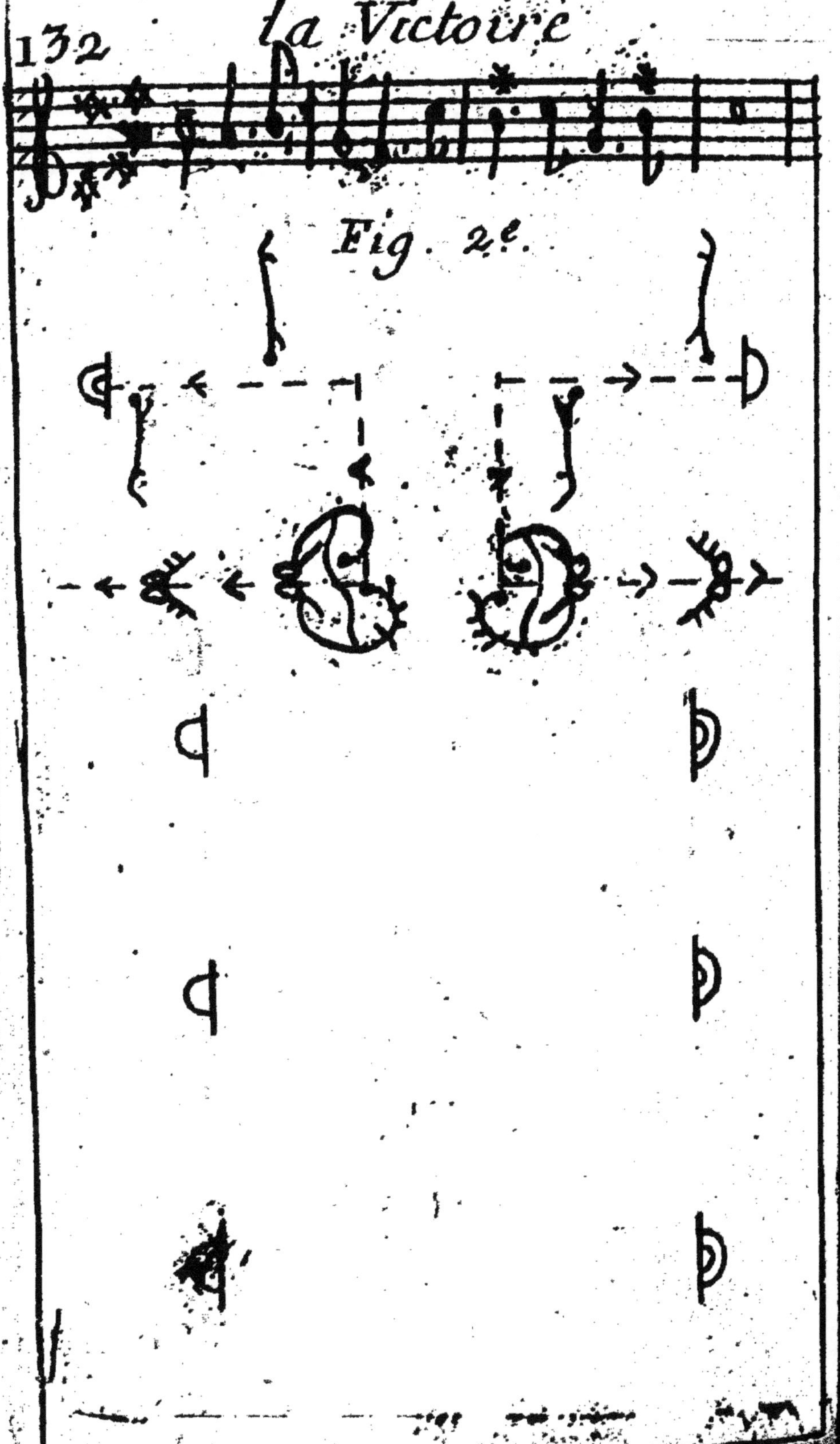
Fig. 2e.

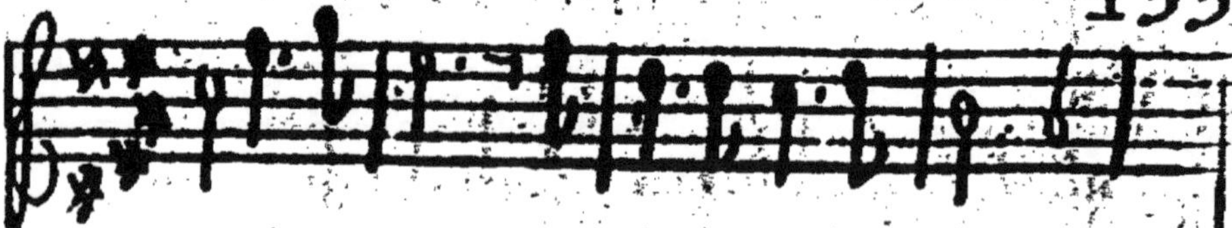

Fig. 3.e

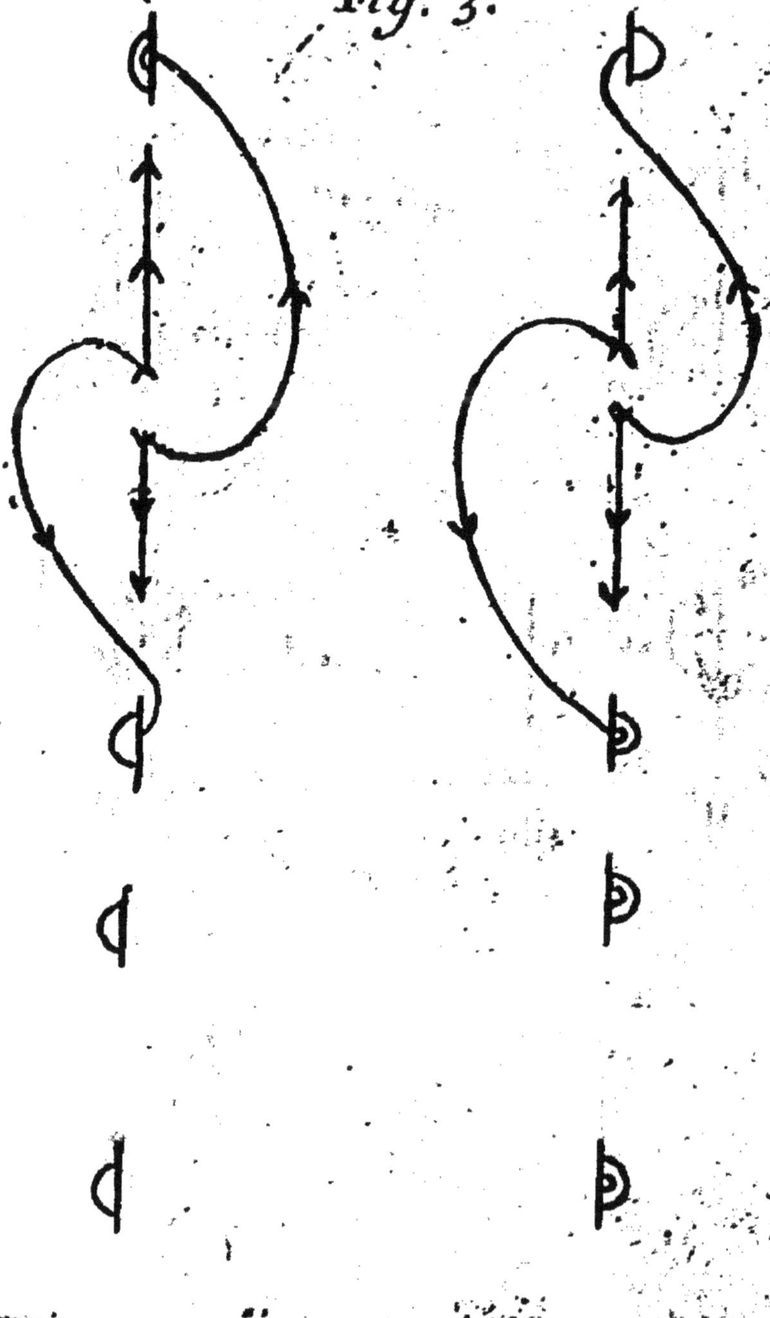

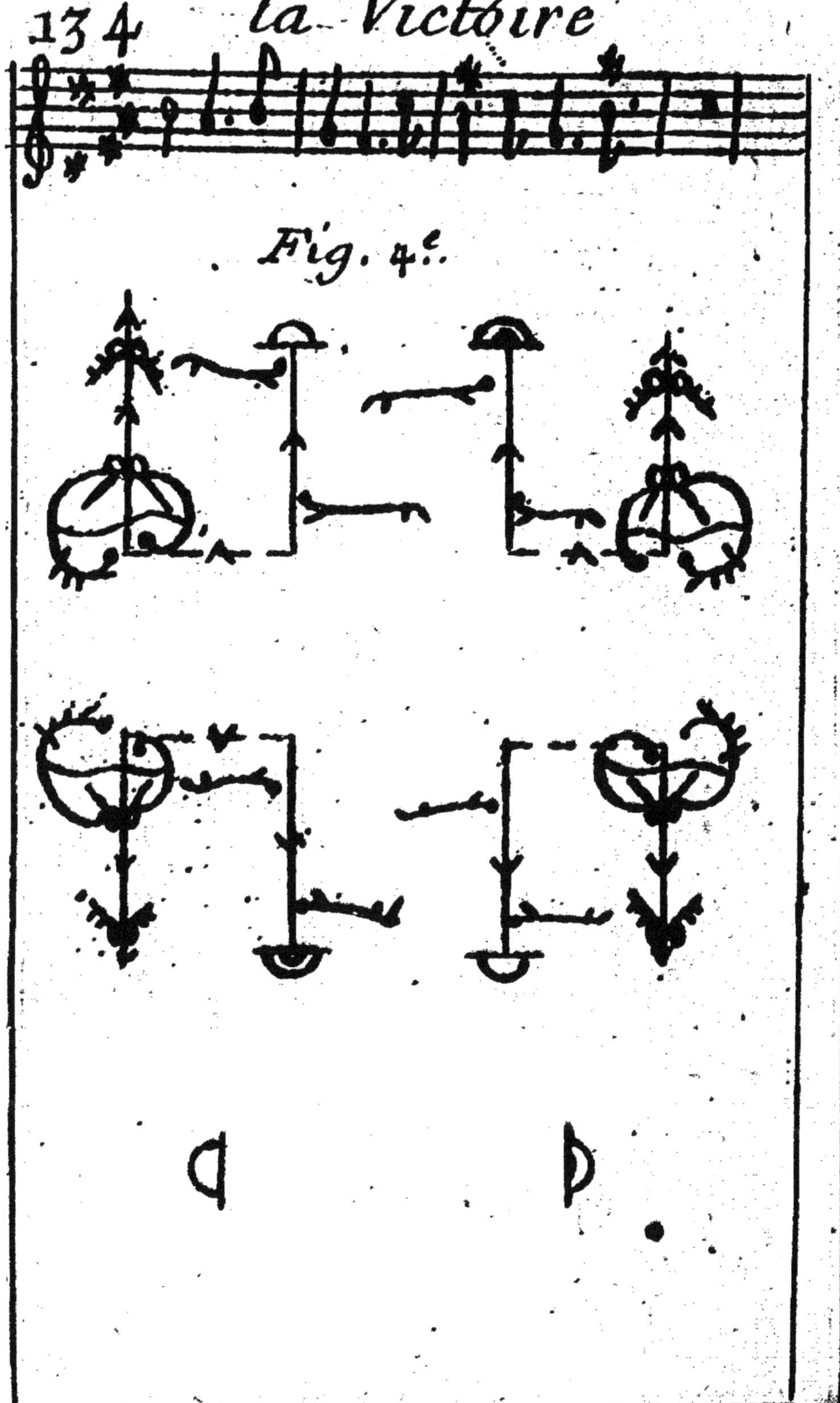
Fig. 4e.

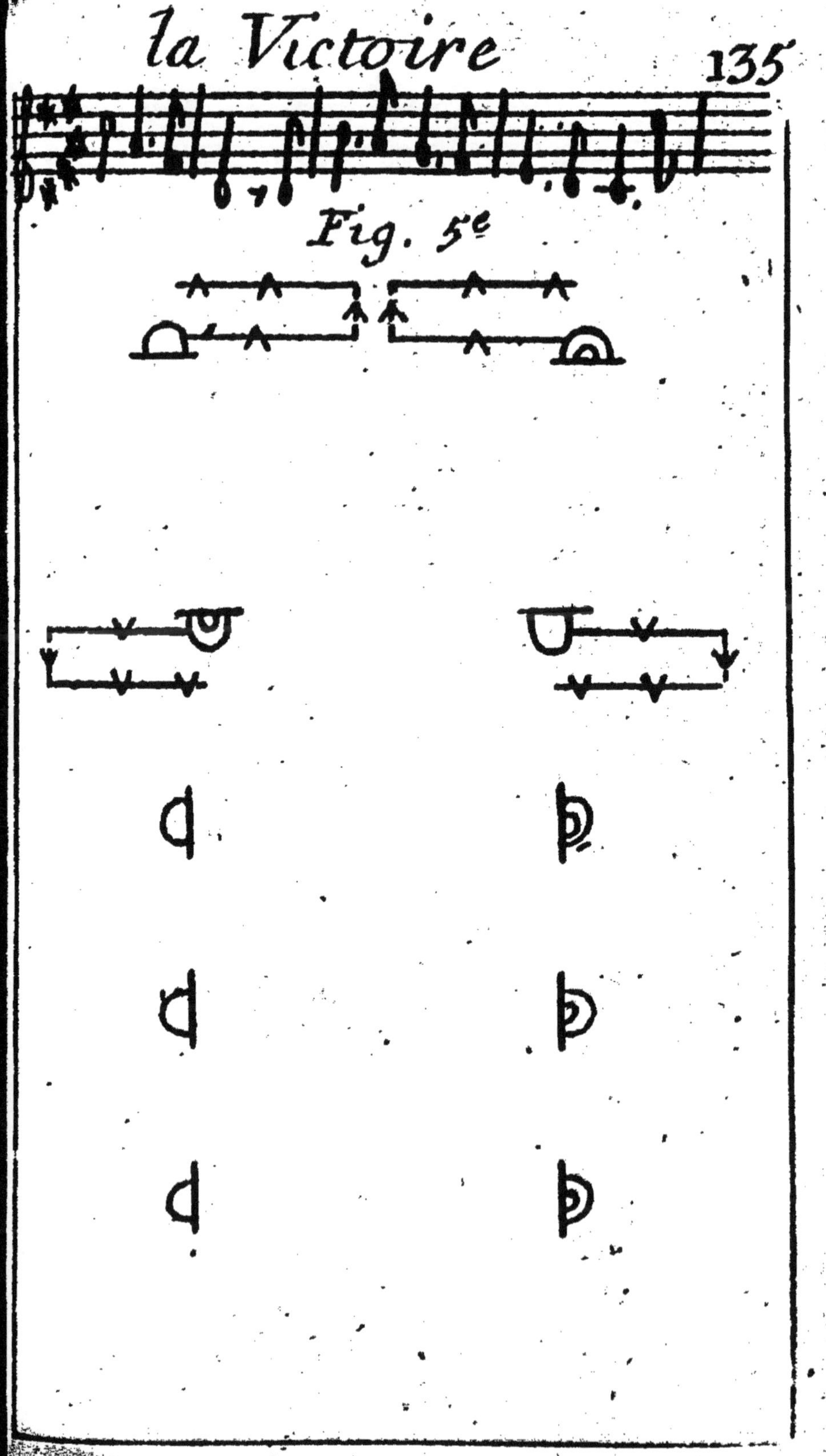
la Victoire
Fig. 5e

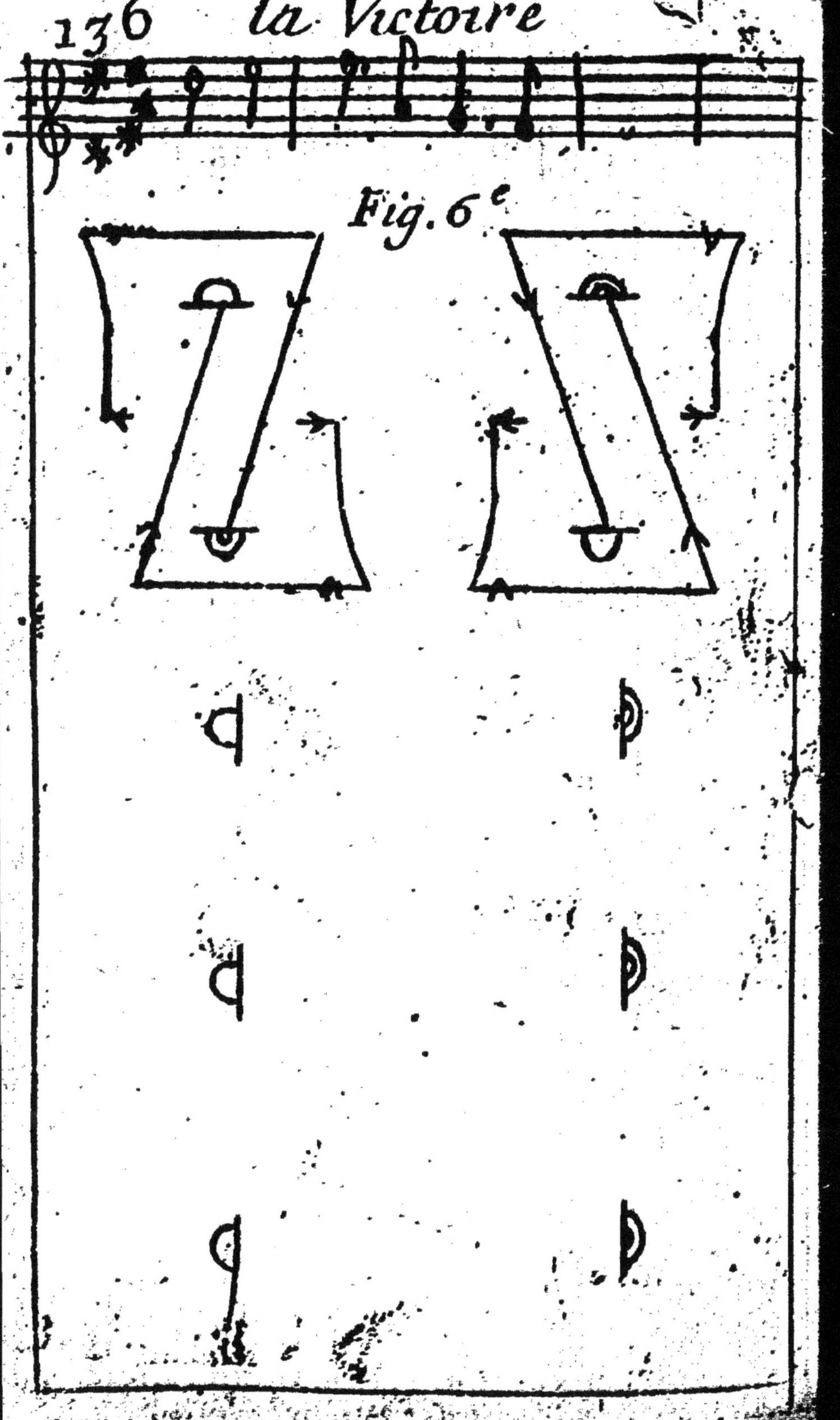
Fig. 6e

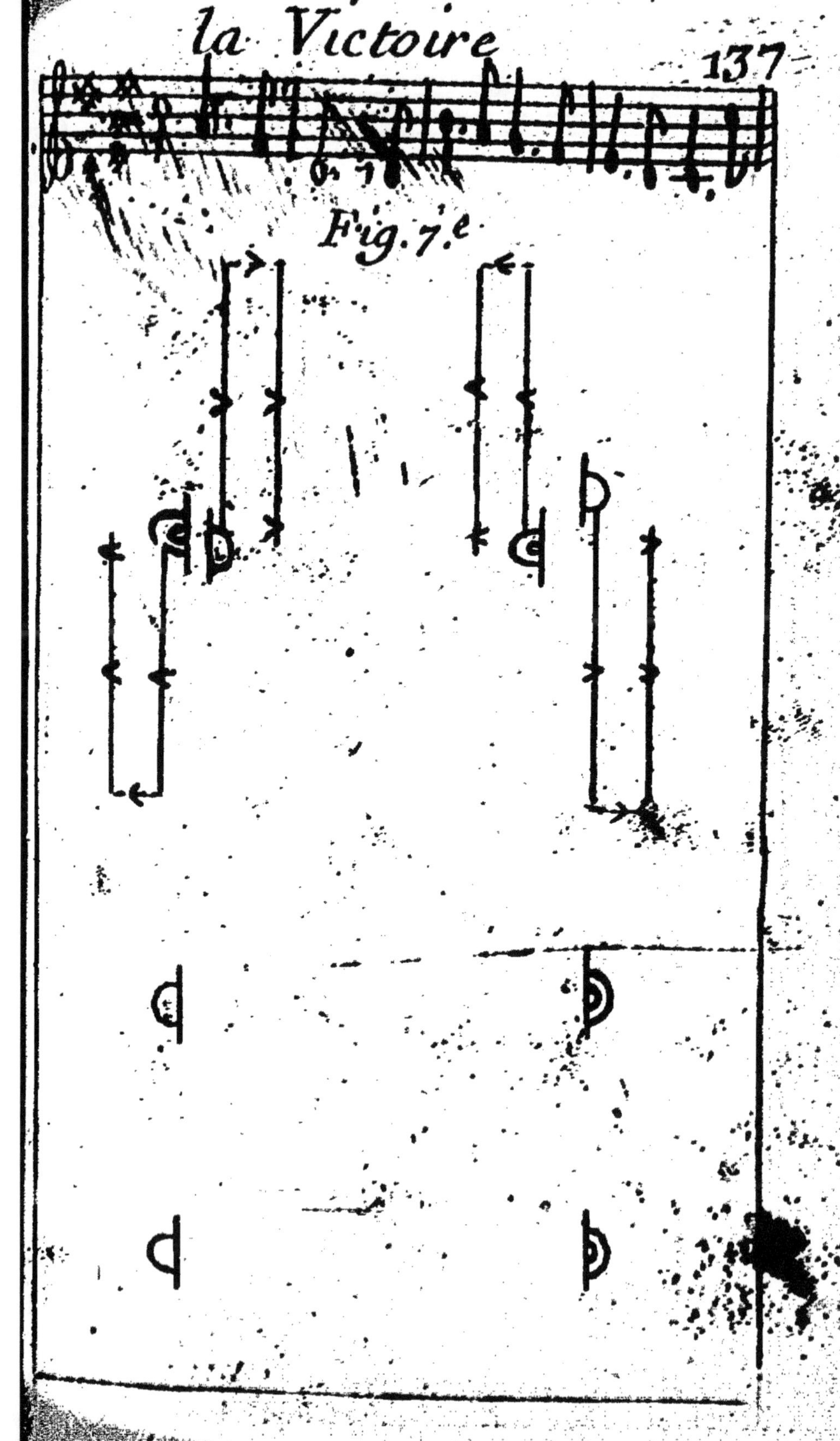

Fig. 7.e

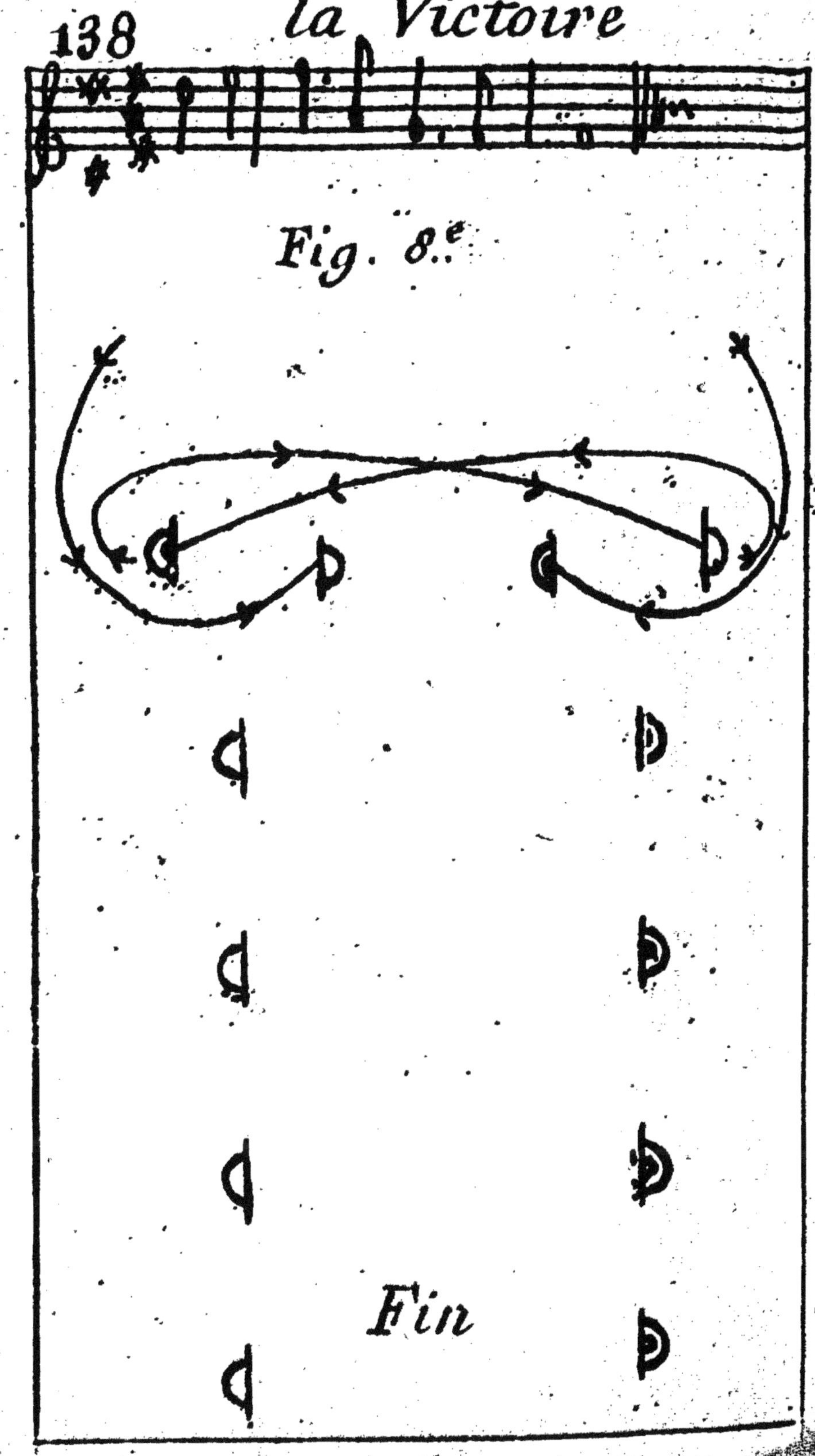
la Victoire
Fig. 8.e
Fin

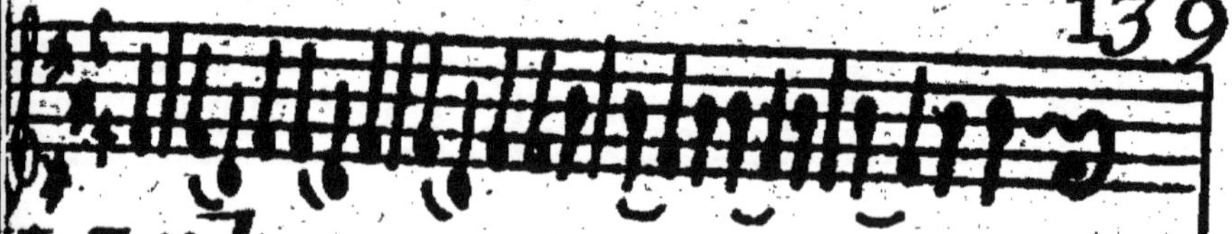

Milord Biron

Pag. 22

Fig. 1.e

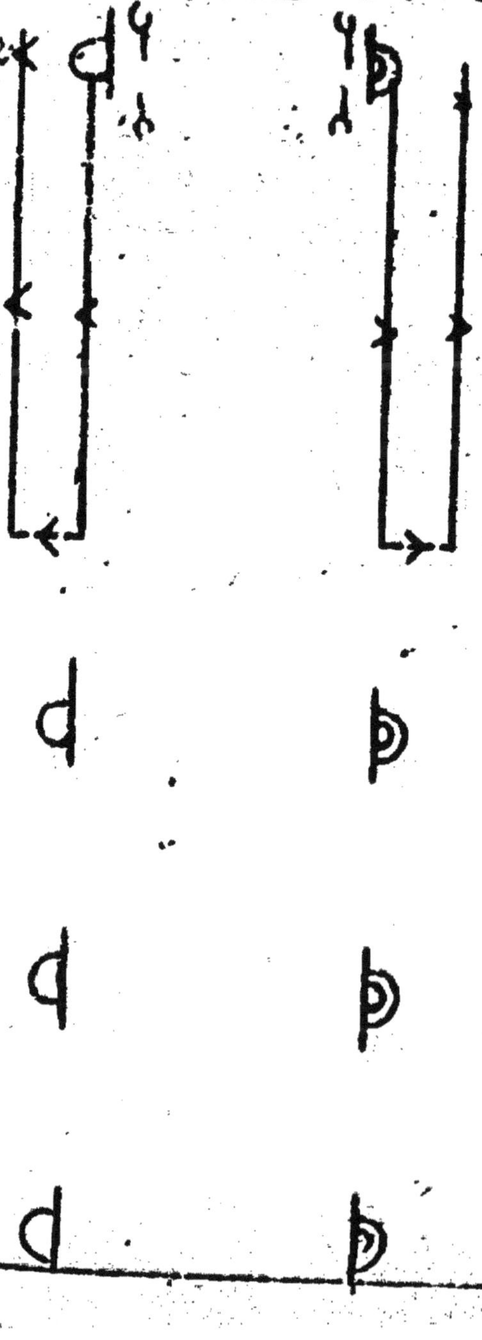

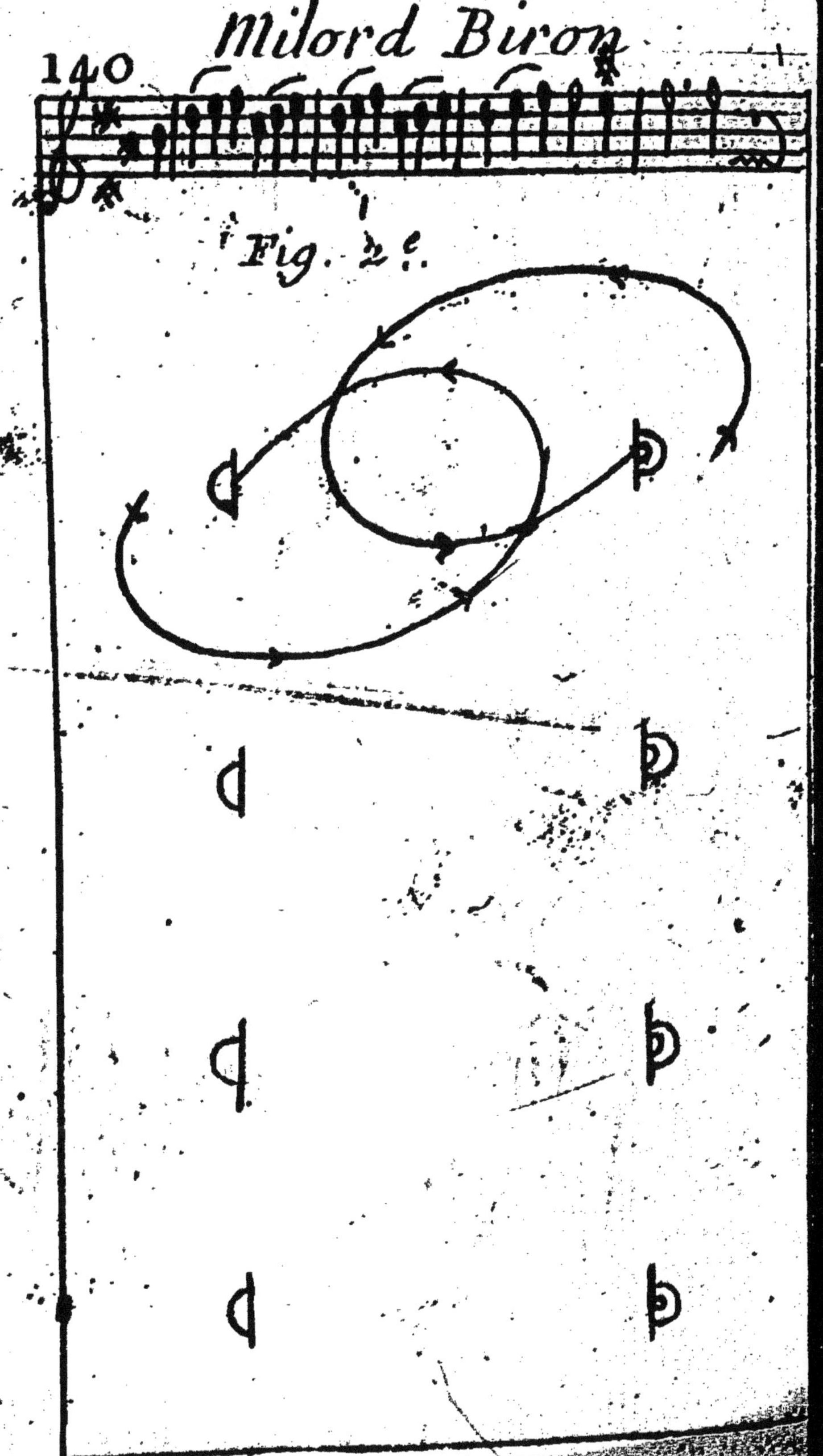
Milord Biron
Fig. 2e.

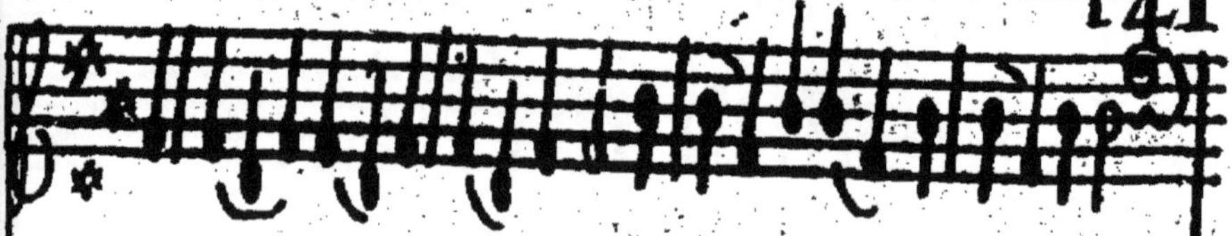

Fig. 3^e.

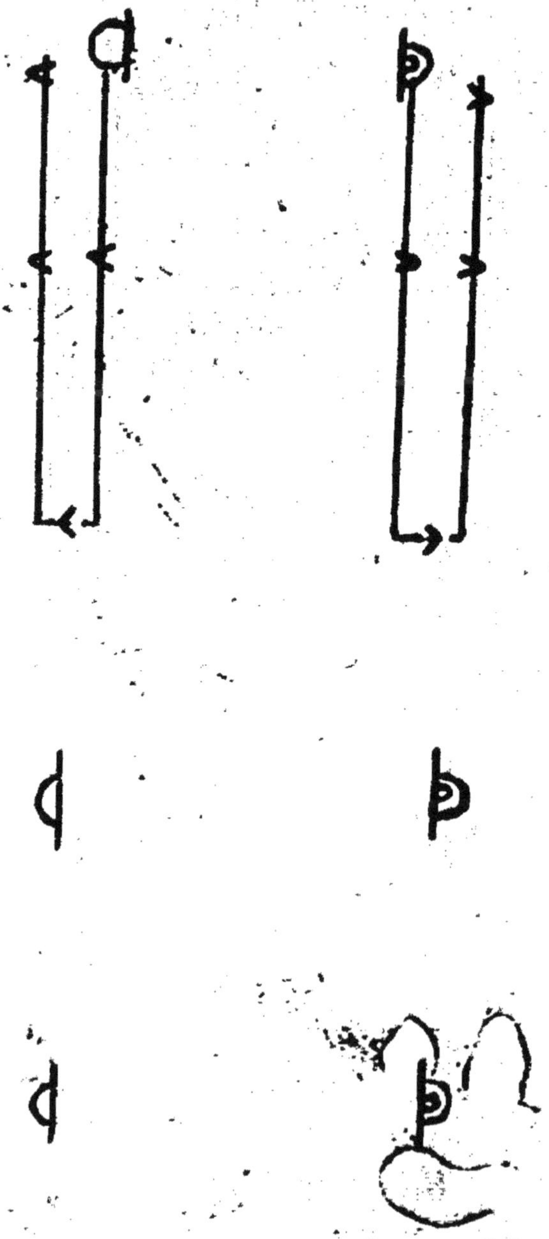

Milord Biron

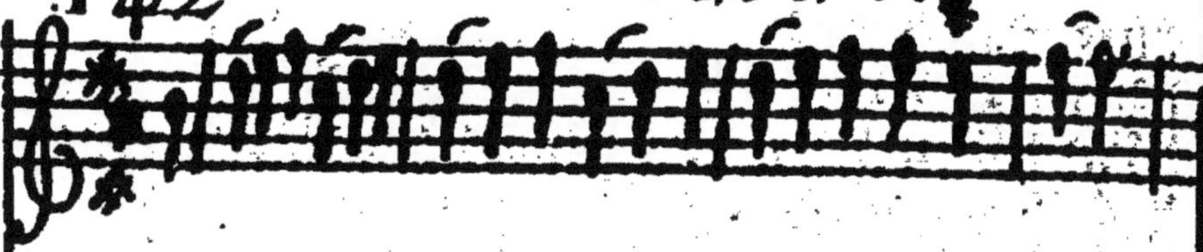

Fig. 4e

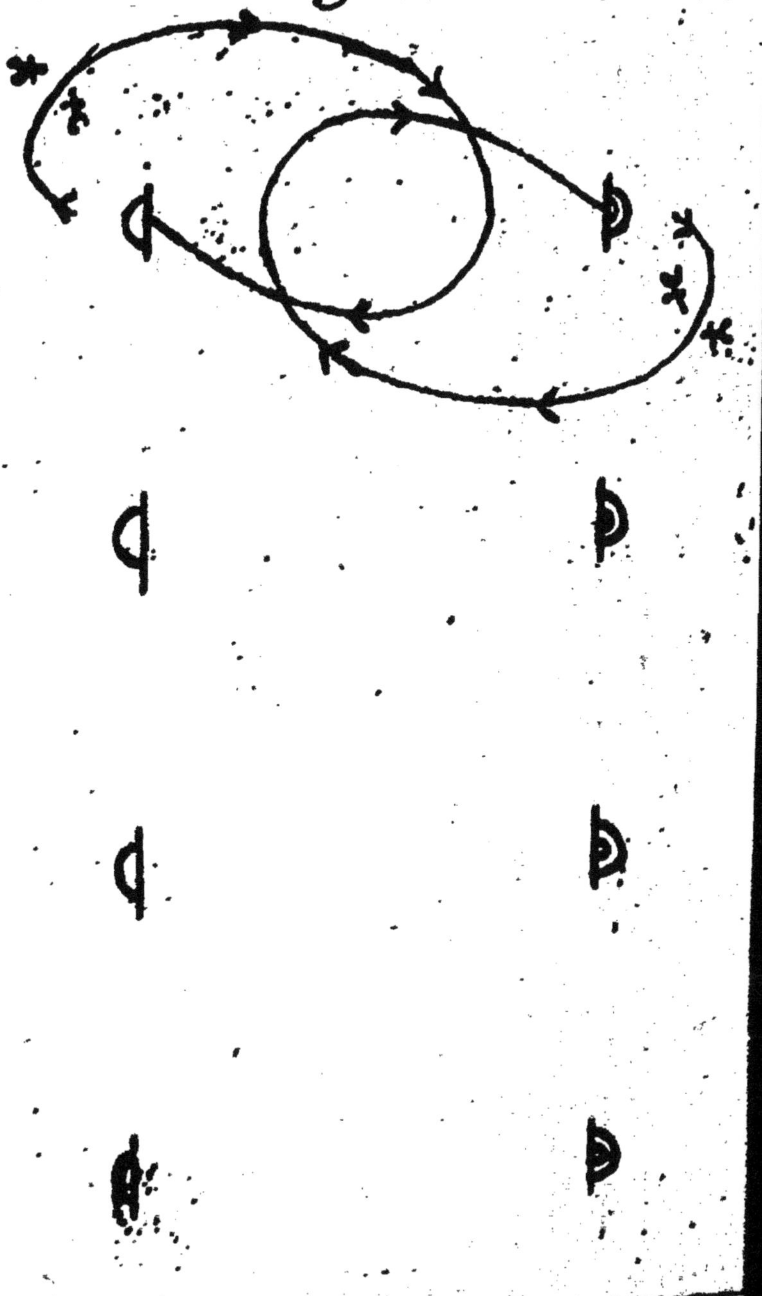

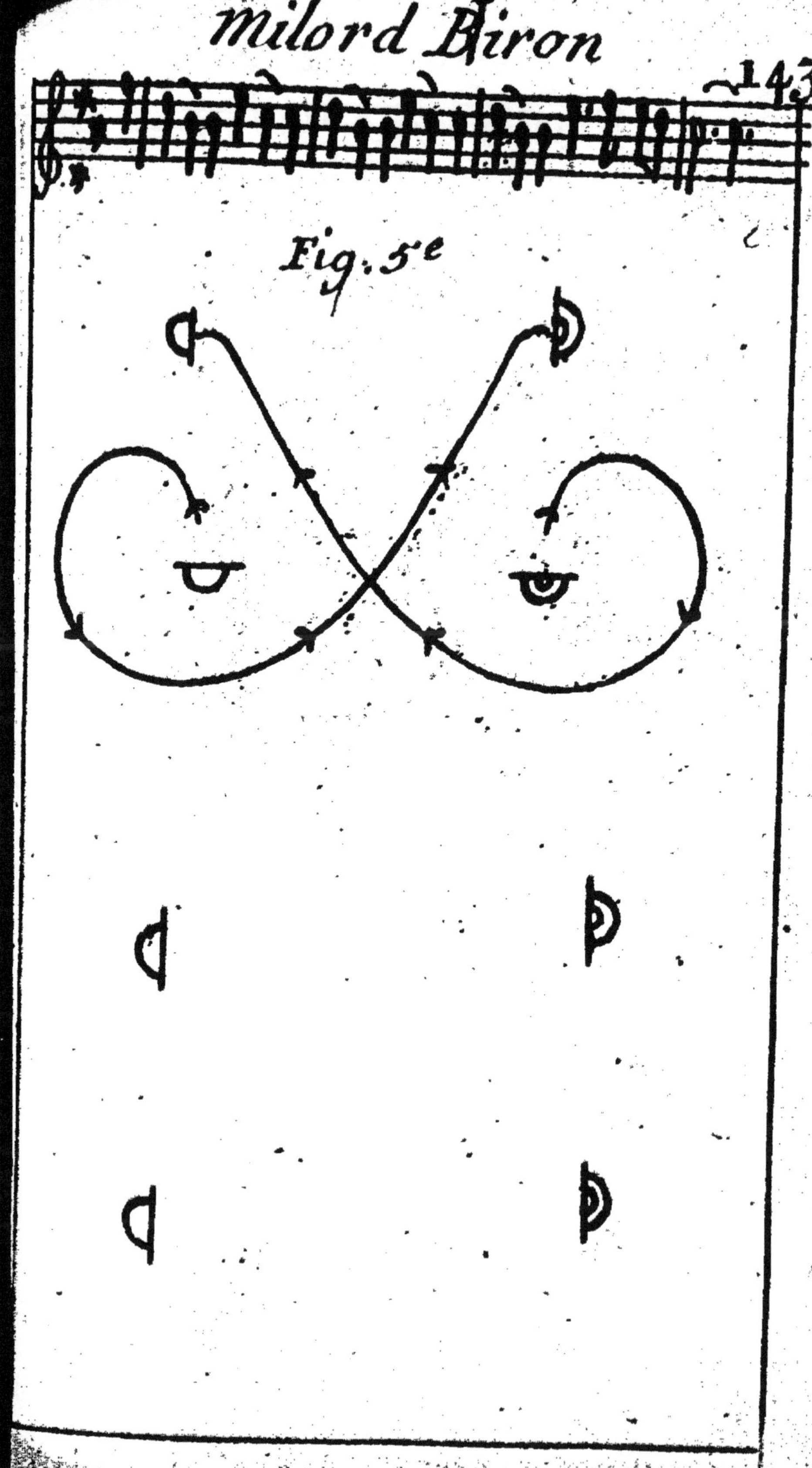
Milord Biron
143
Fig. 5e

Milord Biron

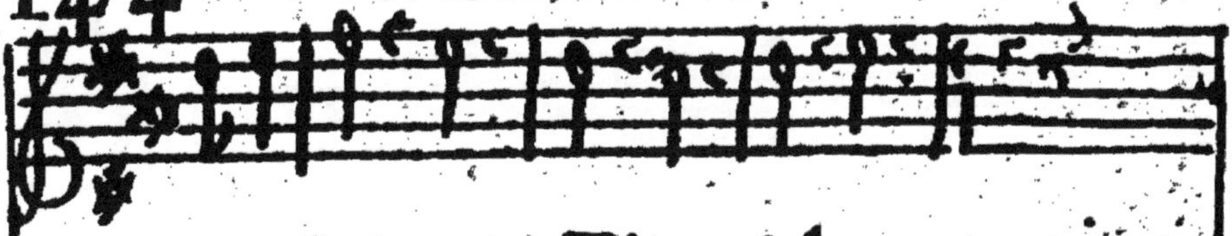

Fig. 6.e

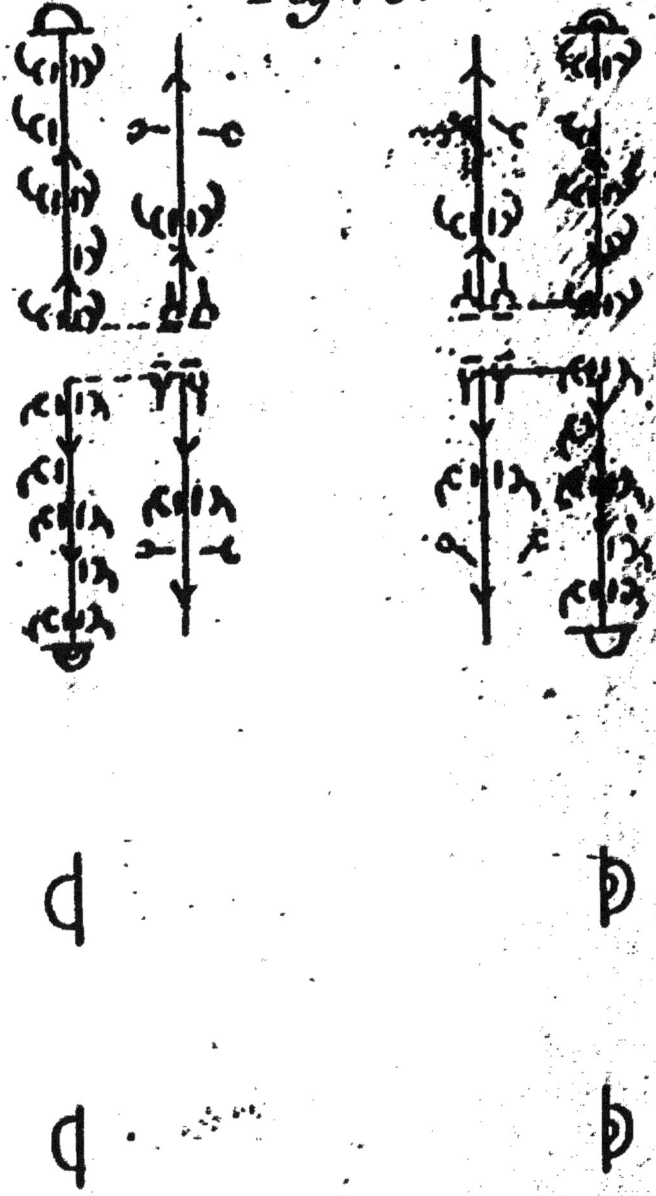

Milord biron

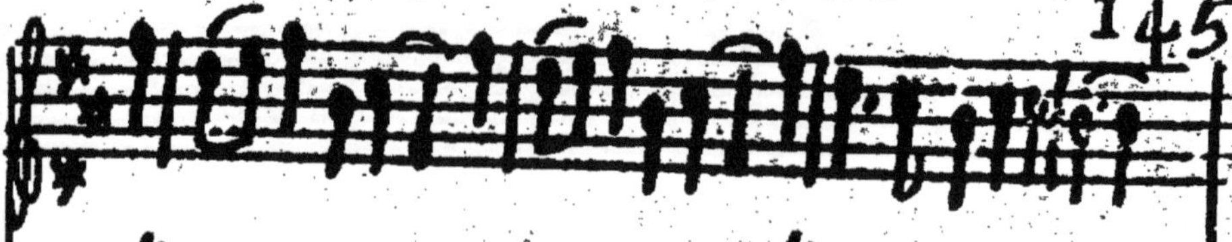

Fig. 7.e

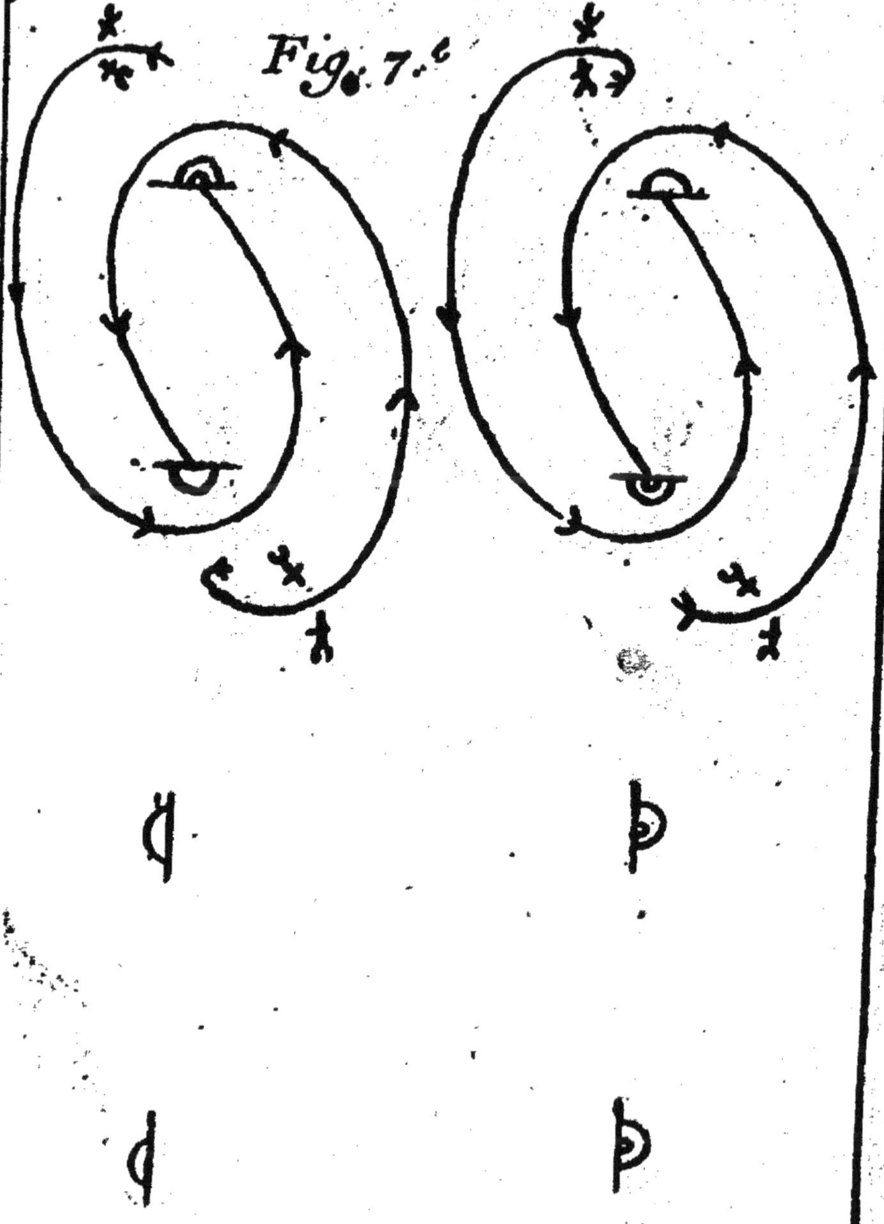

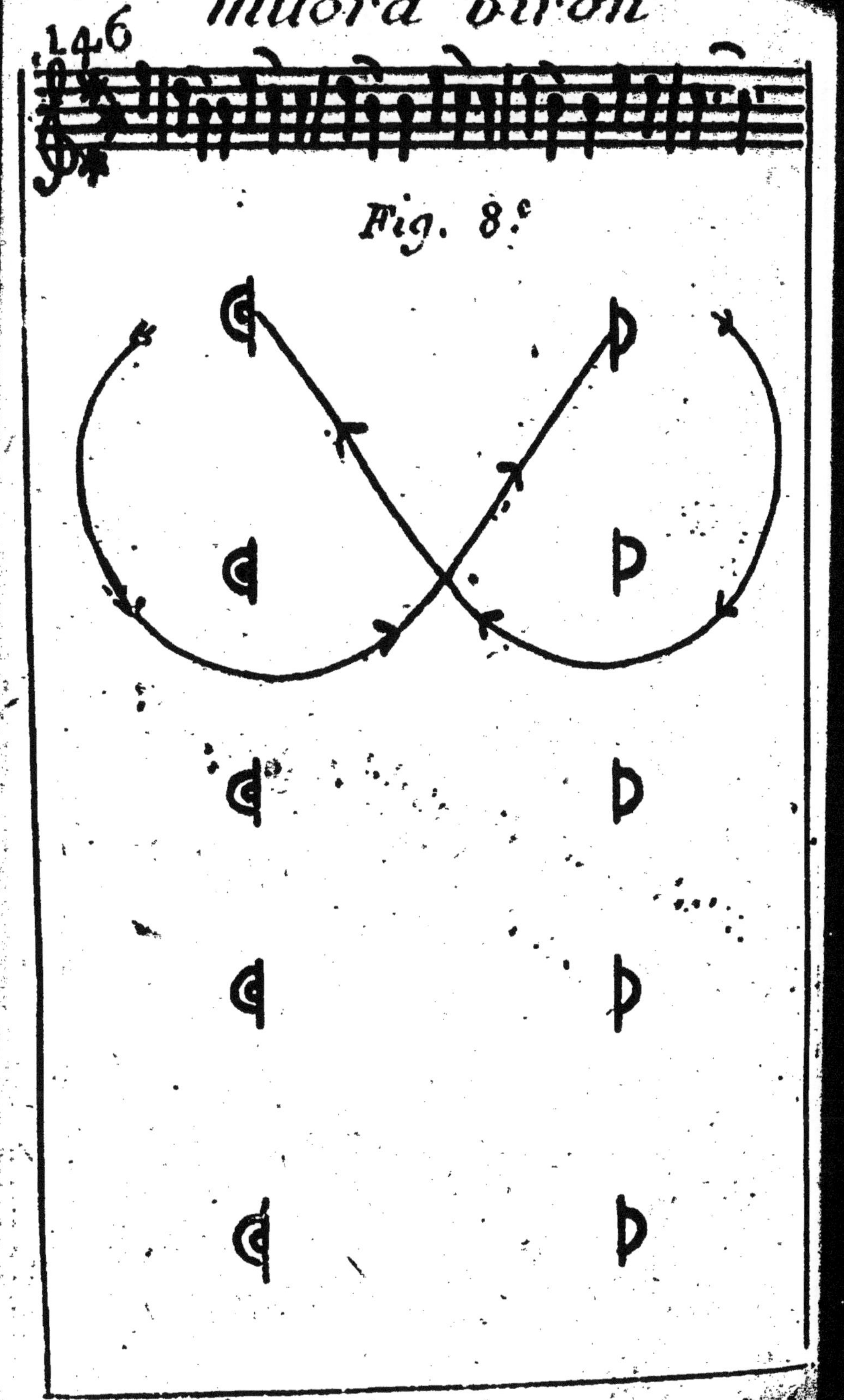
Milord biron
Fig. 8.e

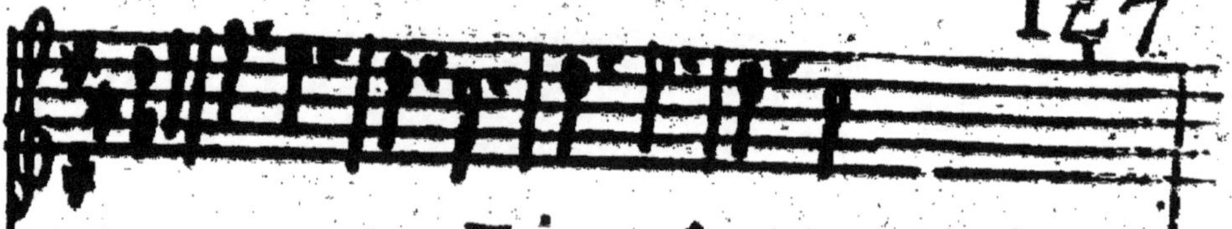

Milord biron

Fig 9.e

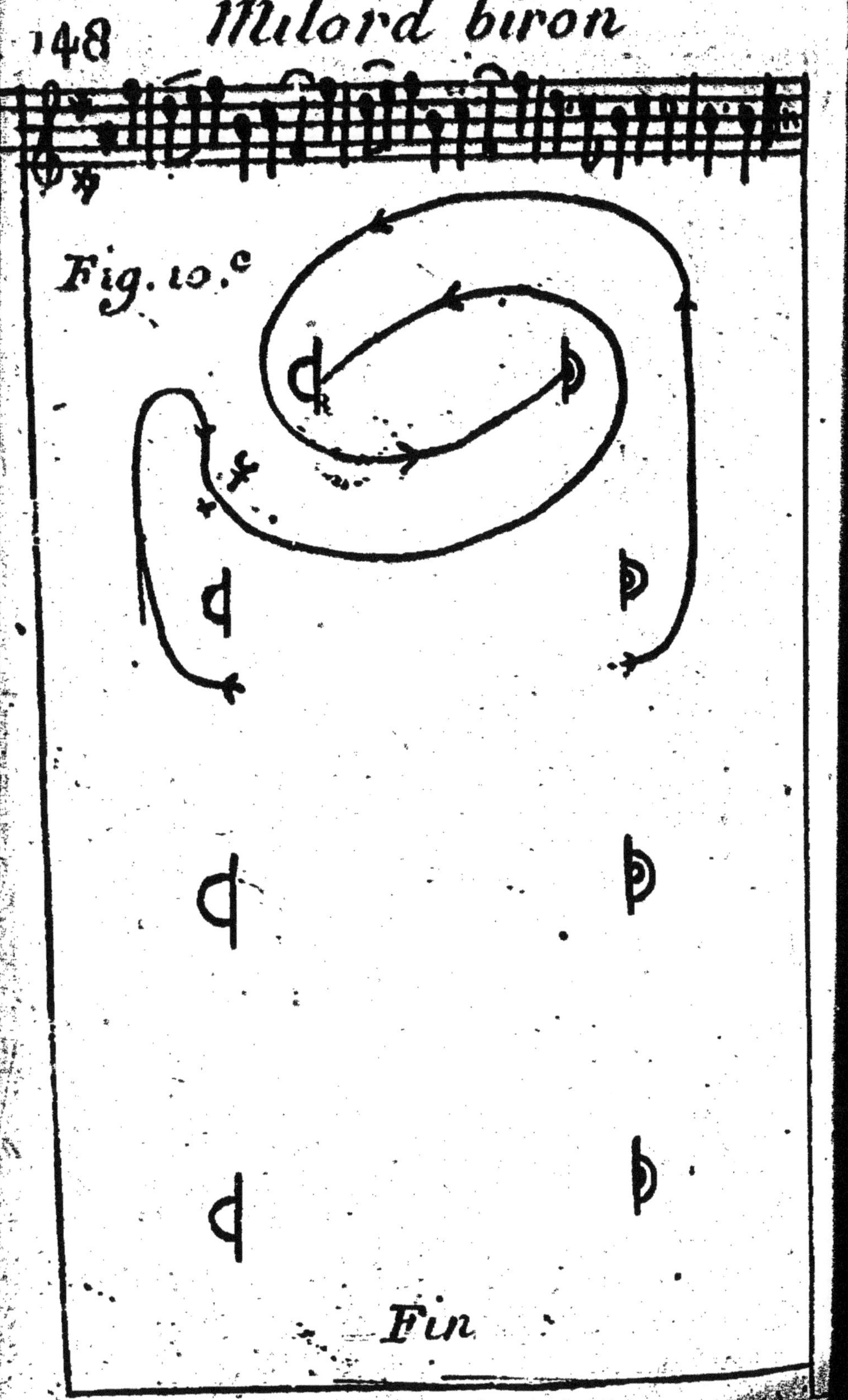
Milord biron
Fig. 10.e
Fin

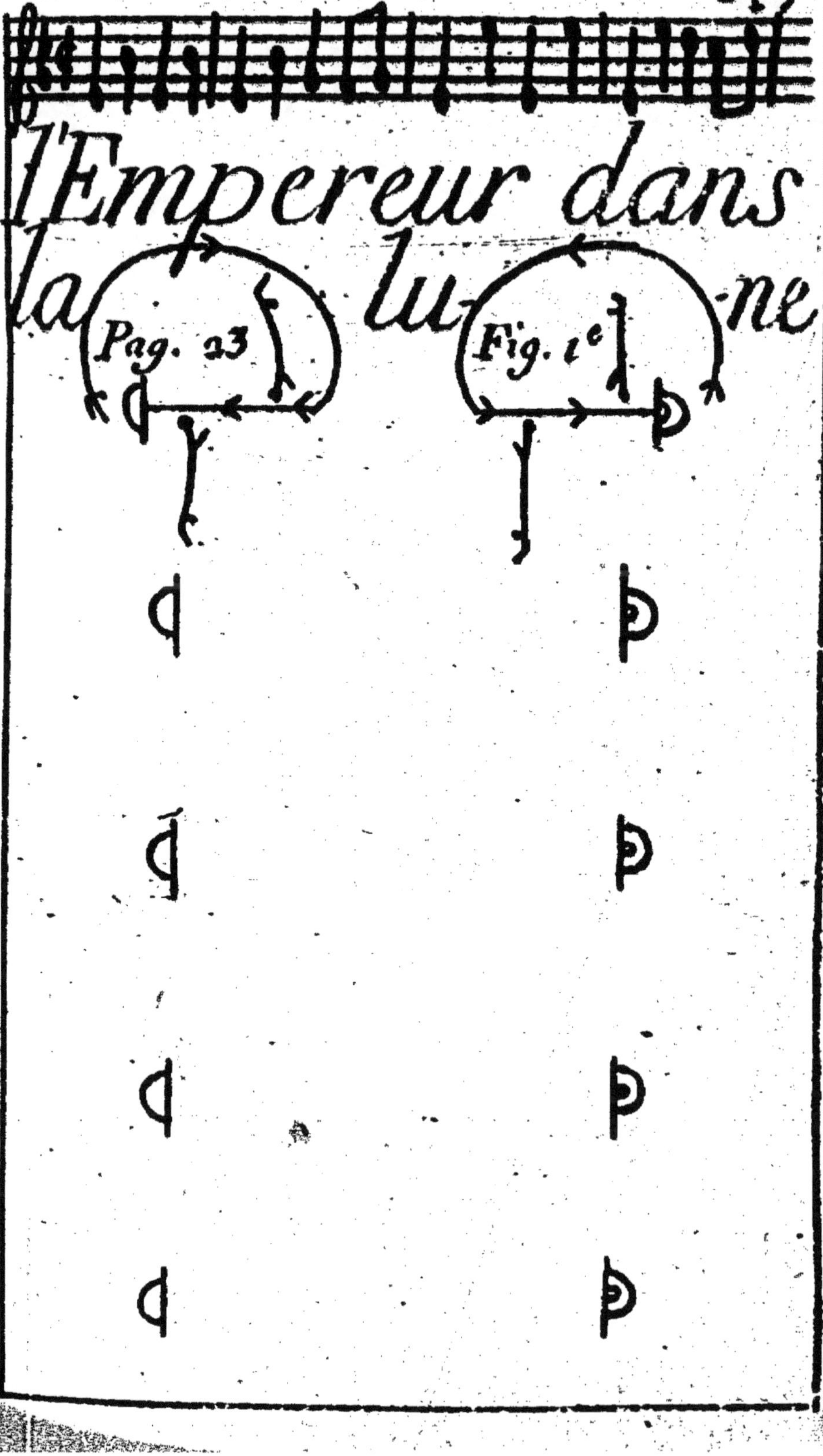

l'Empereur dans la lu-ne

Pag. 23

Fig. 1e

150

l'Empereur dans la lune

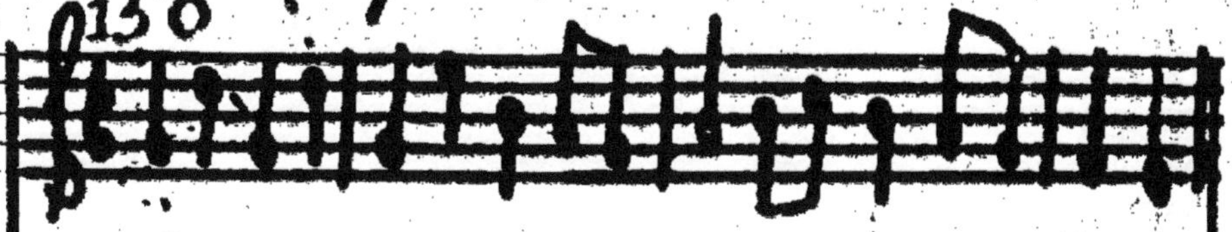

Fig. 2.e

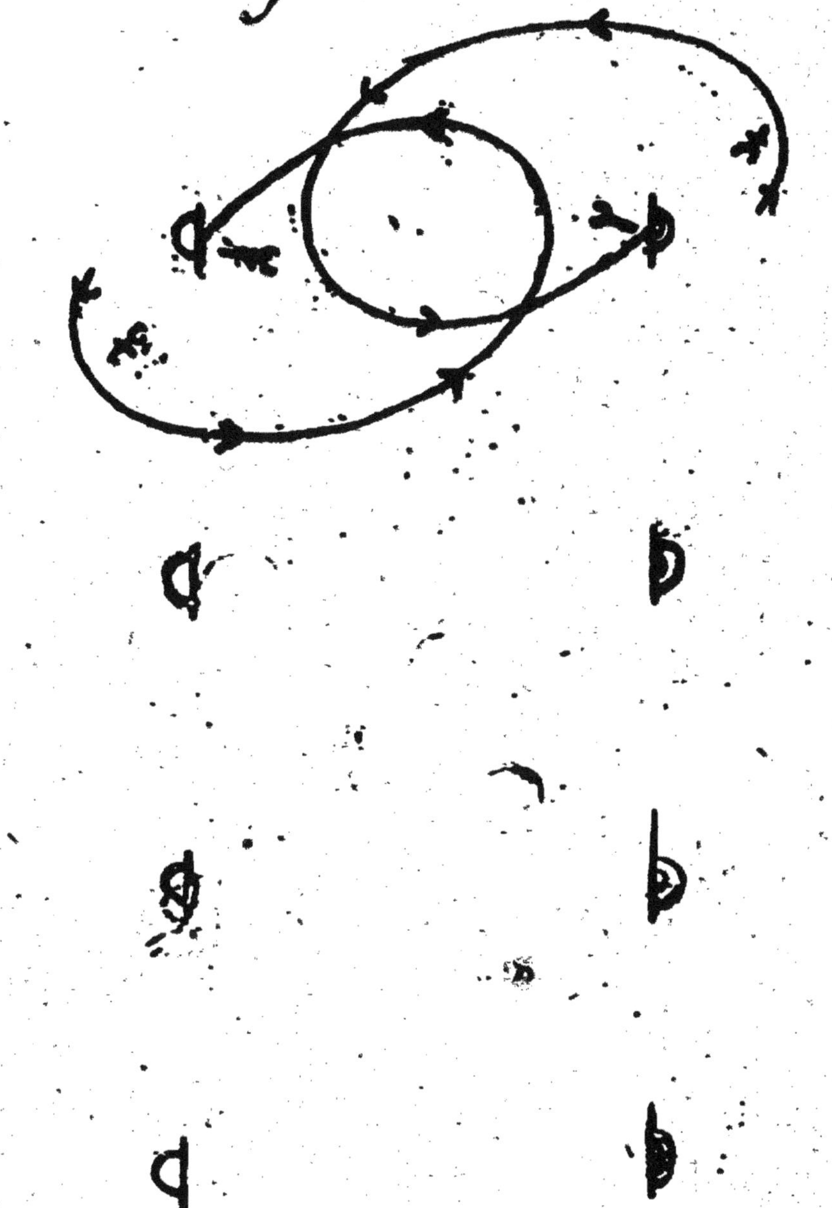

l'Empéreur dans la lune

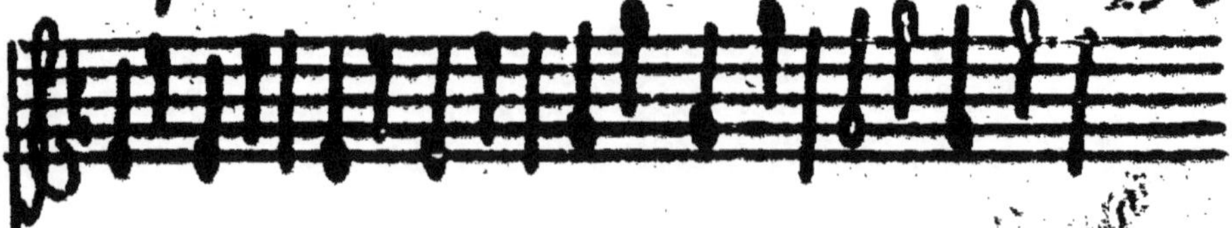

Fig. 3.e

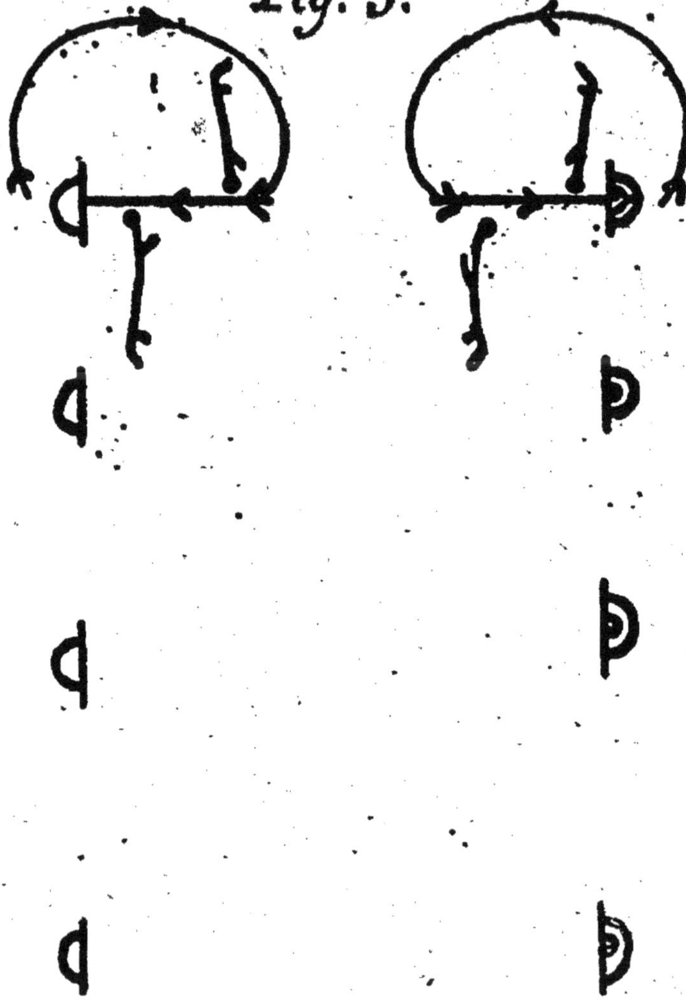

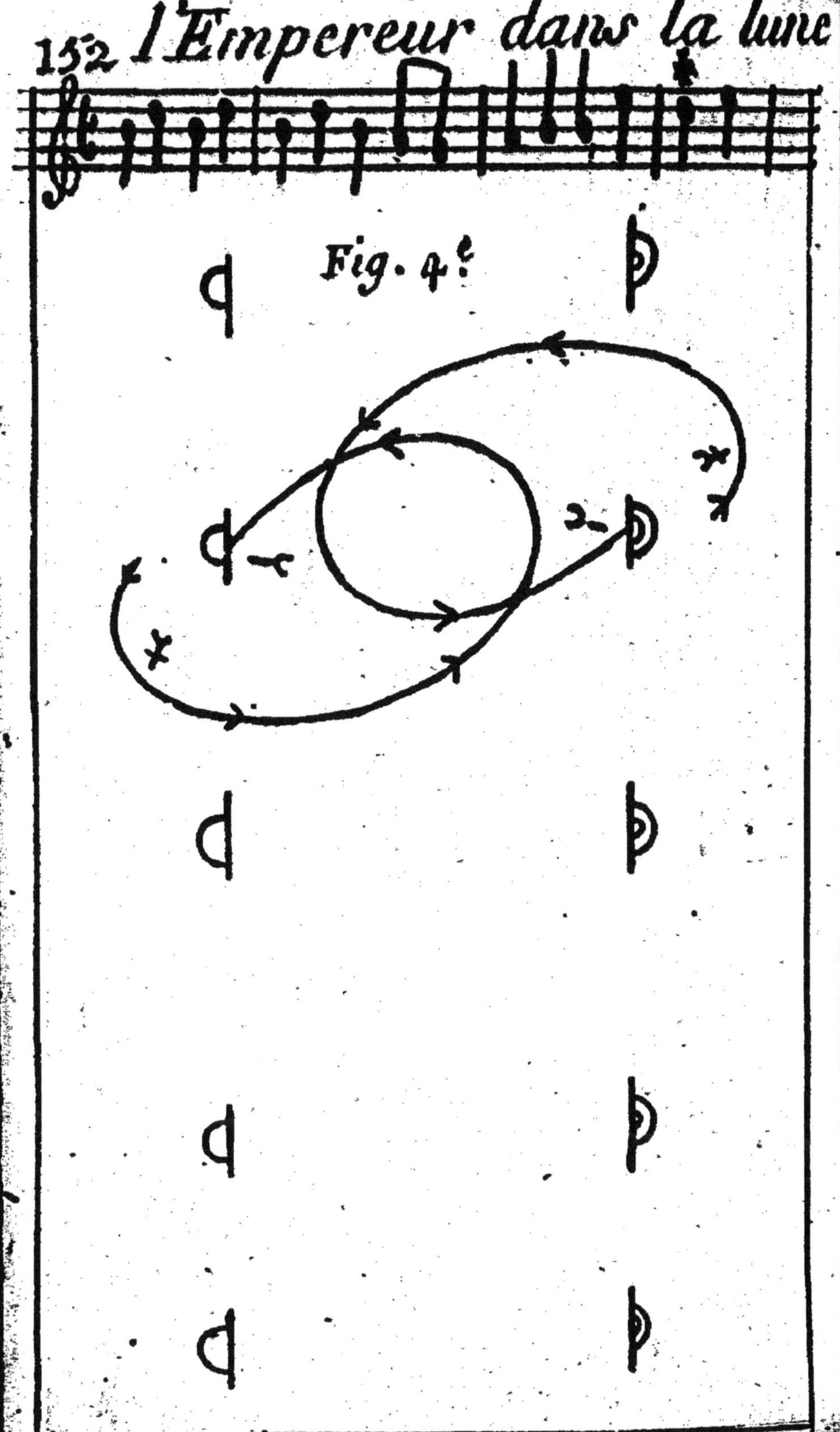
l'Empereur dans la lune
Fig. 4e.

Fig. 5.e

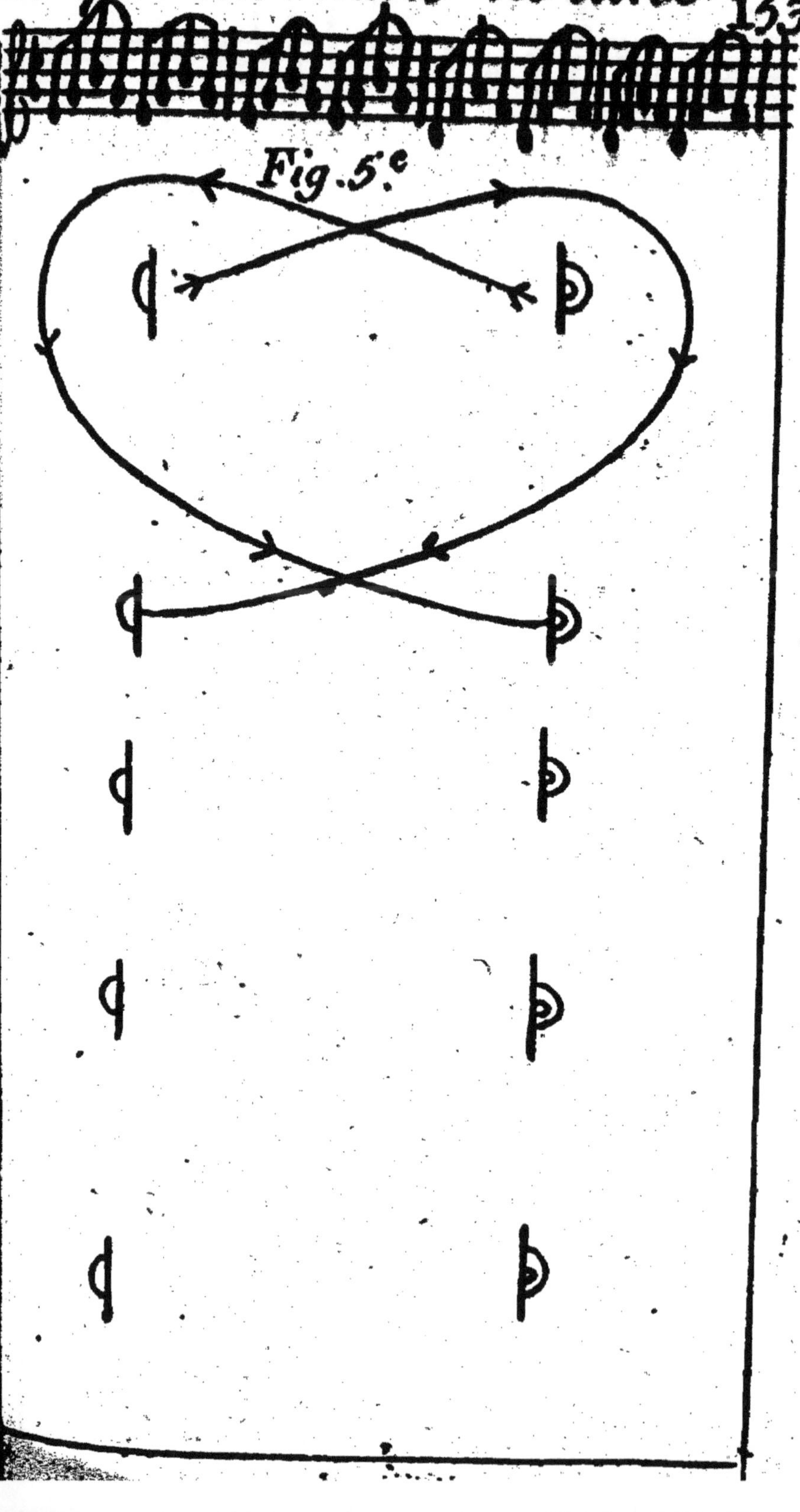

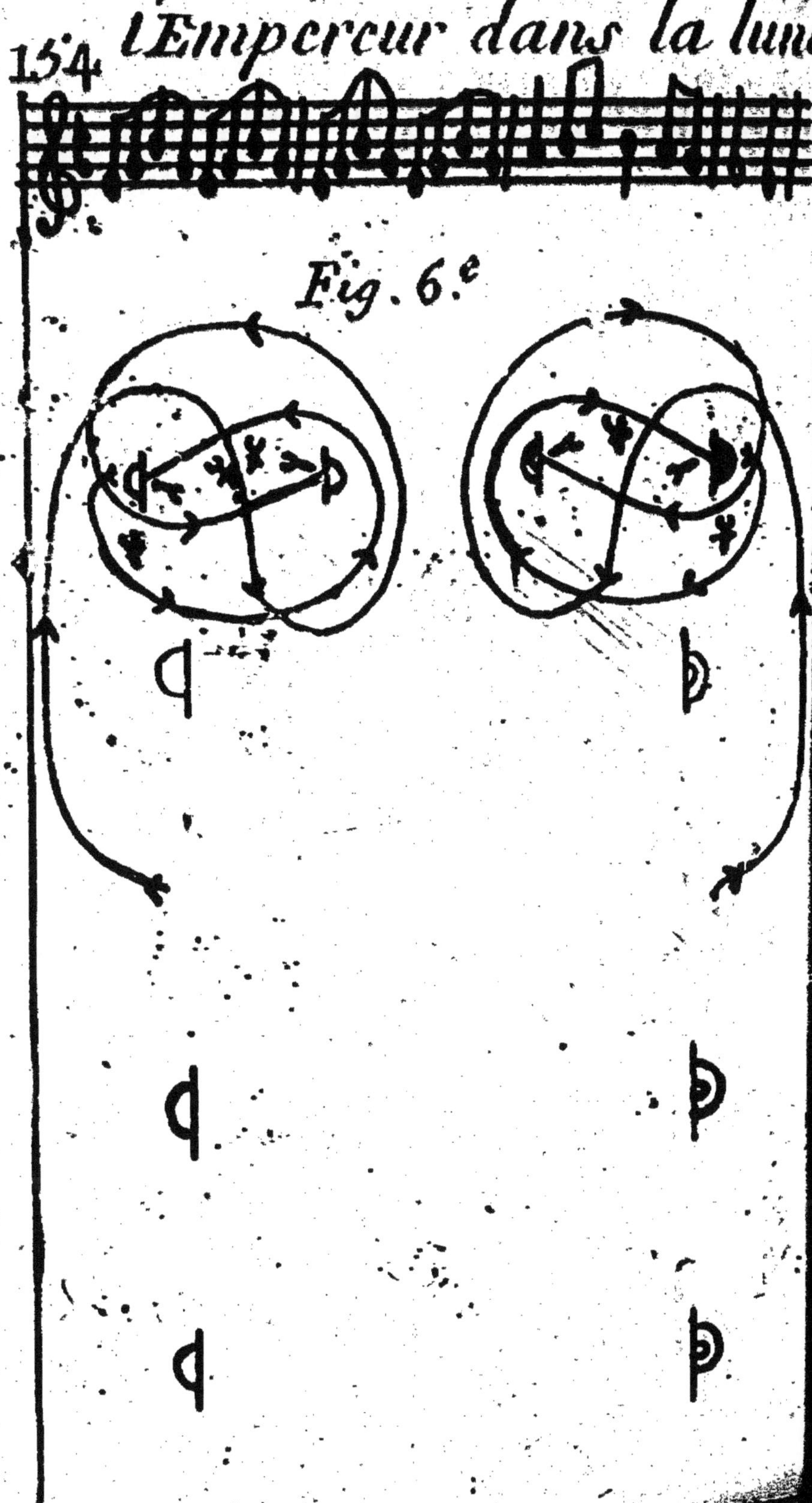
l'Empereur dans la lune
Fig. 6.e

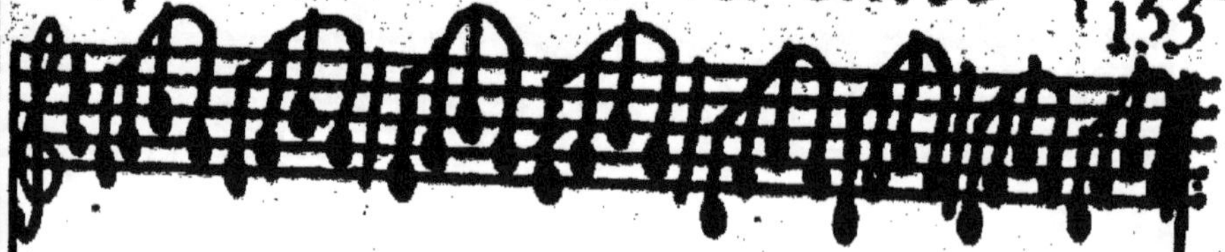

Fig. 7.e

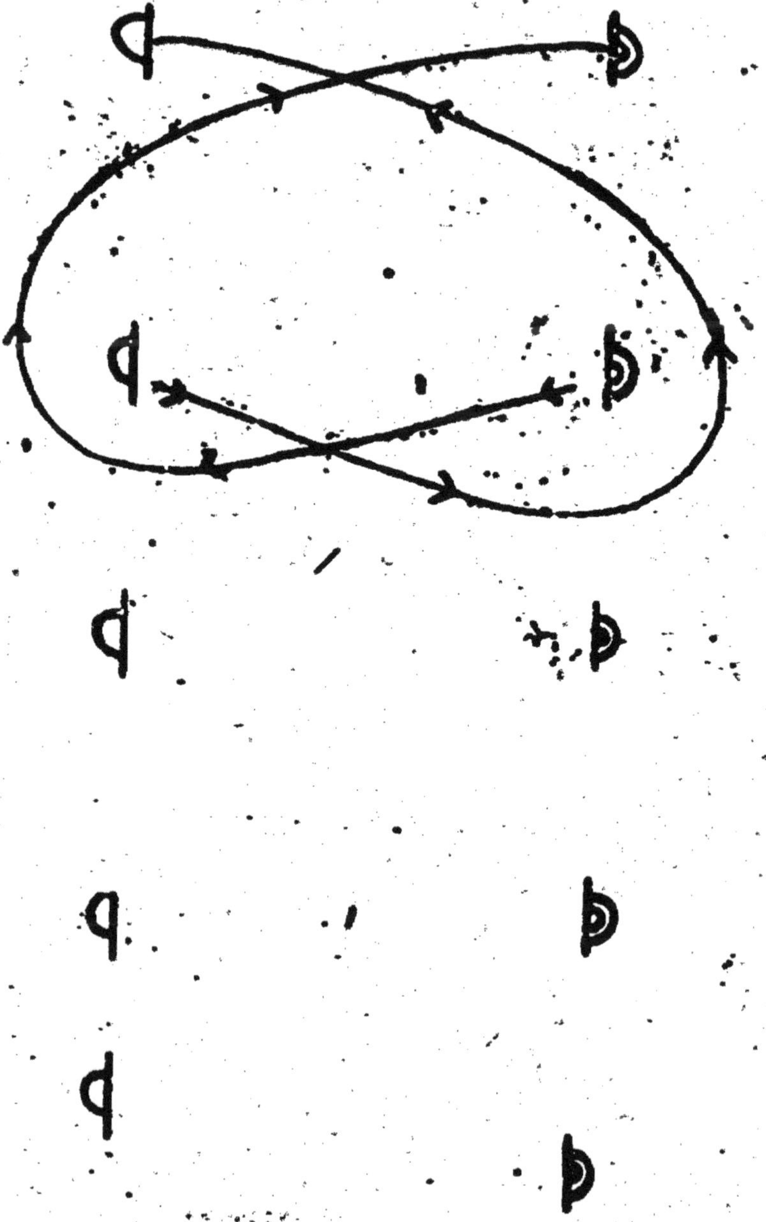

 l'Empereur dans la lune

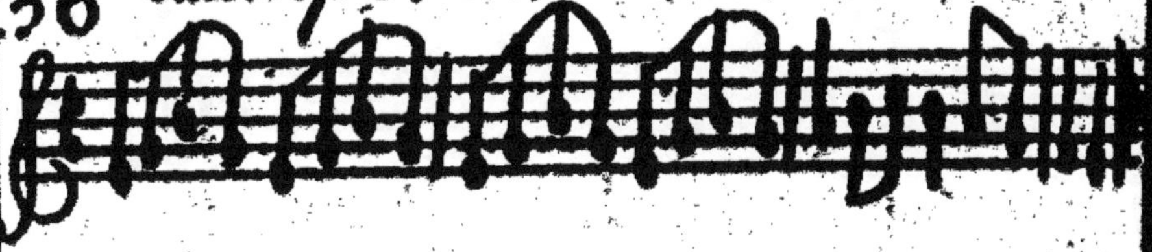

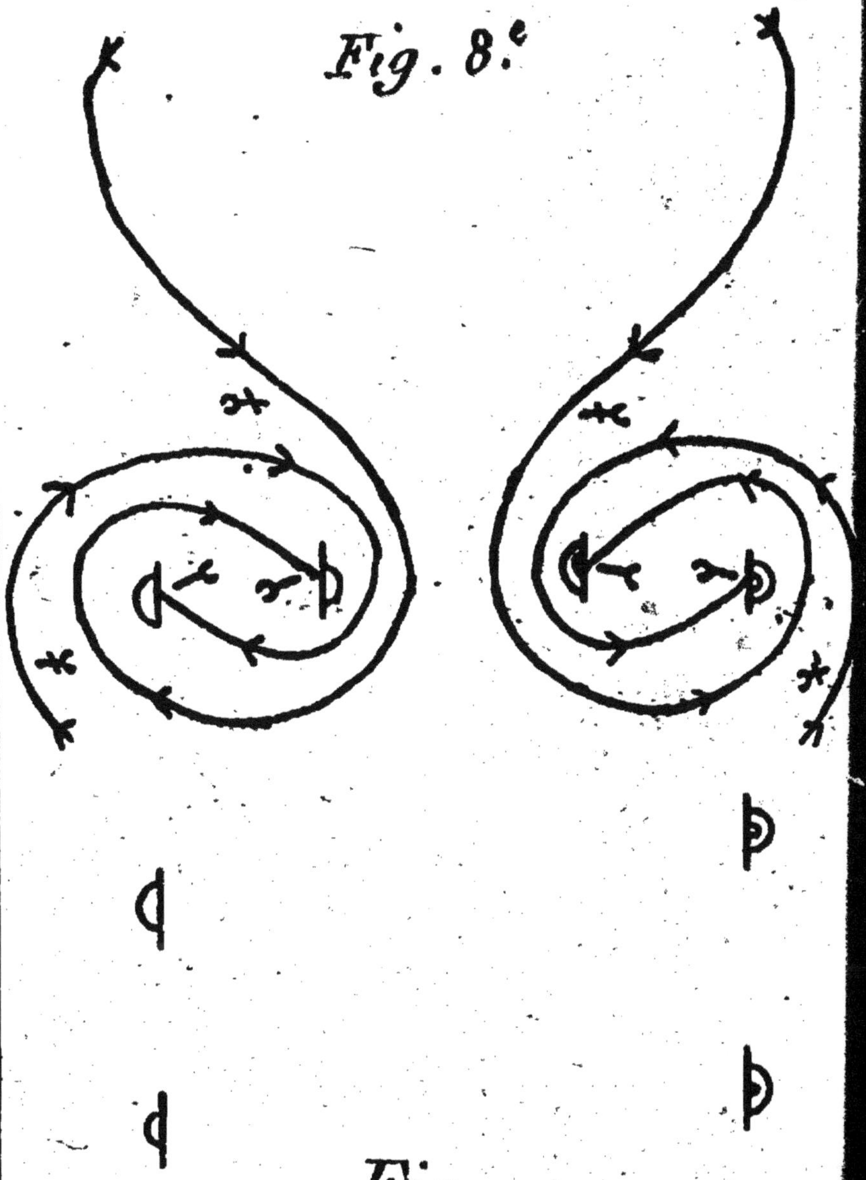

Fig. 8.e

Fin

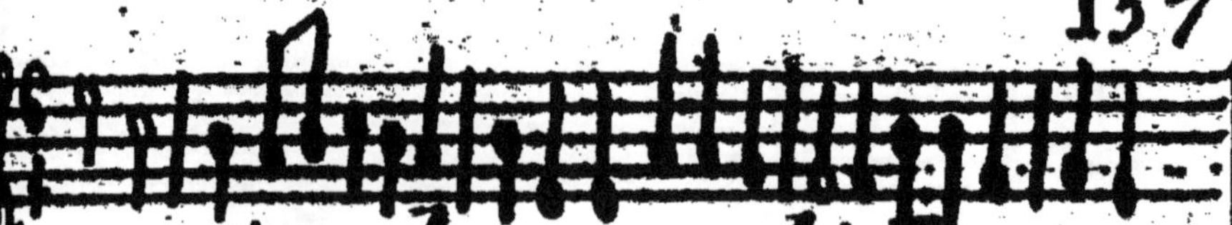

les Folies d'Isac

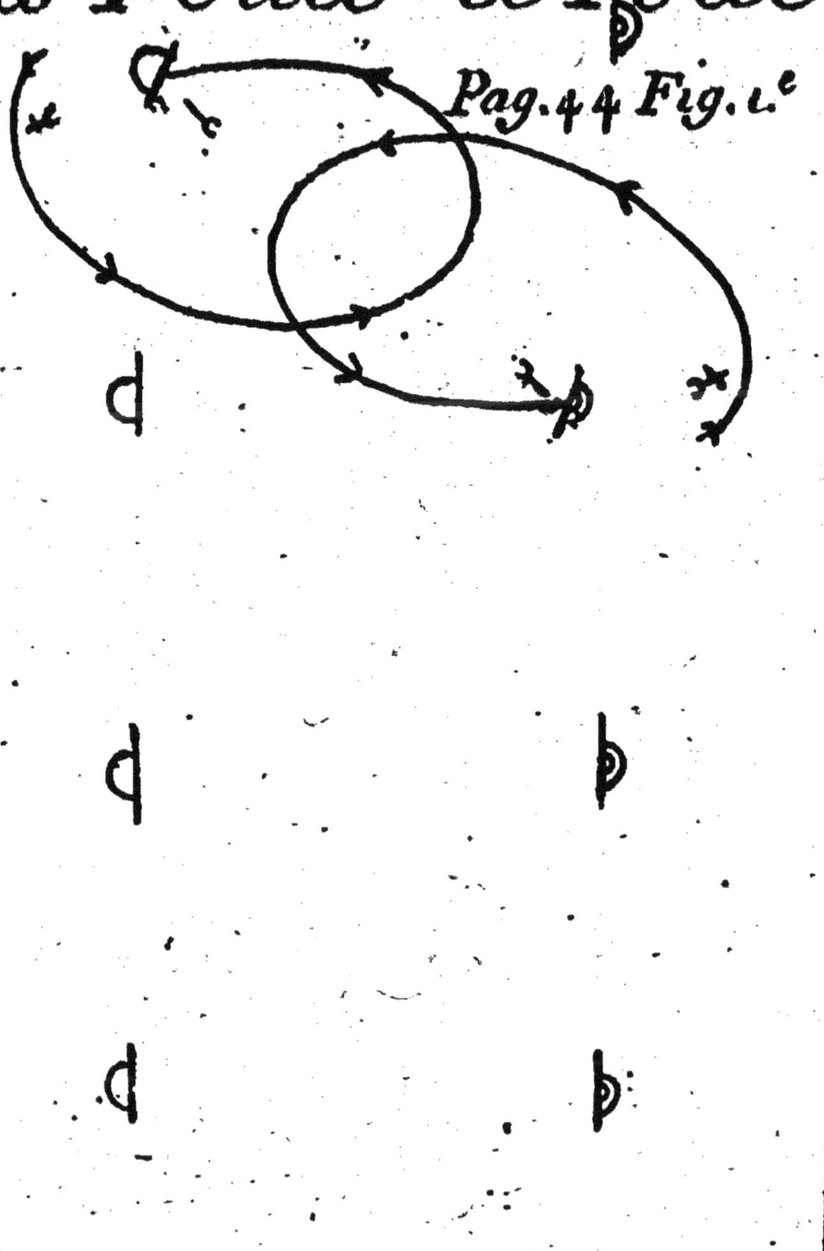

Pag. 44 Fig. 1.e

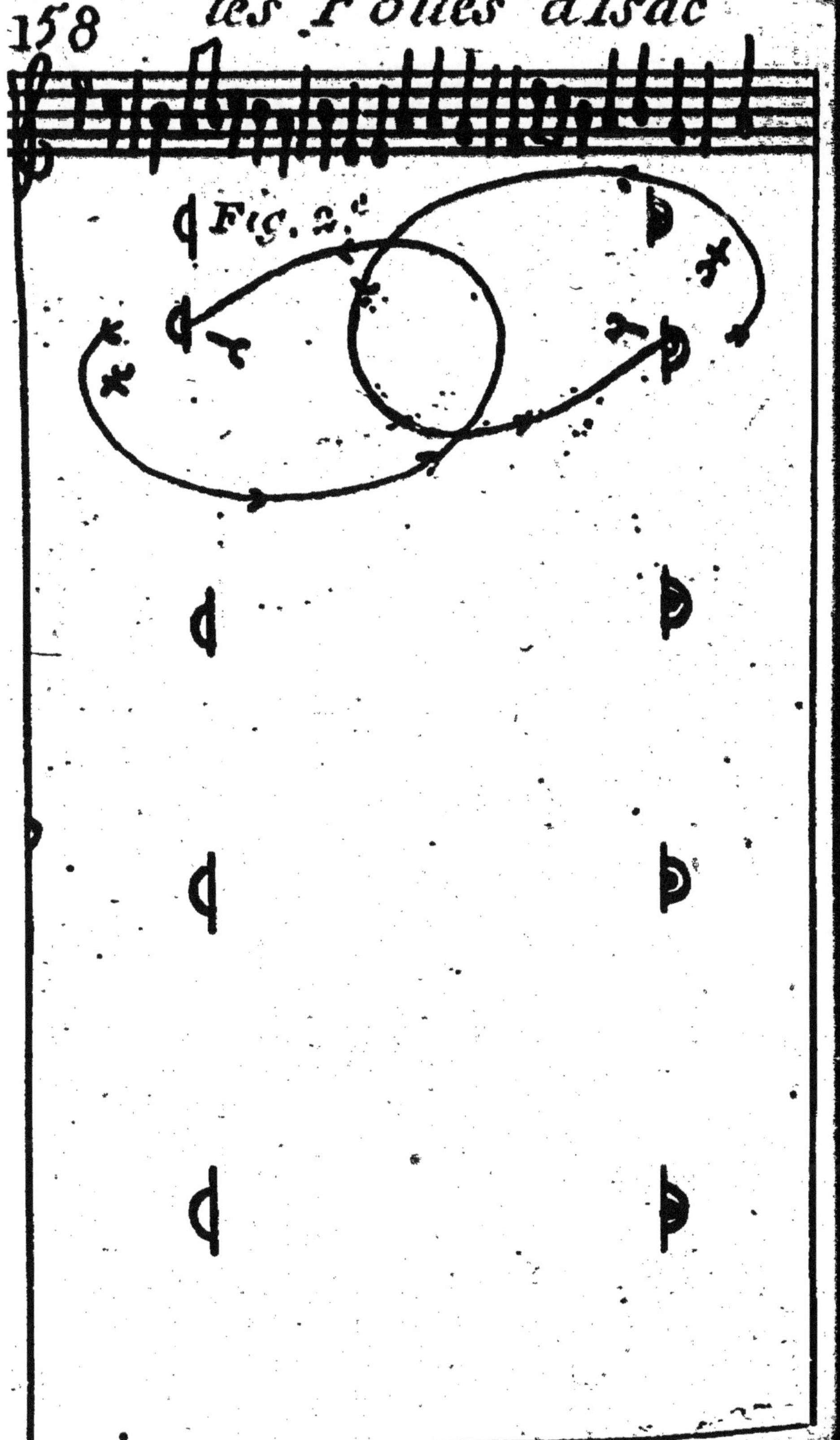
Fig. 2.e

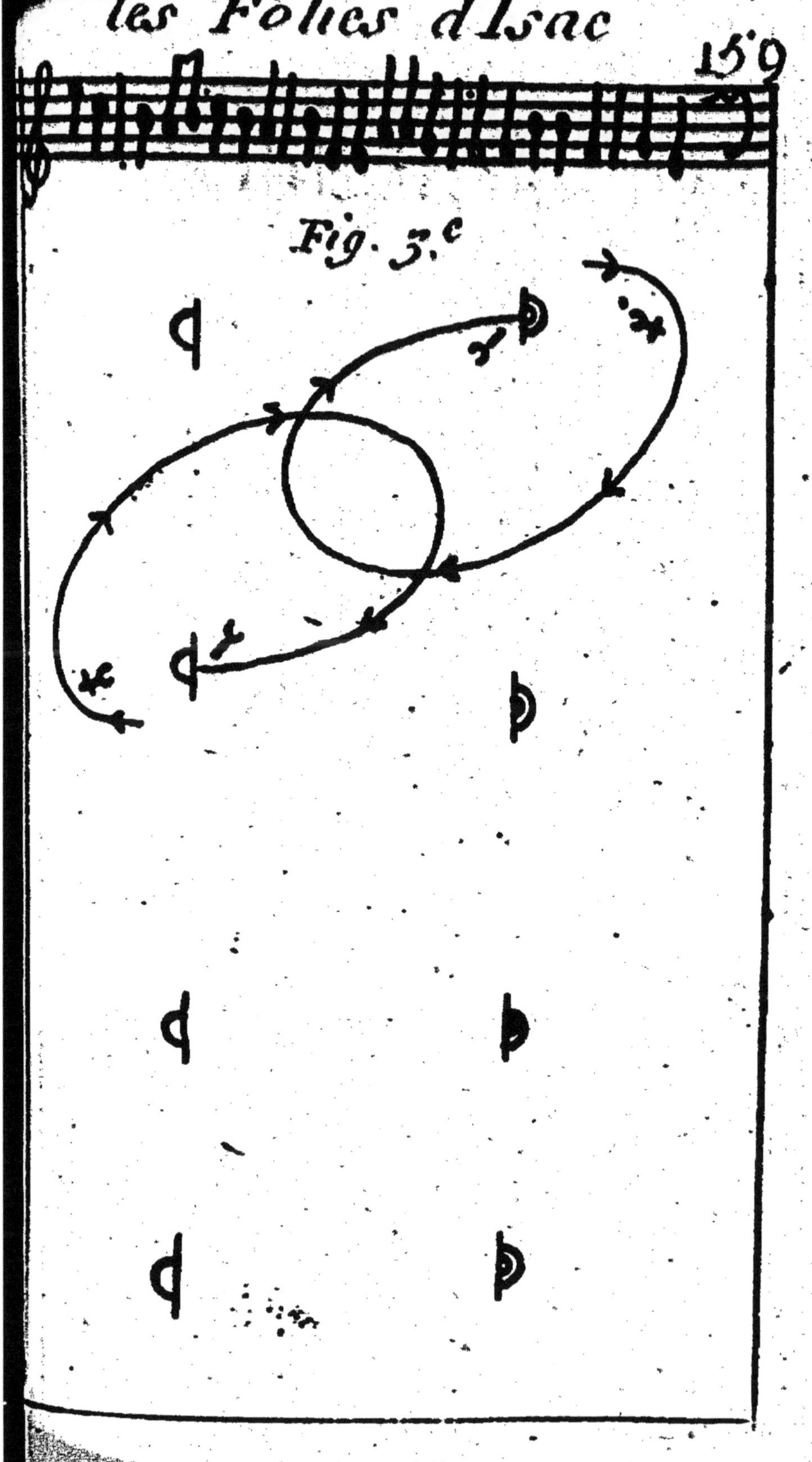

Fig. 3.e

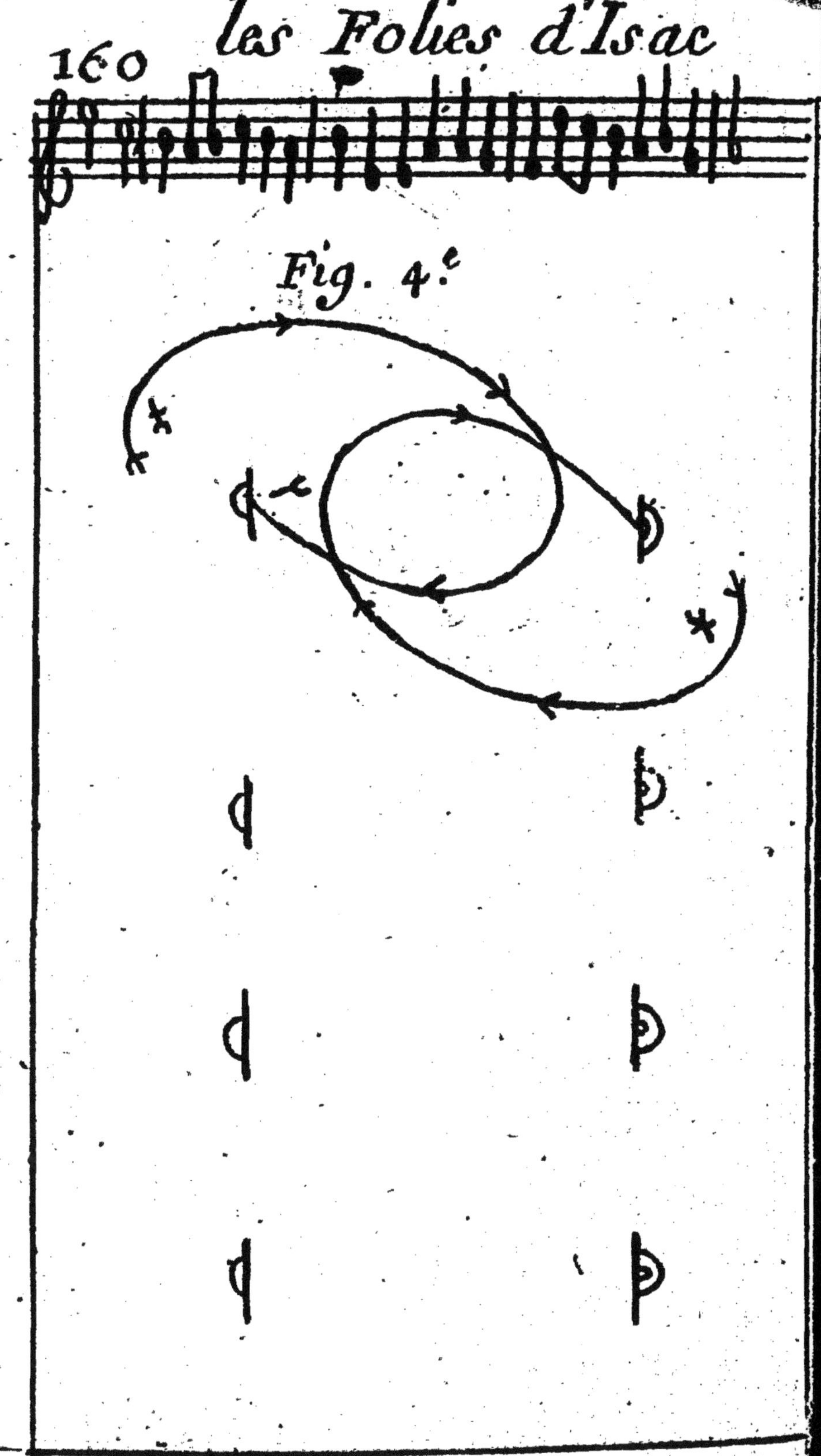
160
les Folies d'Isac
Fig. 4e

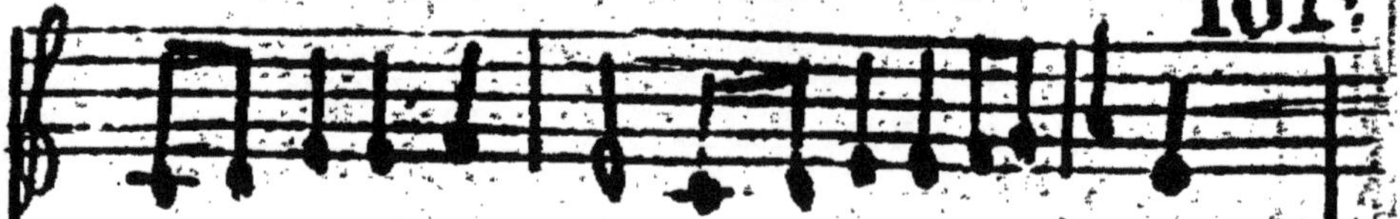

Fig. 5.e

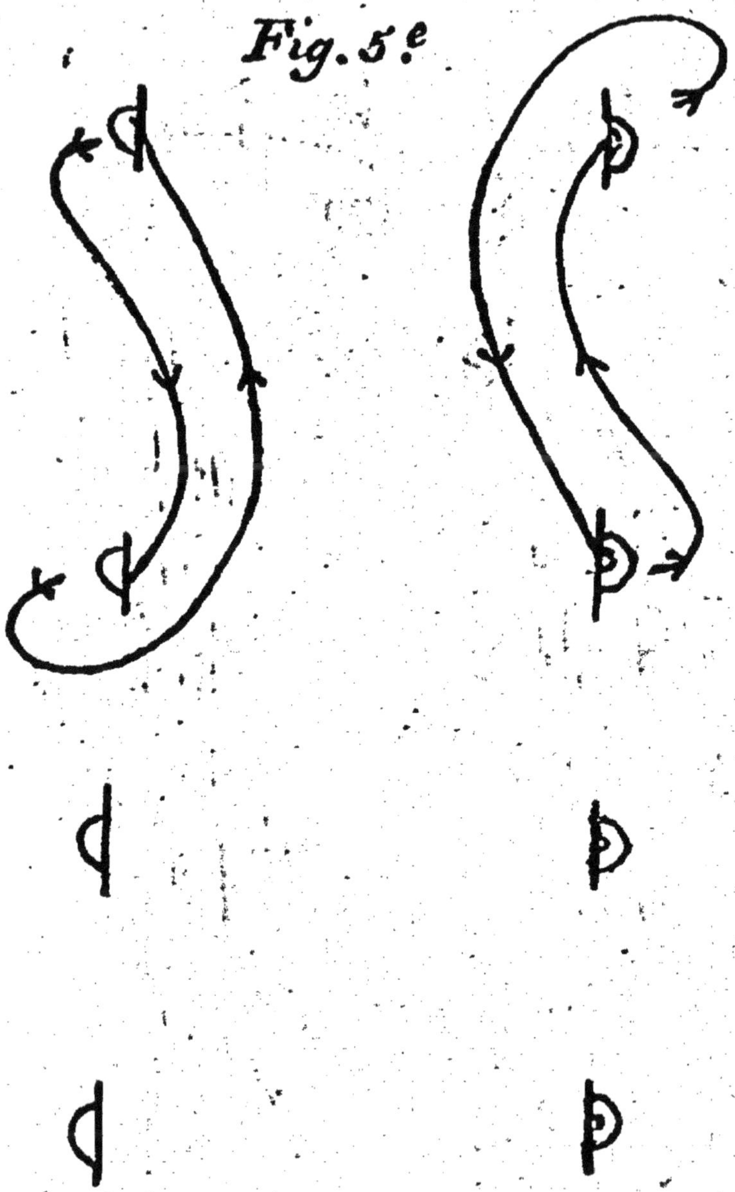

L

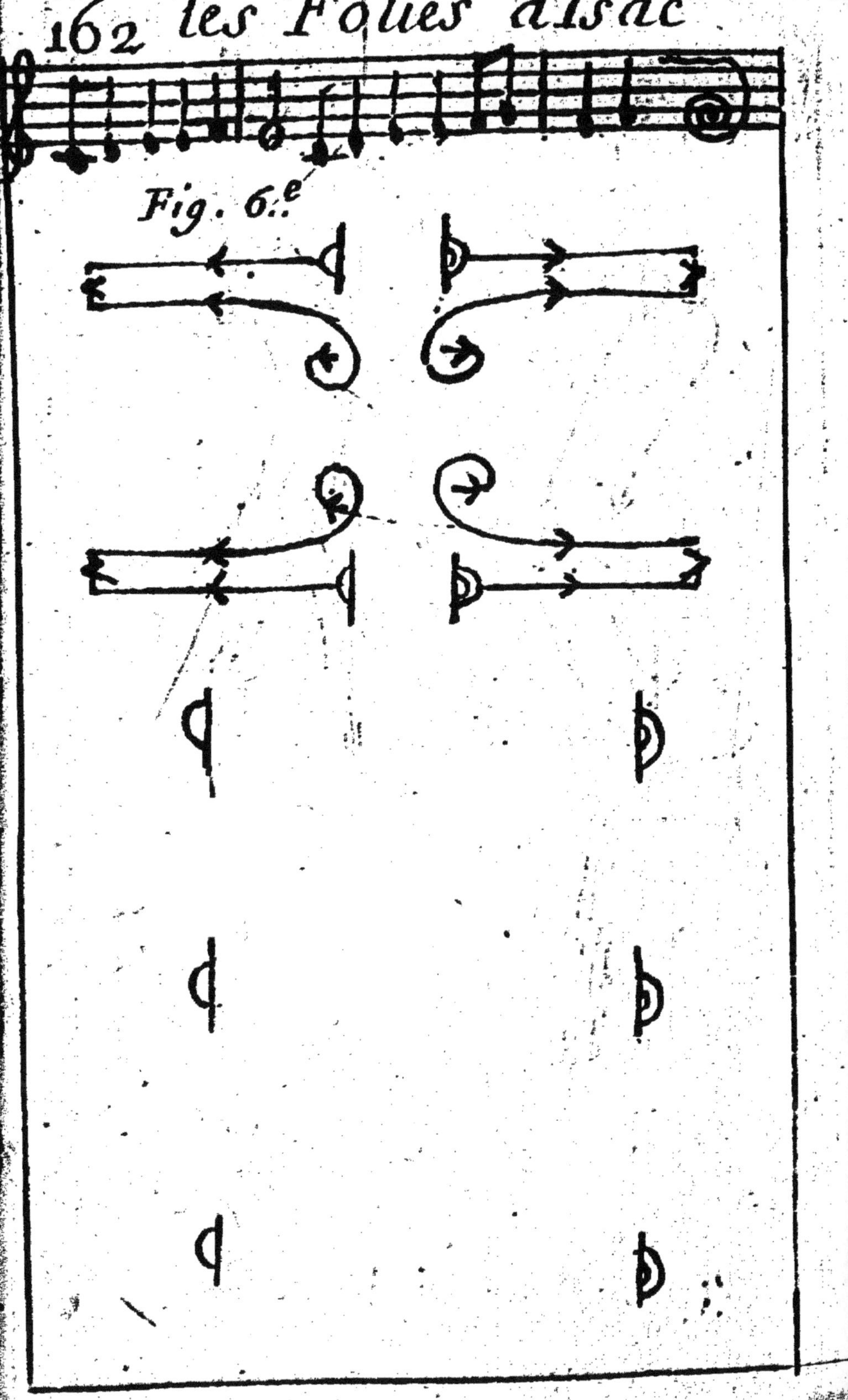
Fig. 6.e

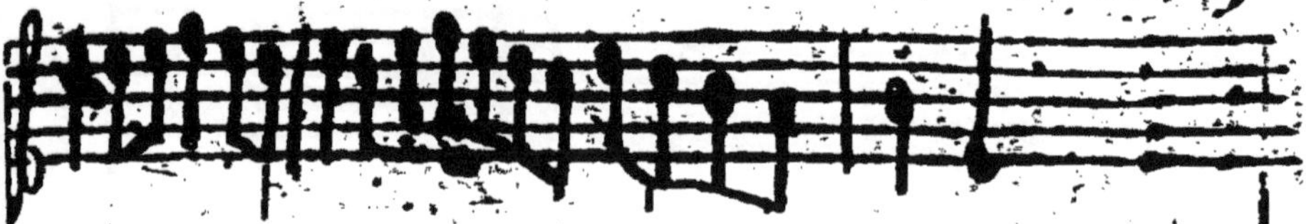

Fig. 7.e

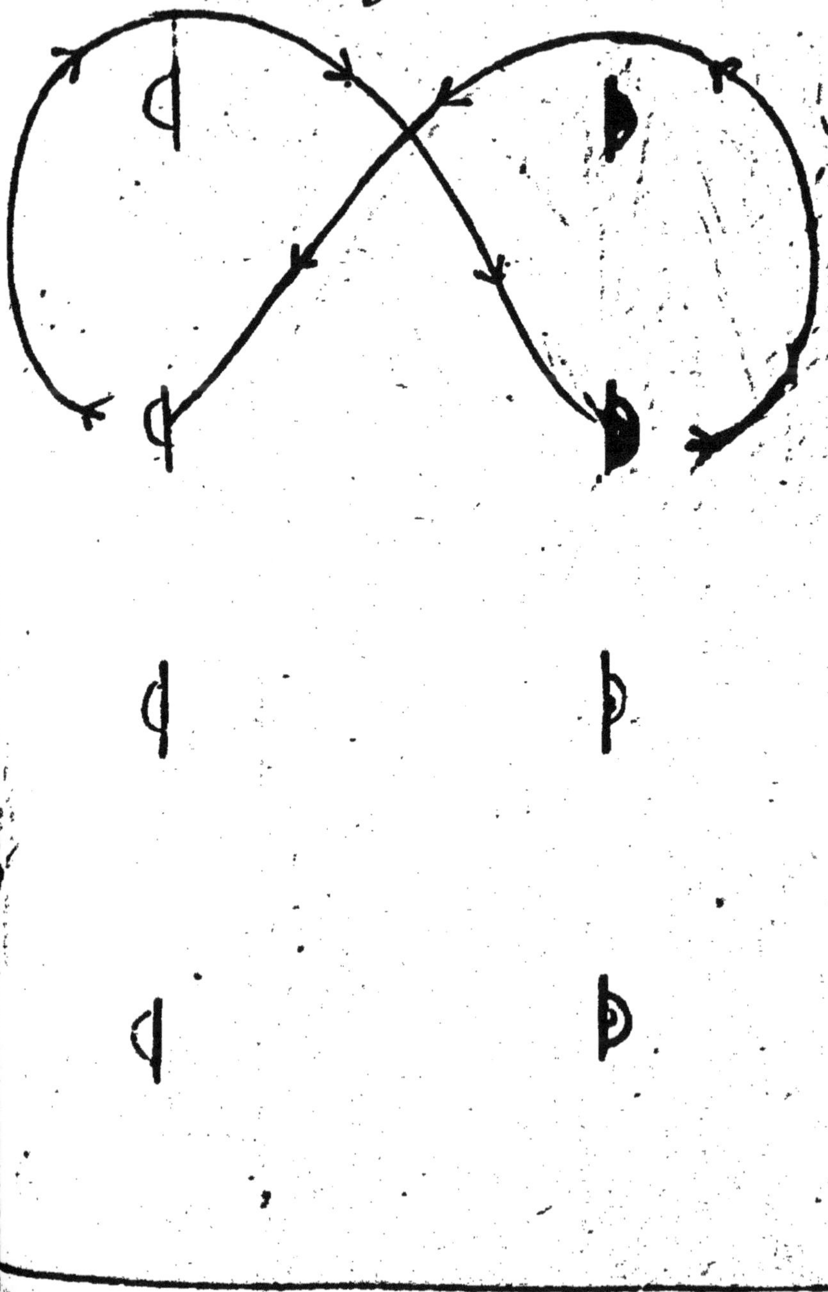

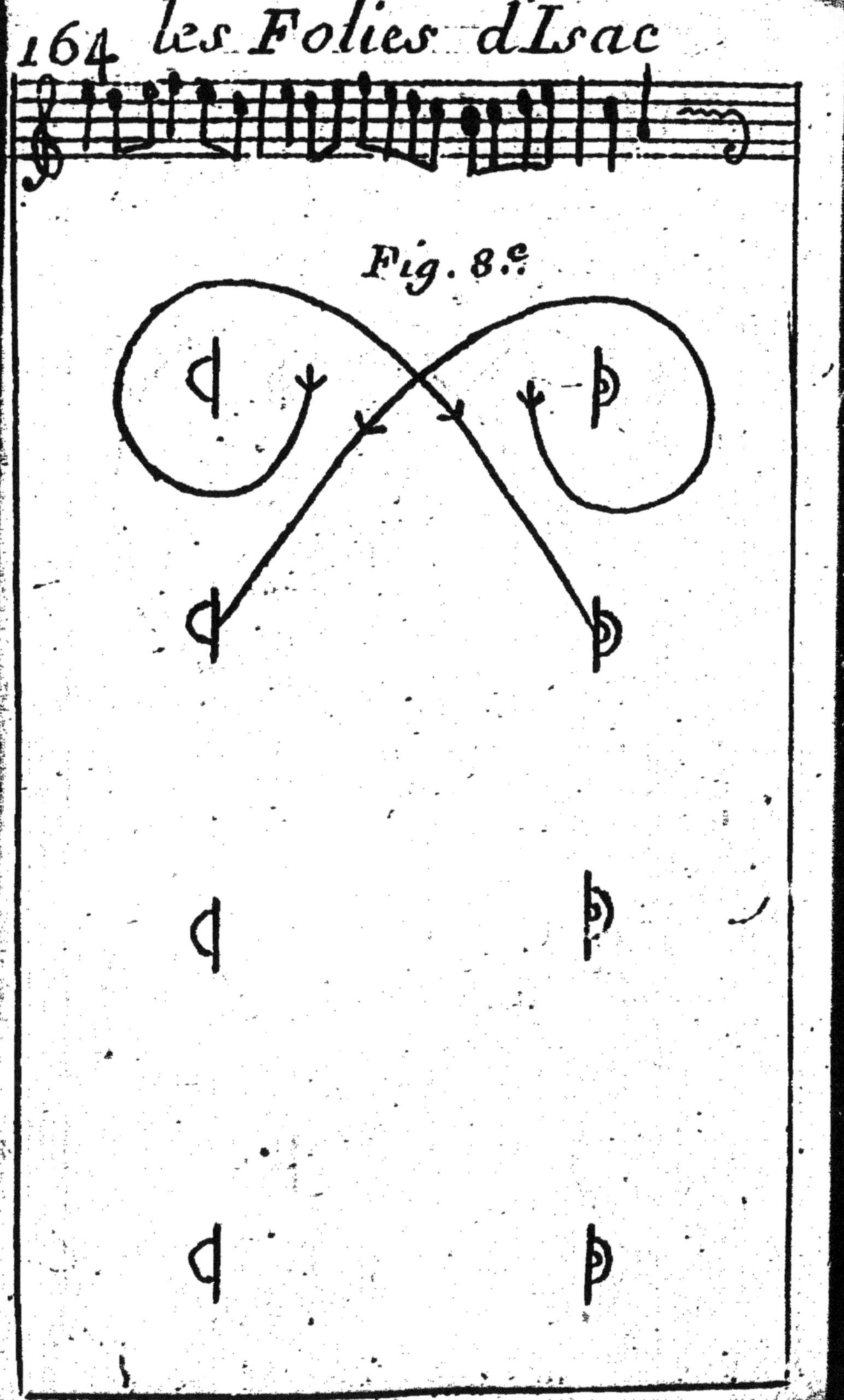
Fig. 8.e

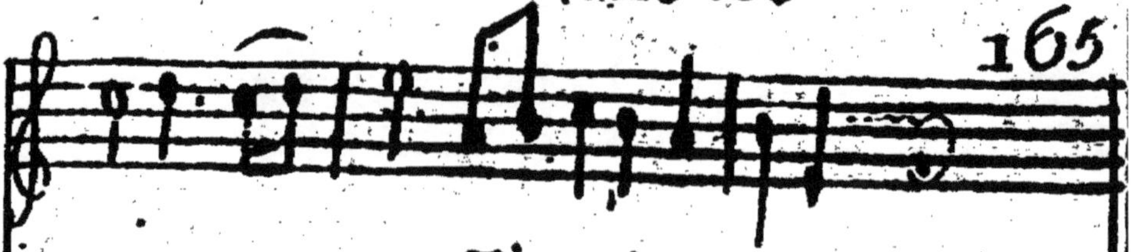

Fig. 9.e

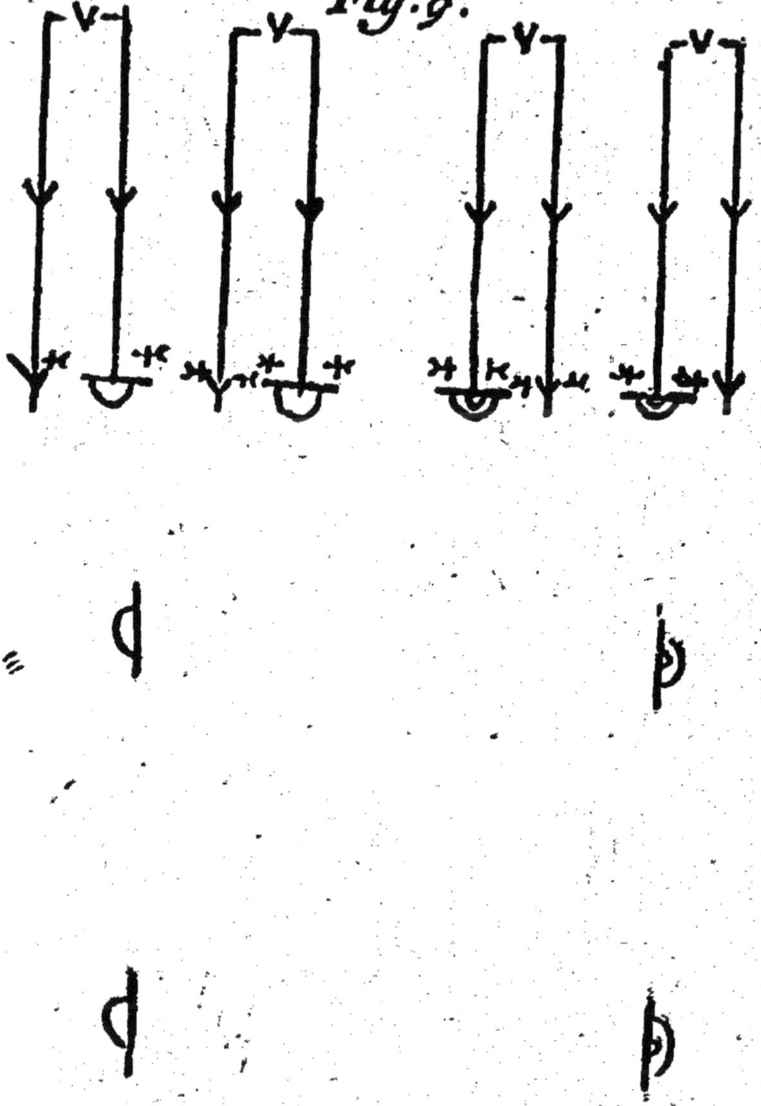

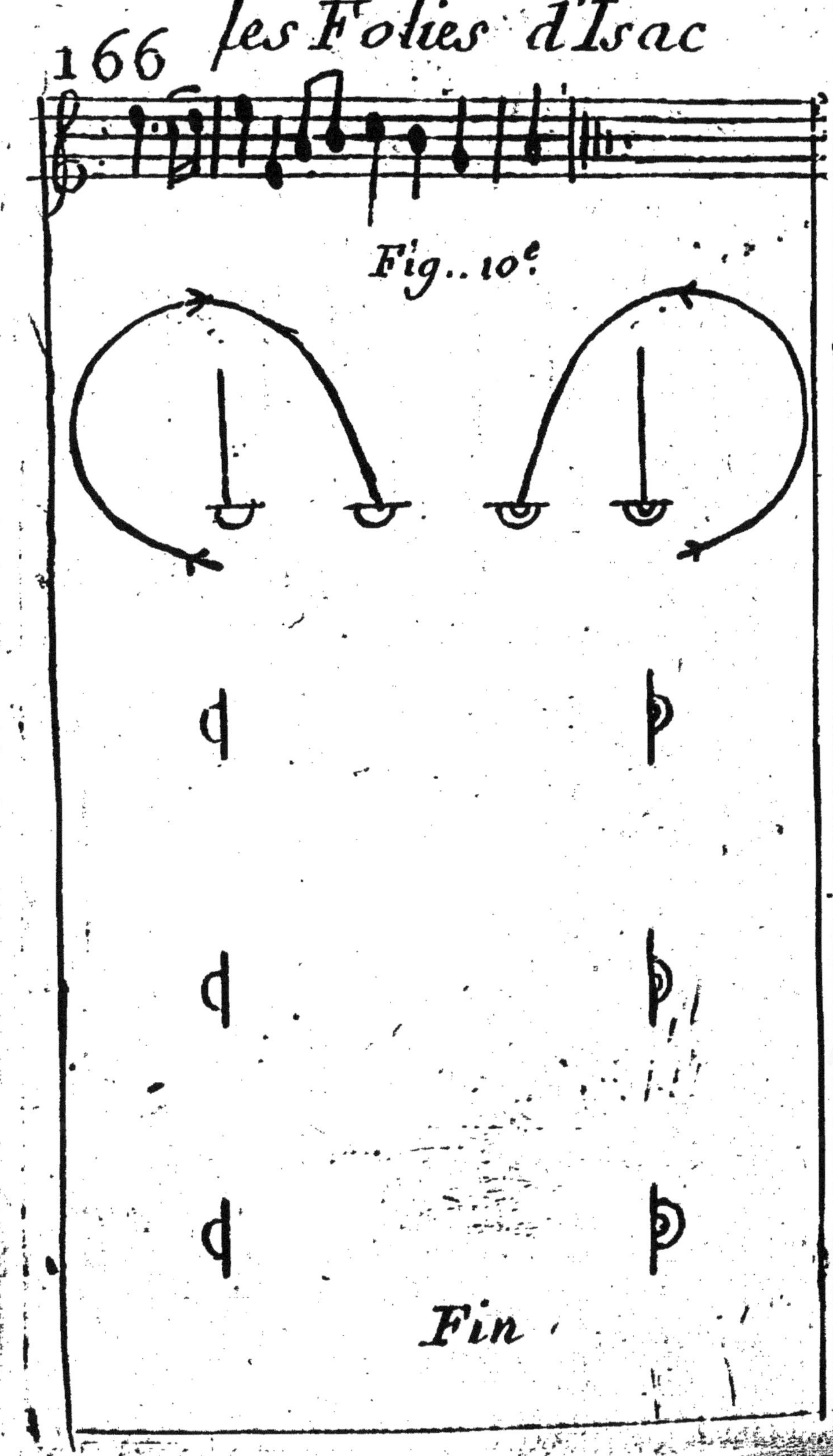
Fig.. 10e
Fin

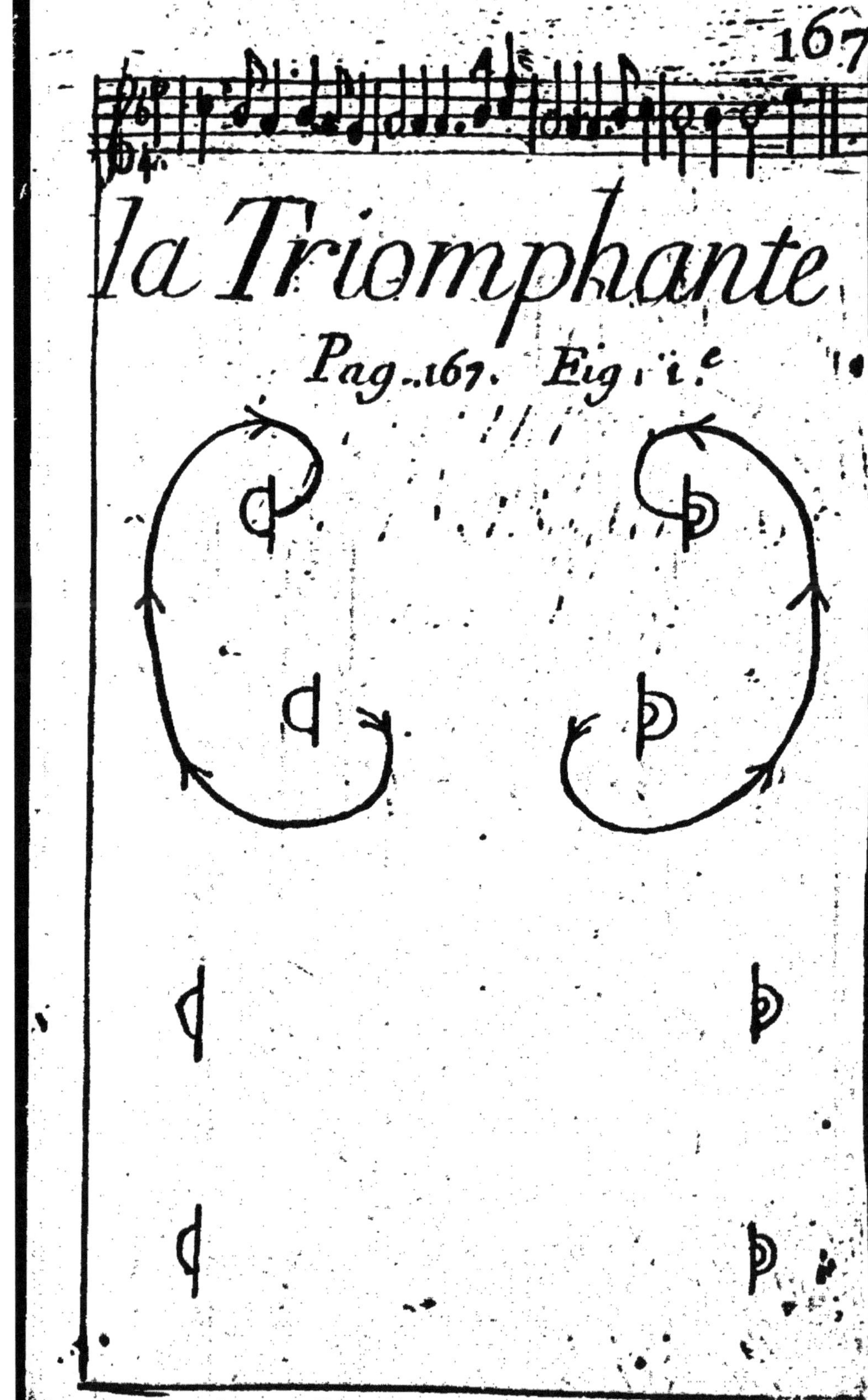
la Triomphante
Pag. 167. Fig. 1.e

la Triomphante

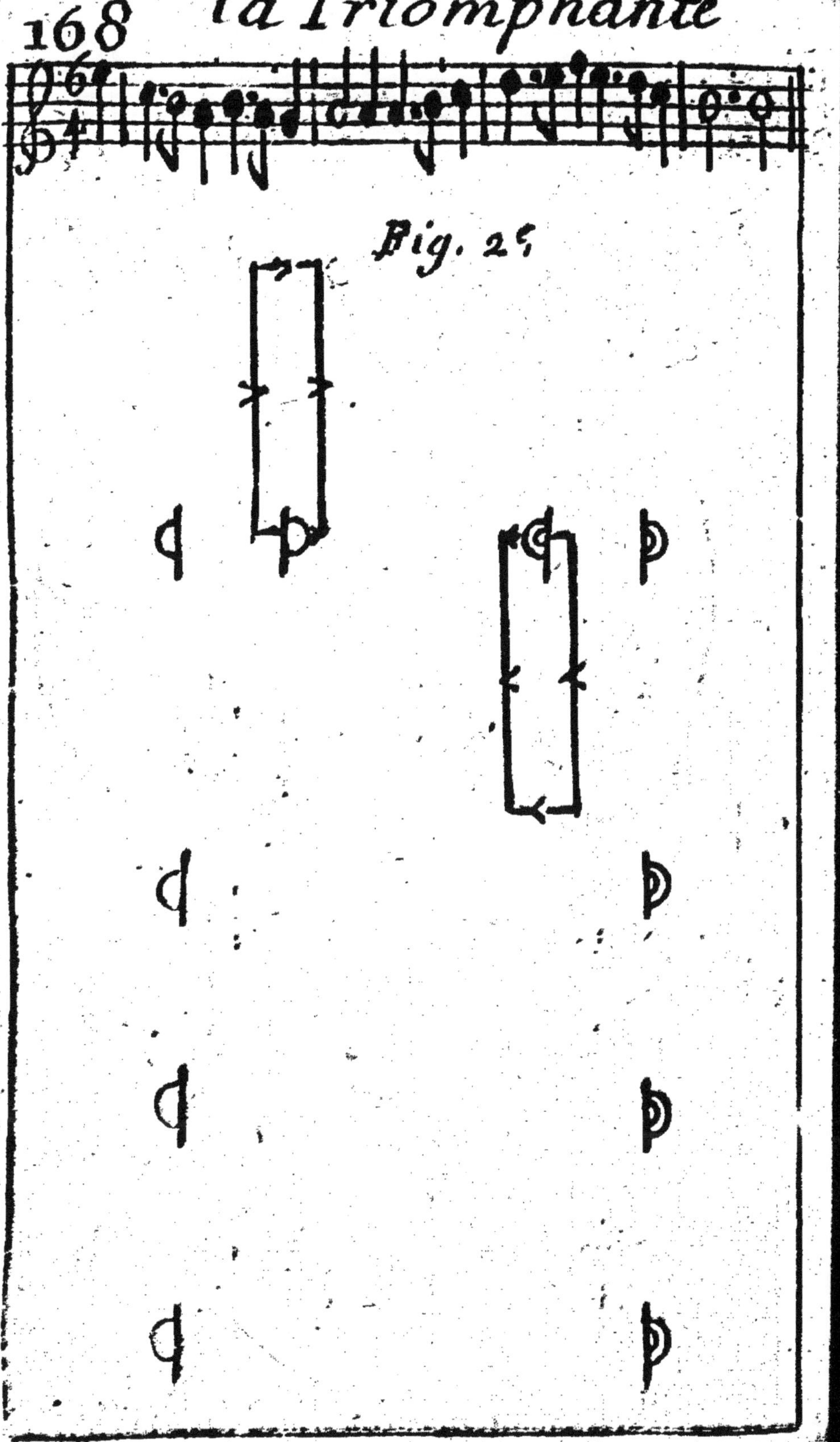

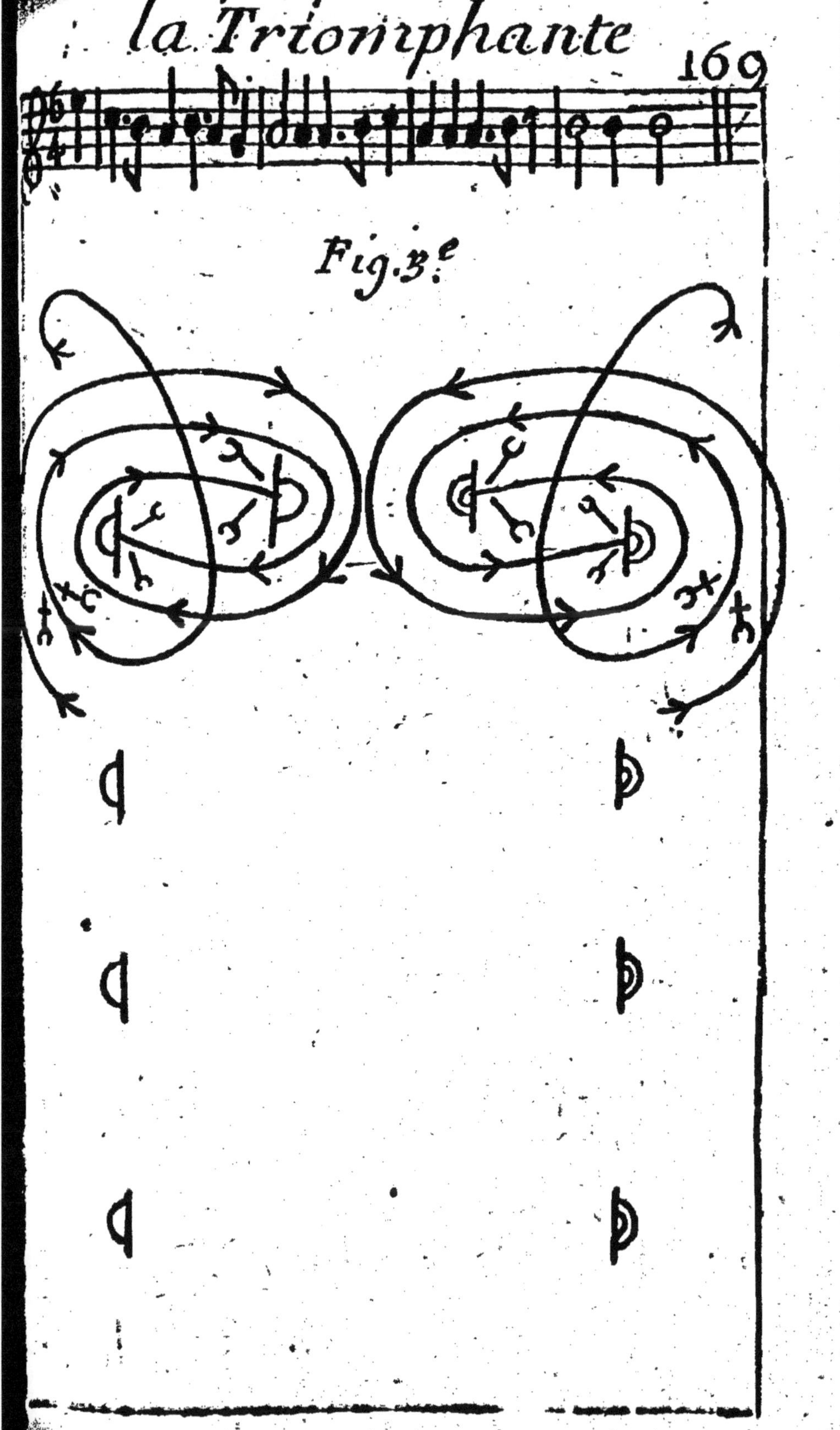
la Triomphante
169
Fig. 3e

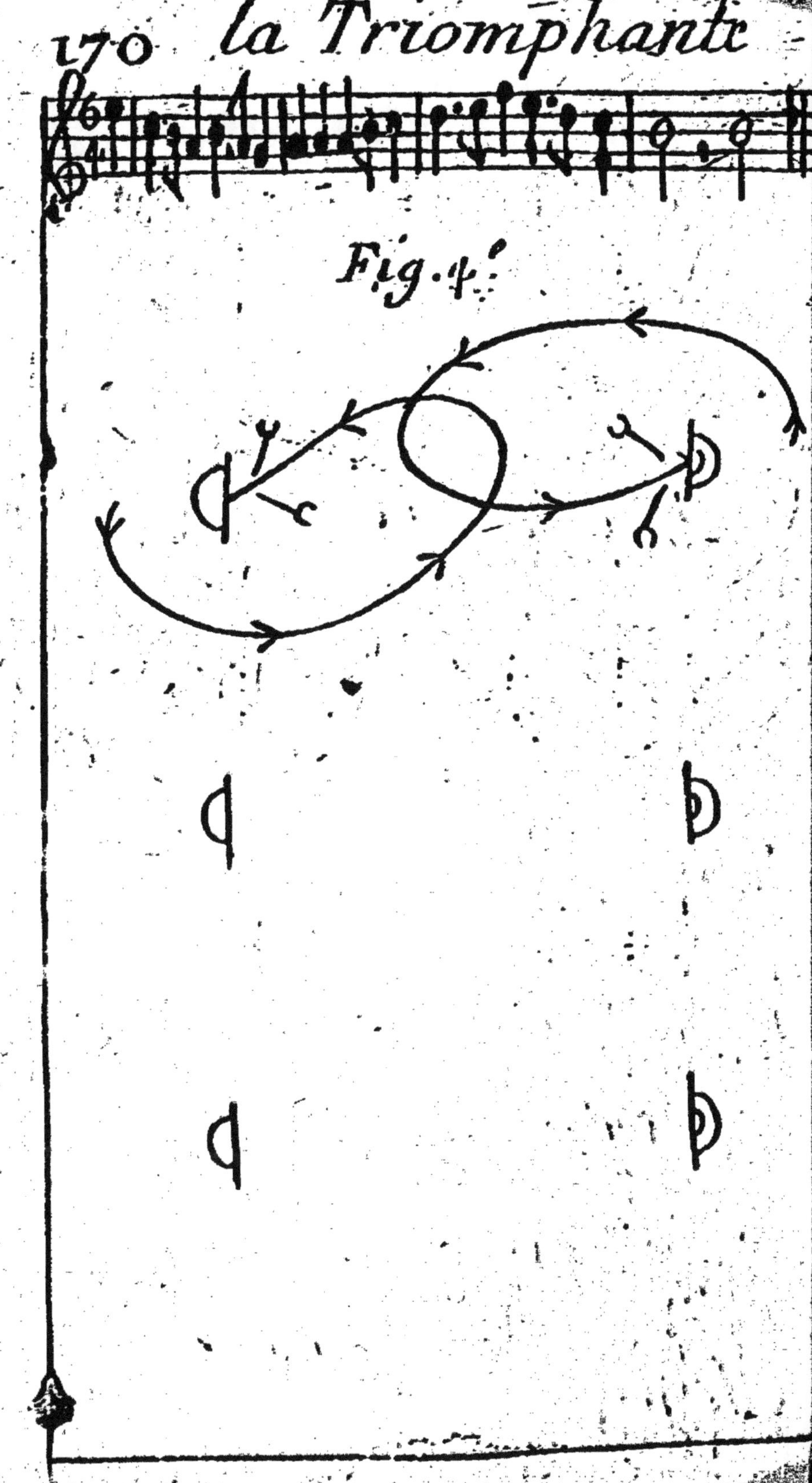
Fig. 4e

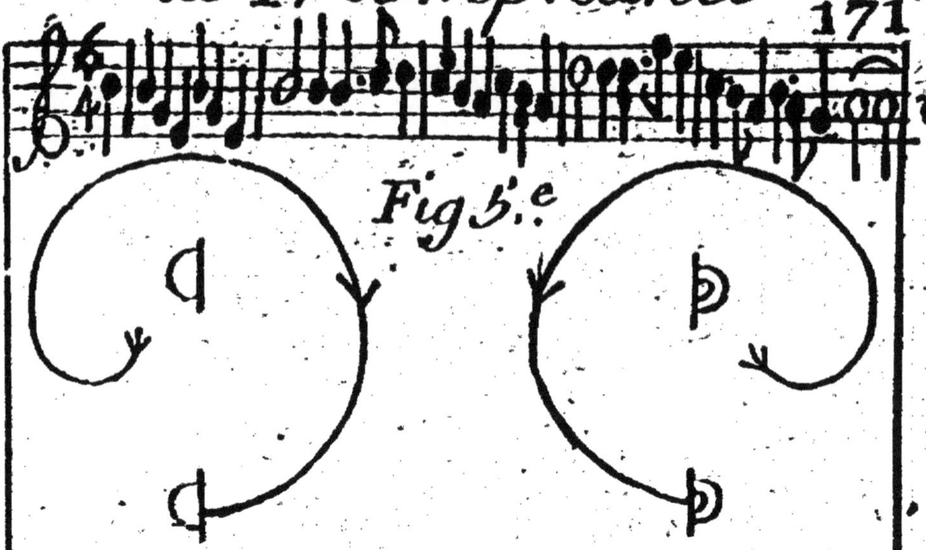

Fig. 5.e

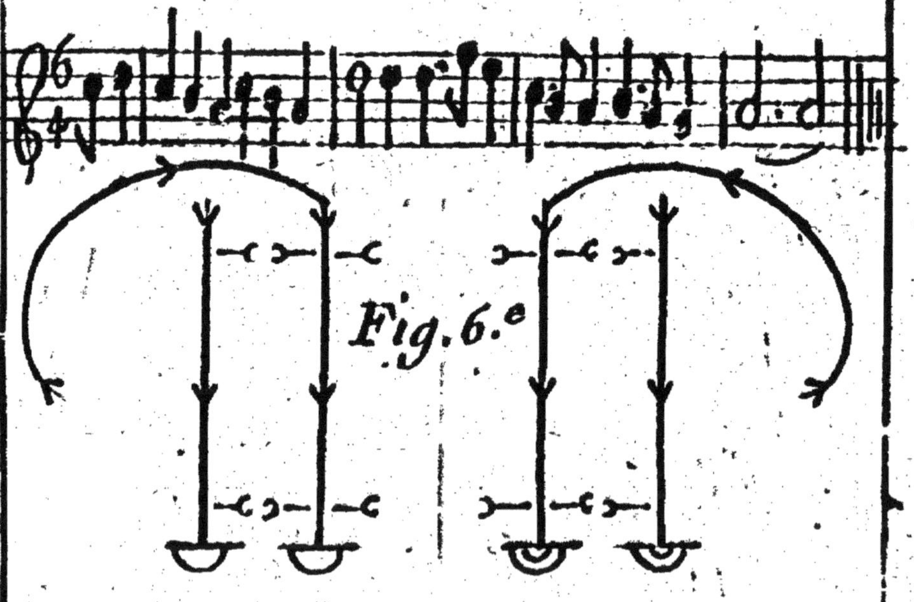

Fig. 6.e

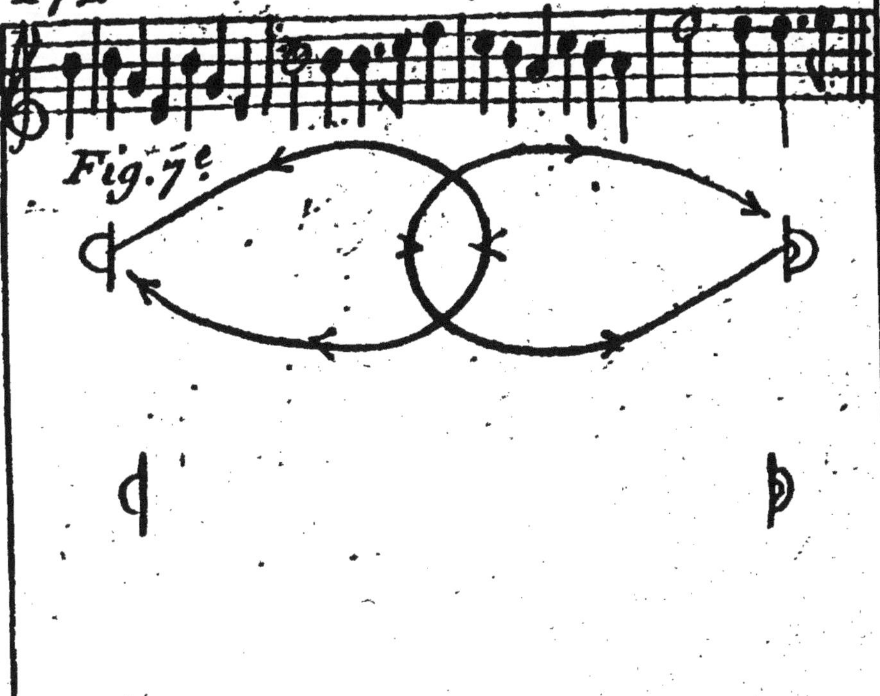

la Triomphante

Fig. 7e.

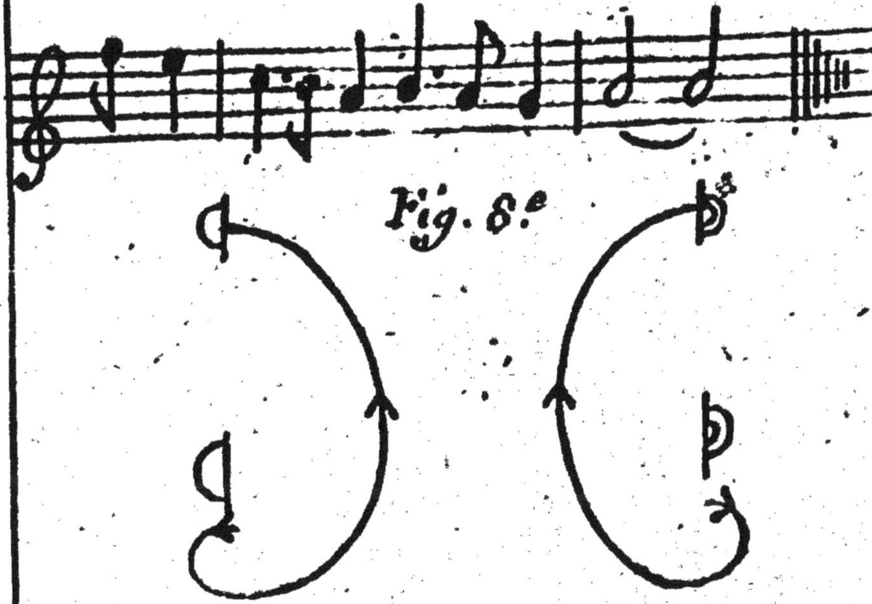

Fig. 8e.

Fin

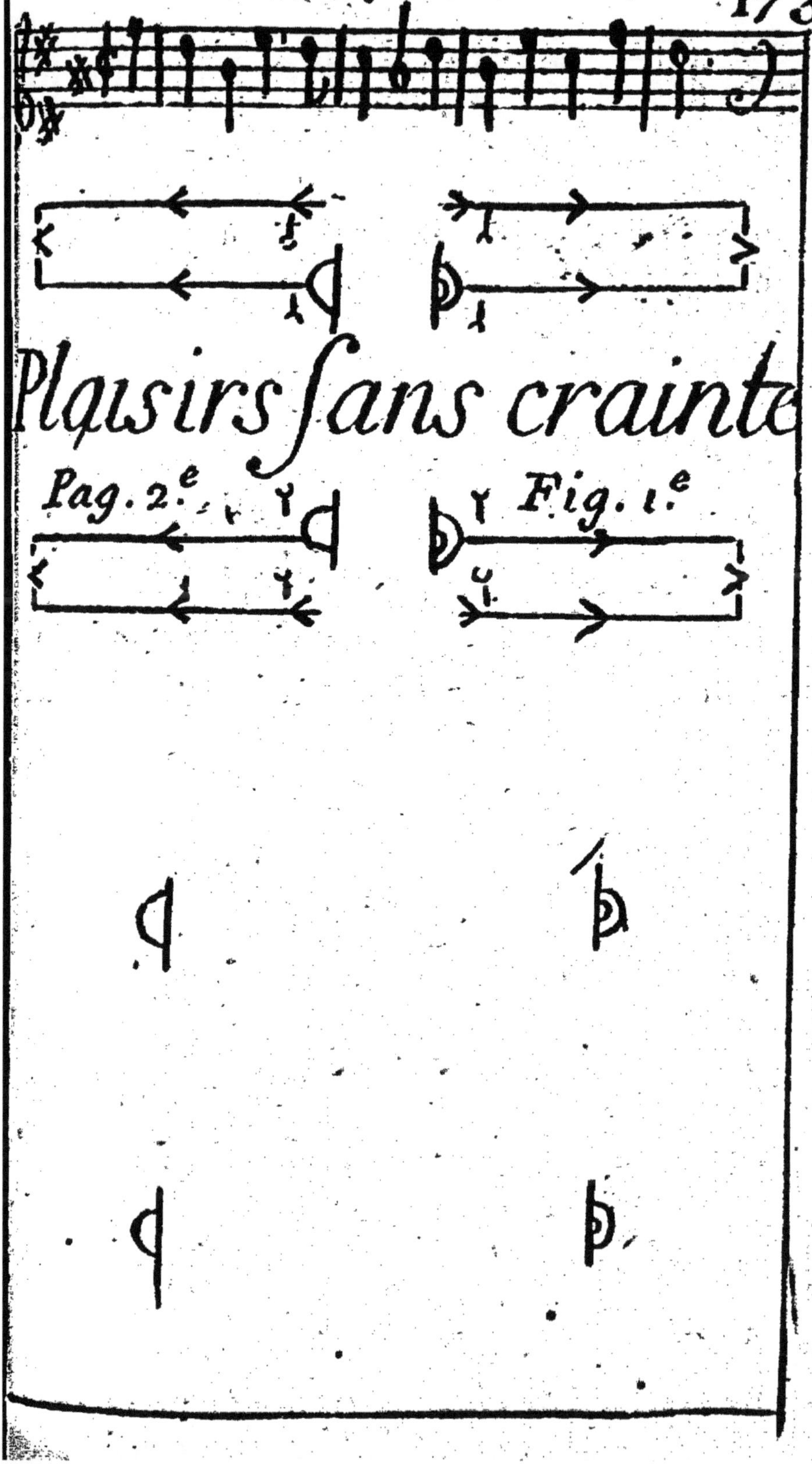

Plaisirs sans crainte

Pag. 2.e

Fig. 1.e

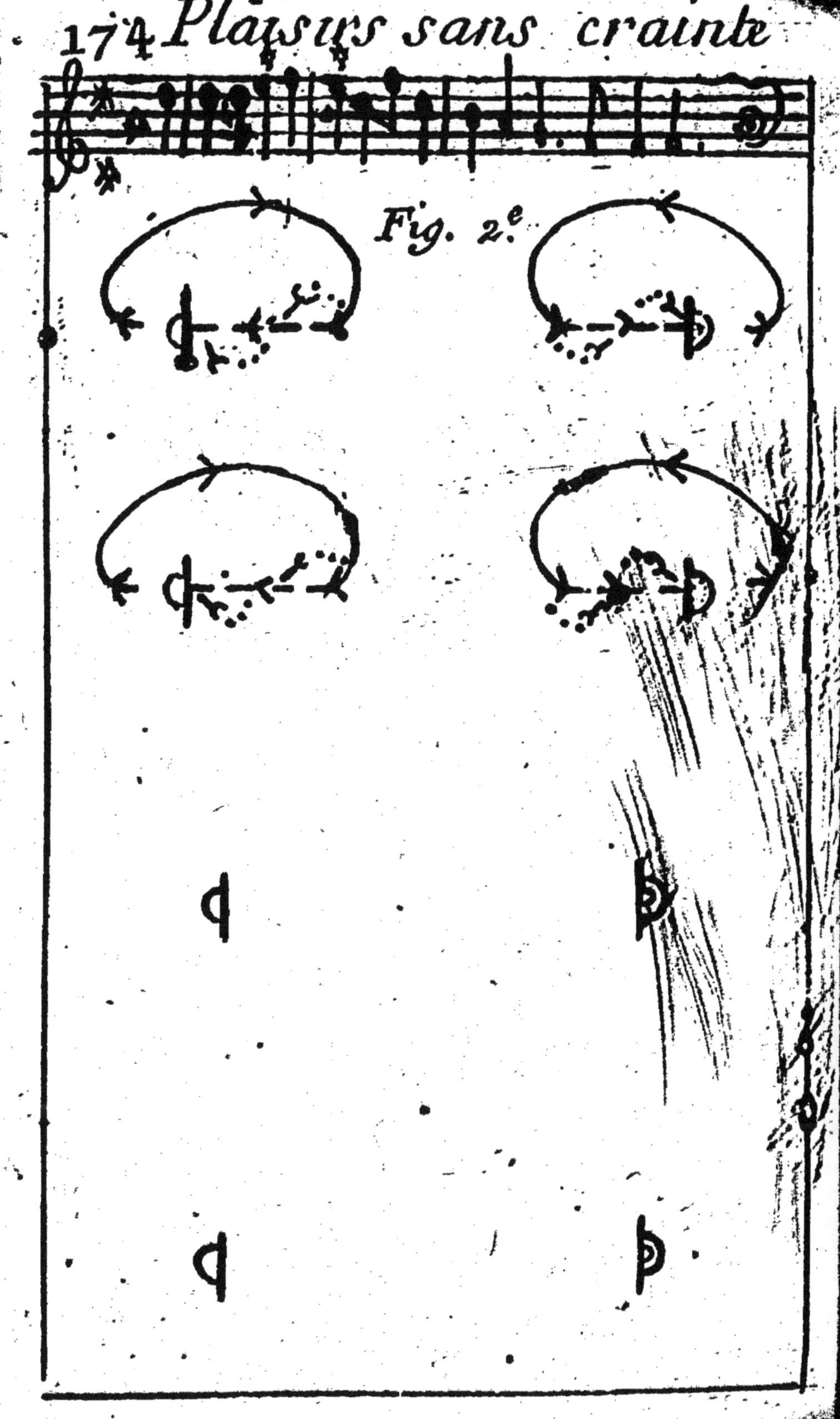
Plaisirs sans crainte
Fig. 2.e

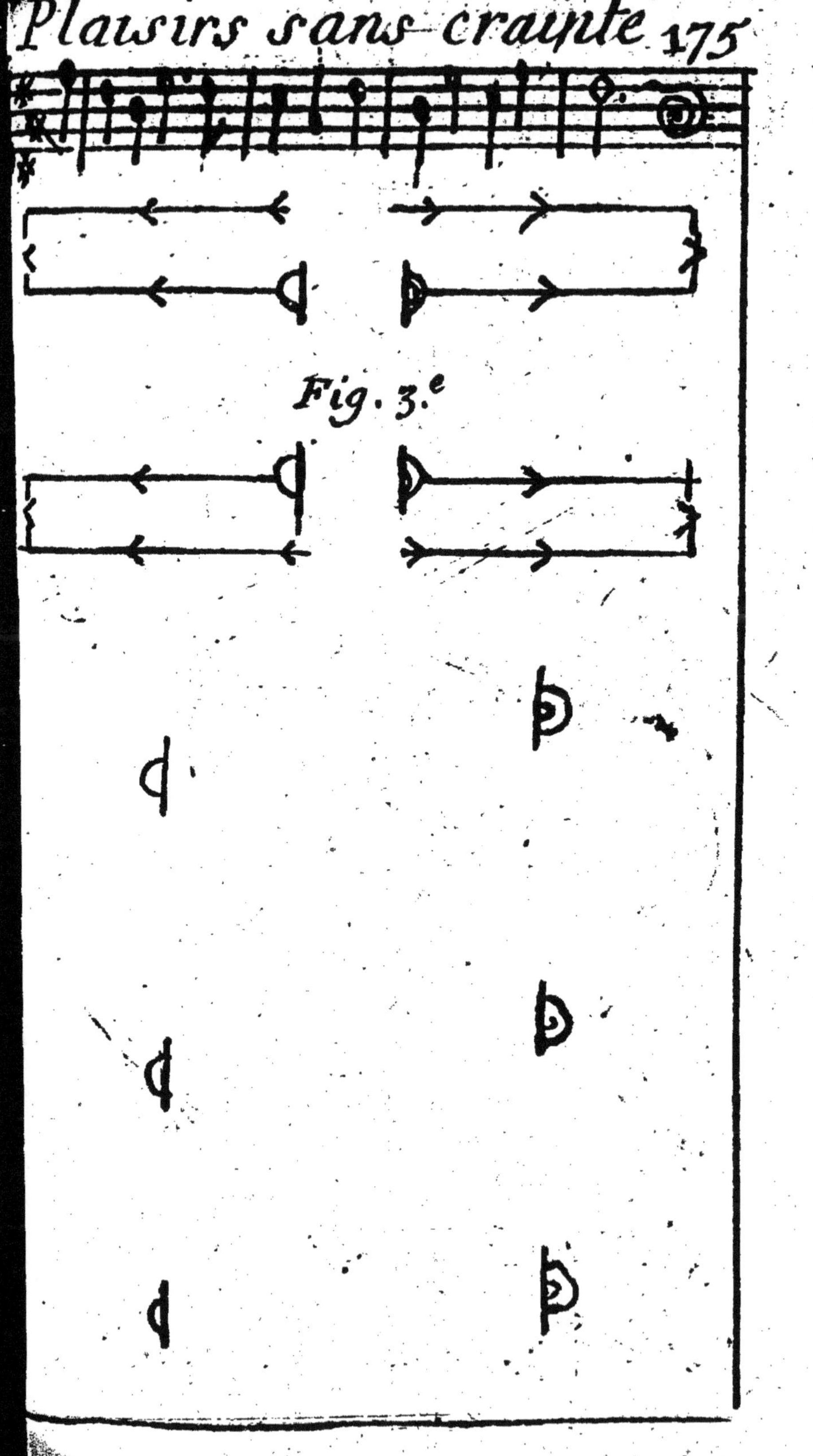

Fig. 3.e

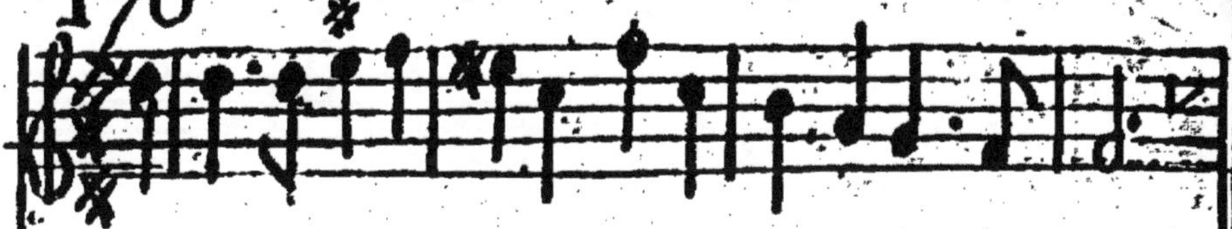

Fig. 4e

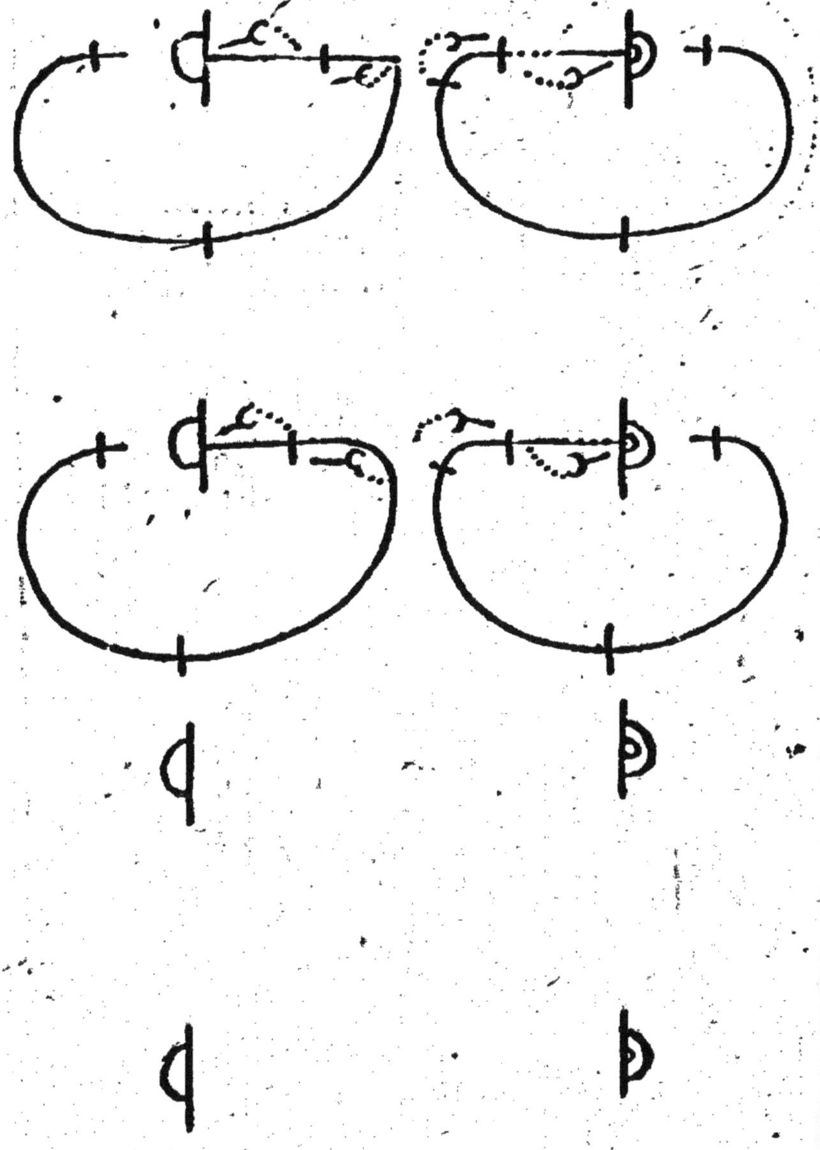

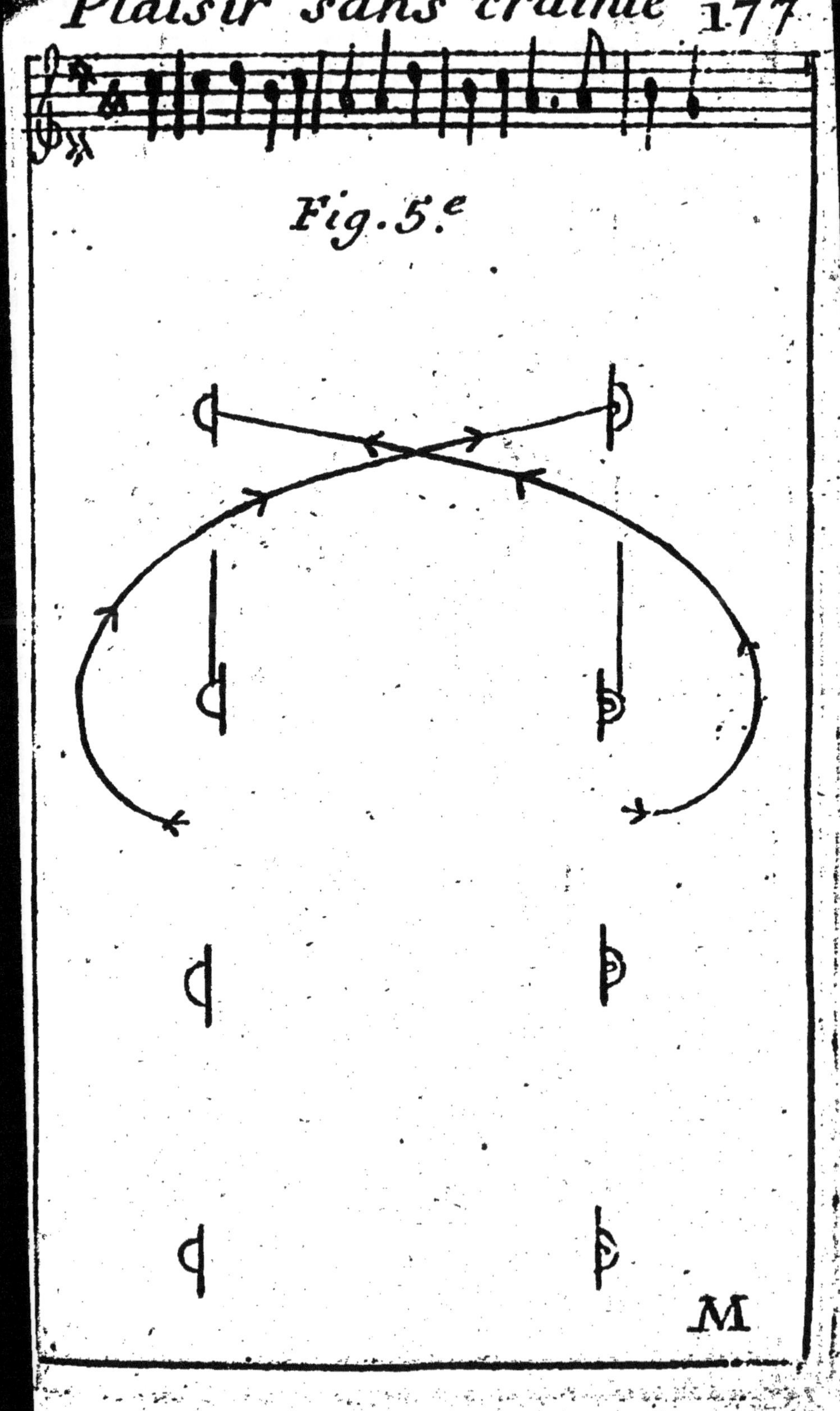
Plaisir sans crainte
177
Fig. 5.e
M

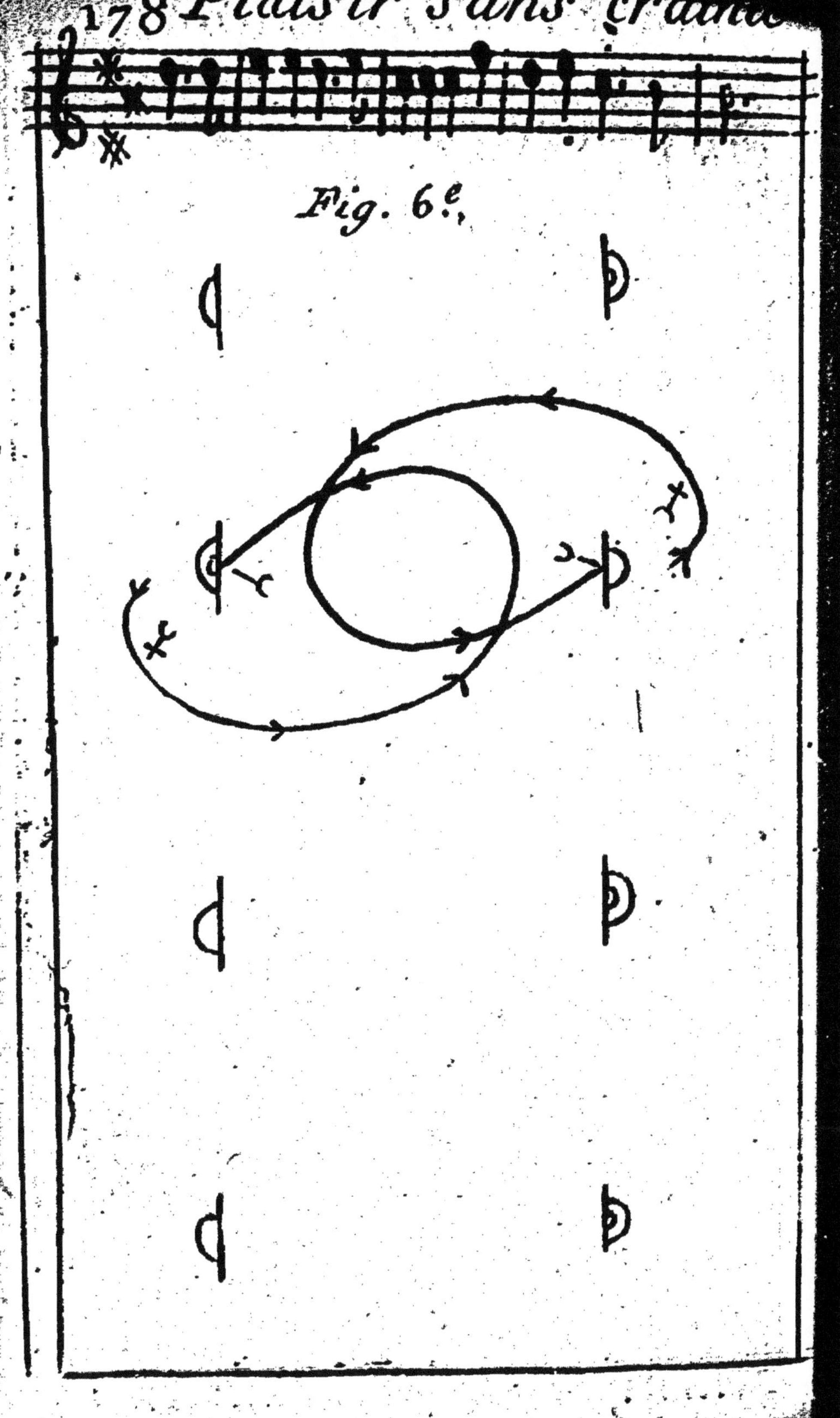
Fig. 6.e

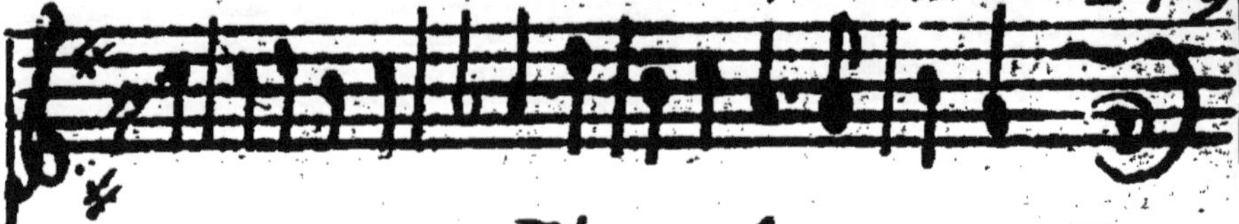

Fig. 7e.

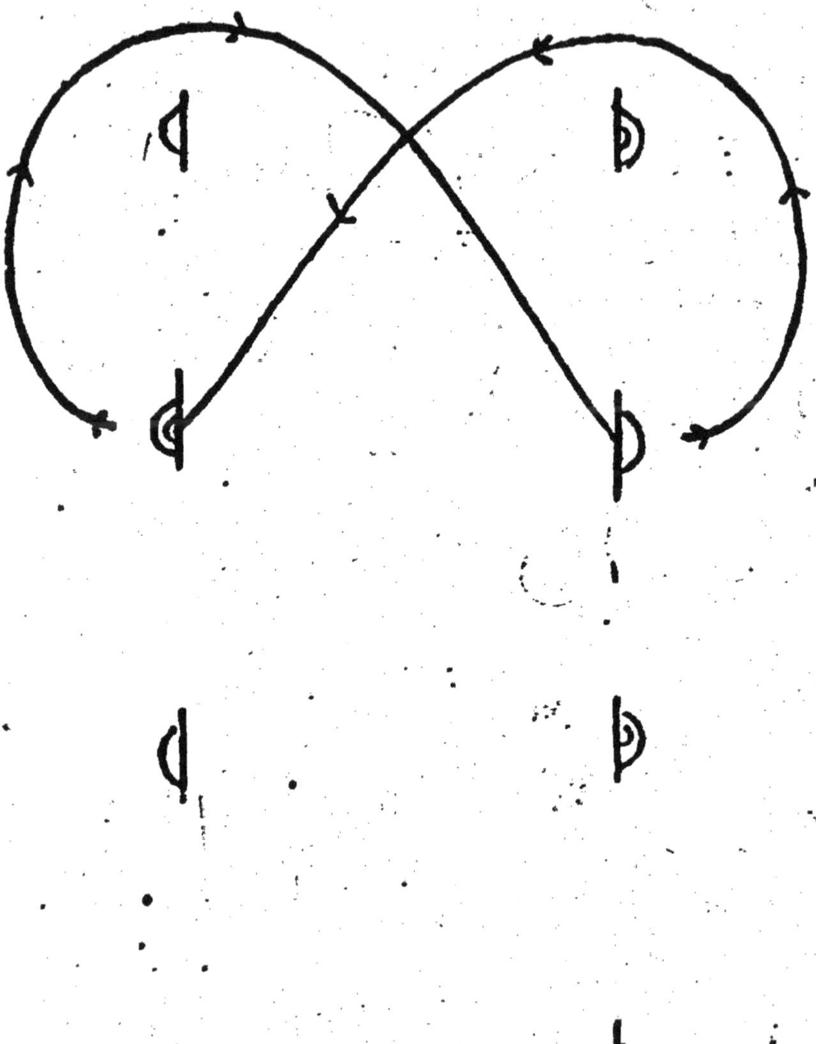

Plaisir sans crainte

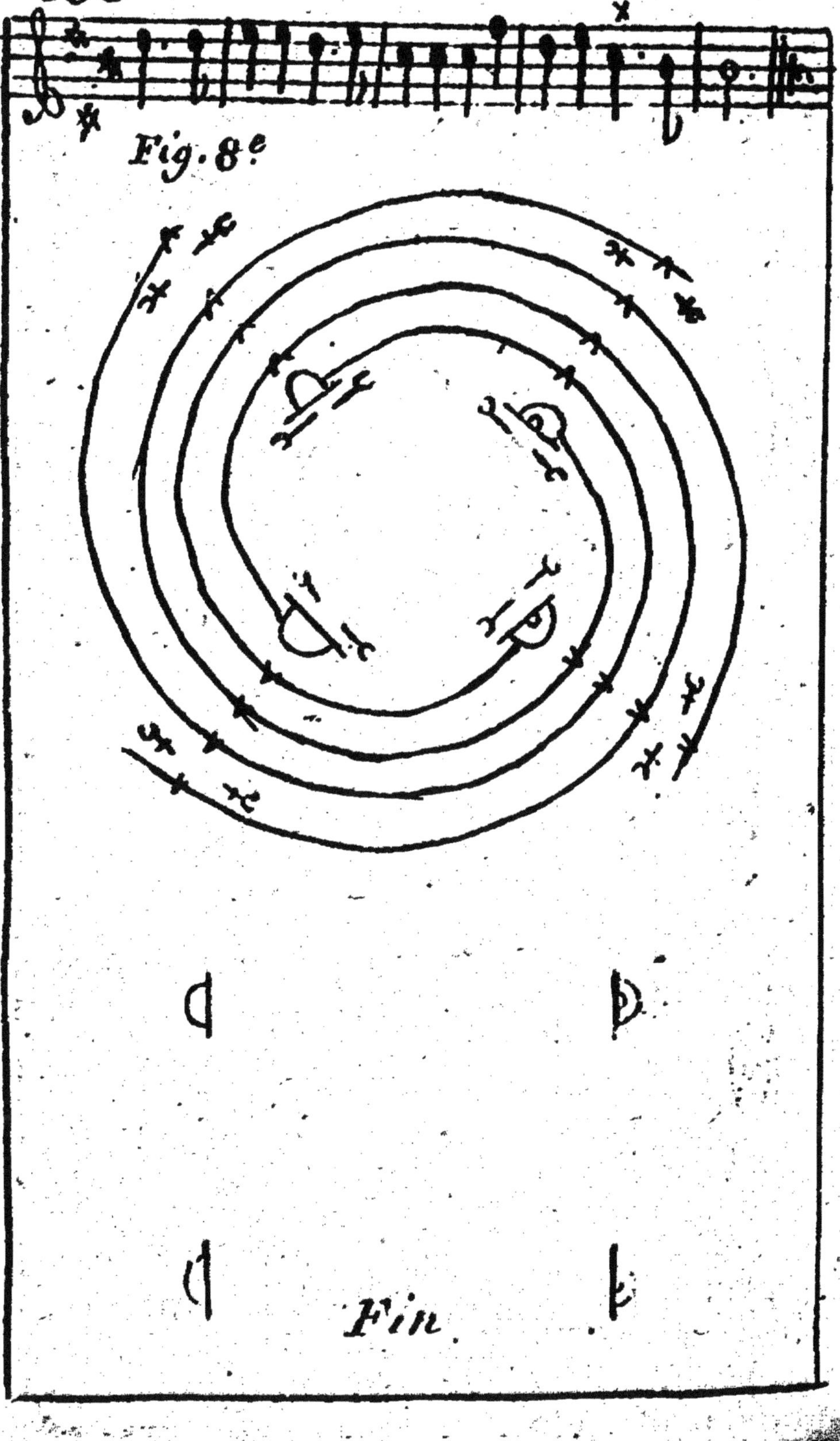

Fig. 8e

Fin

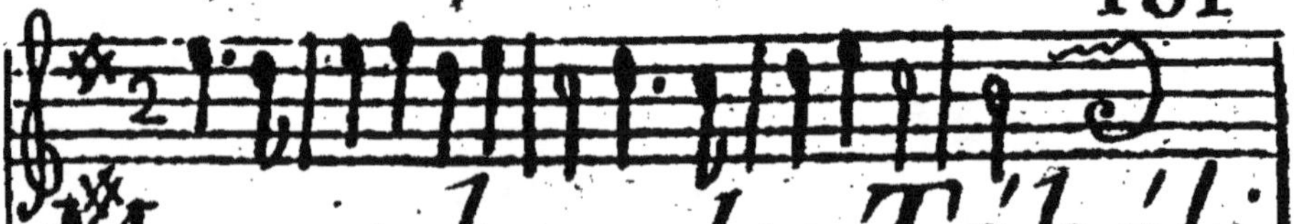

Marche du Tékéli

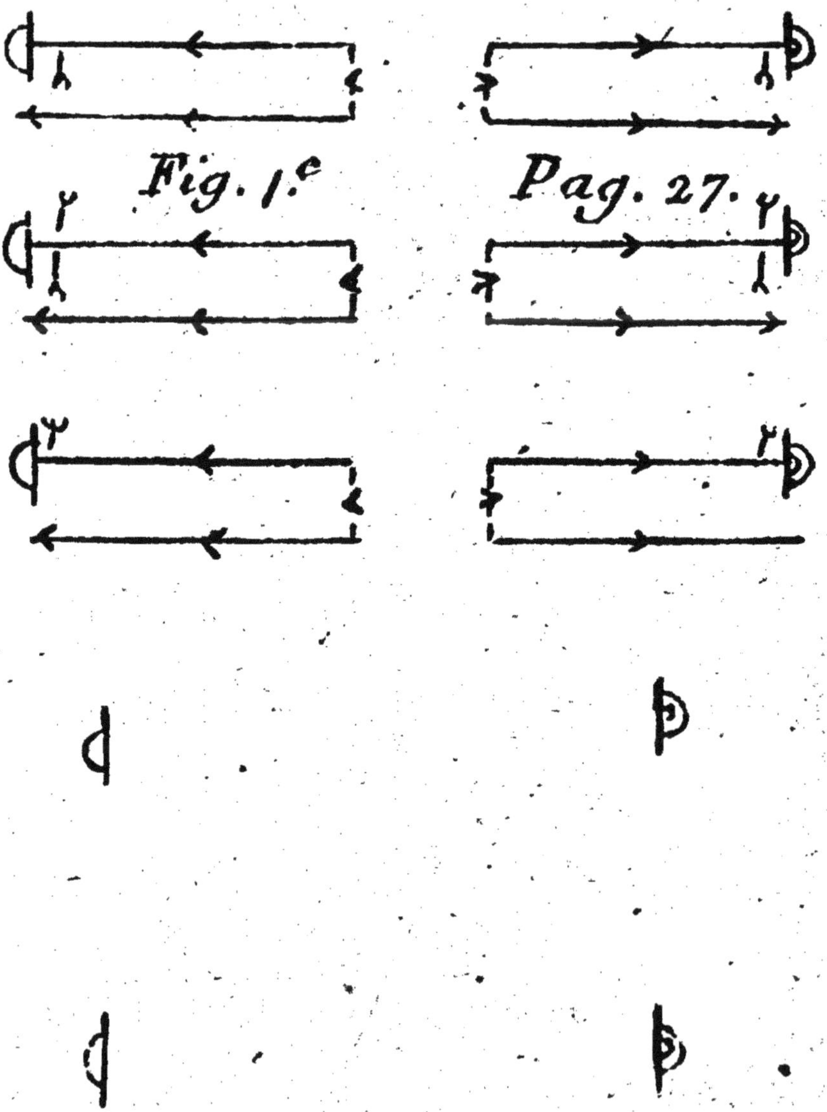

Fig. 1.e

Pag. 27.

Marche du Tékeli

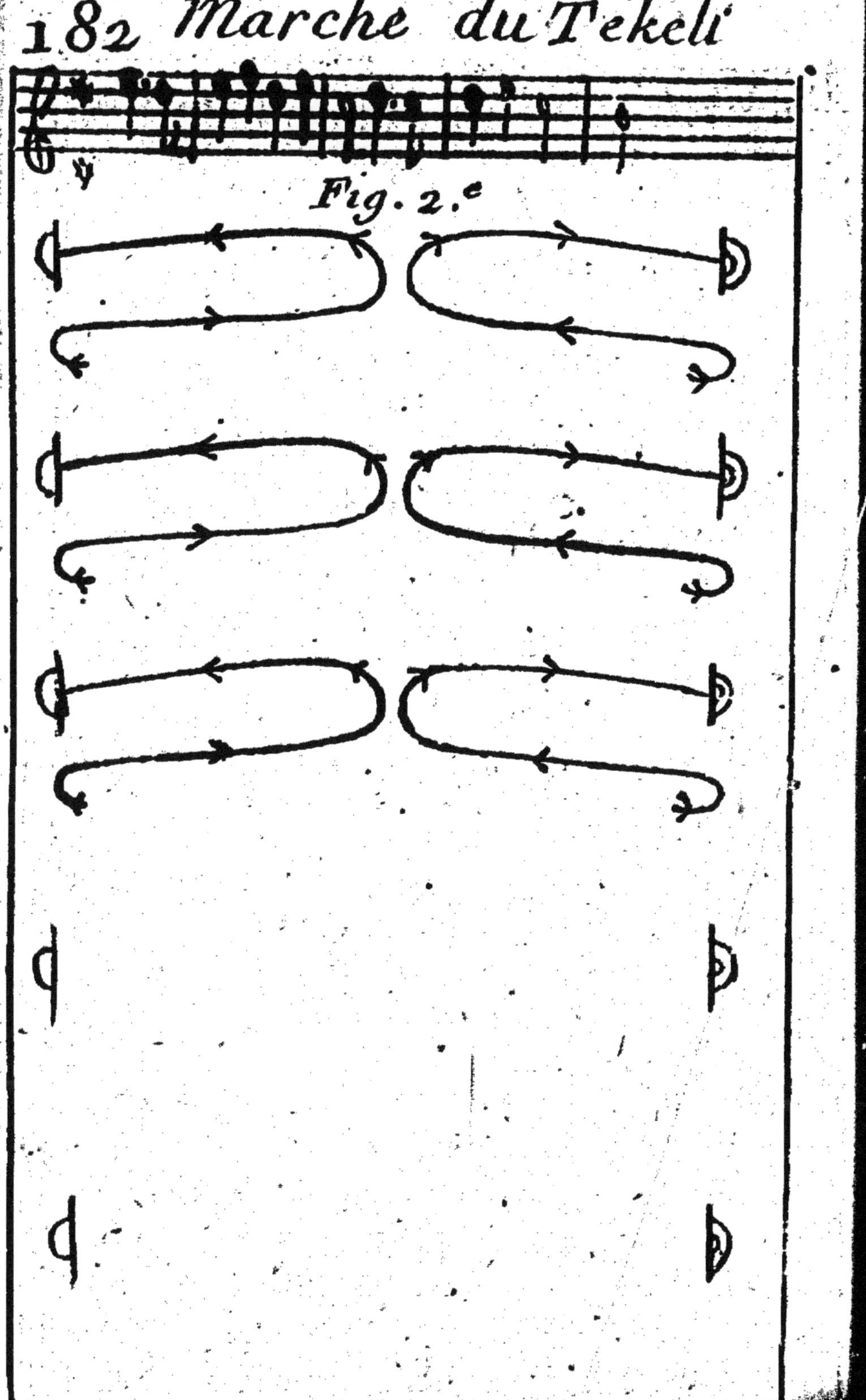

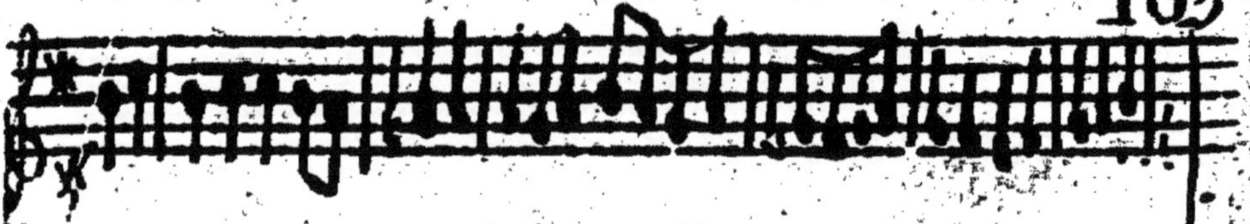

Fig. 3.e

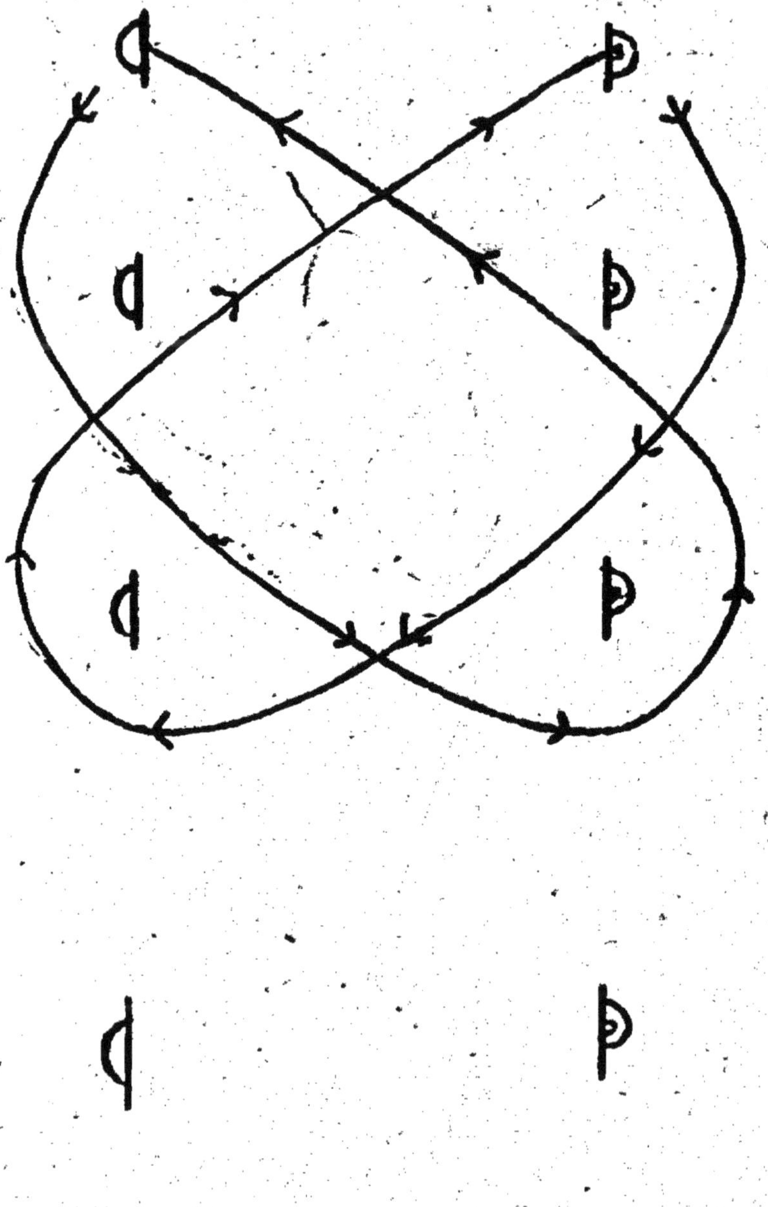

Marche du Tekeli

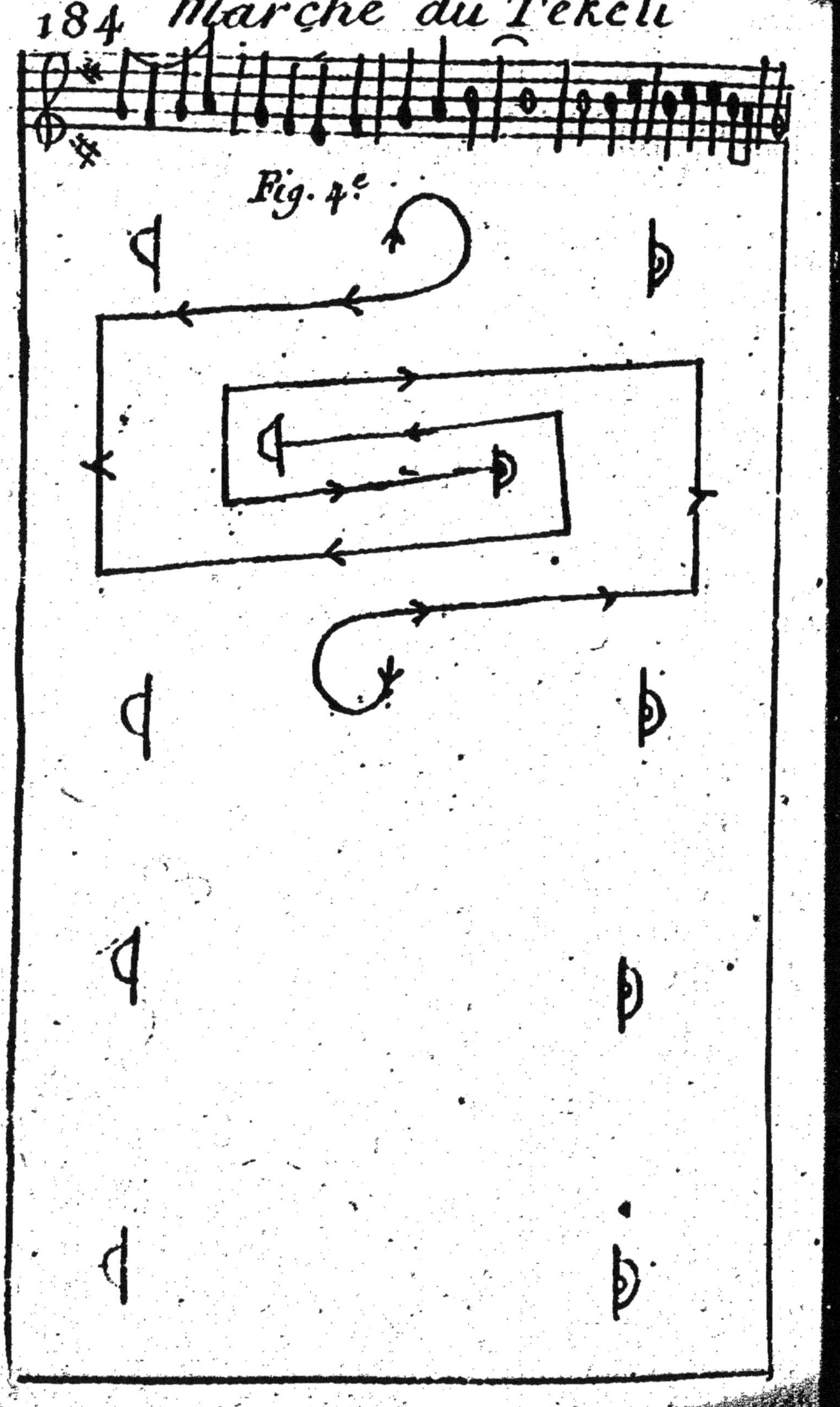

Fig. 4e

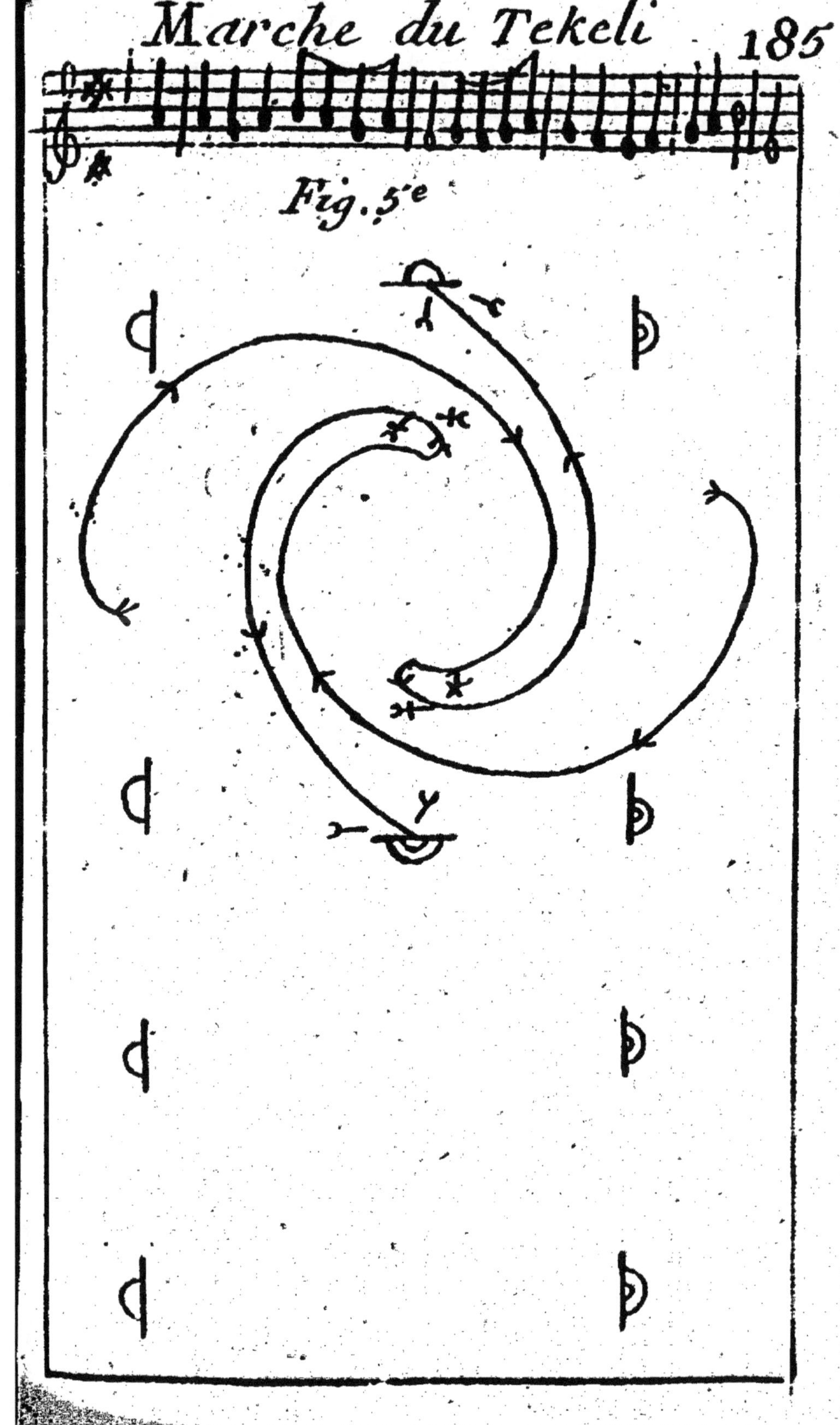

Fig. 5^e

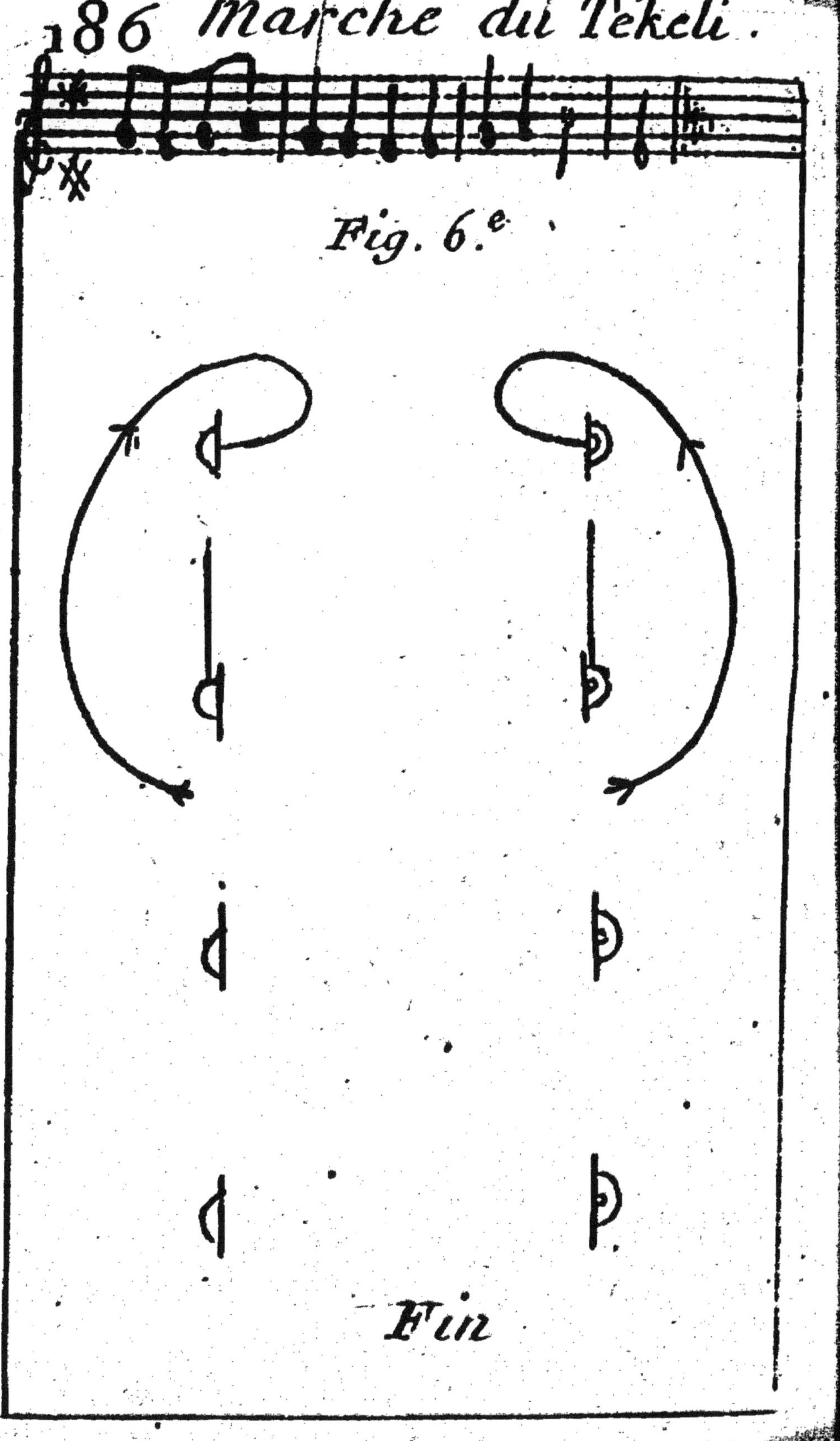
Marche du Tékeli.
Fig. 6.e
Fin

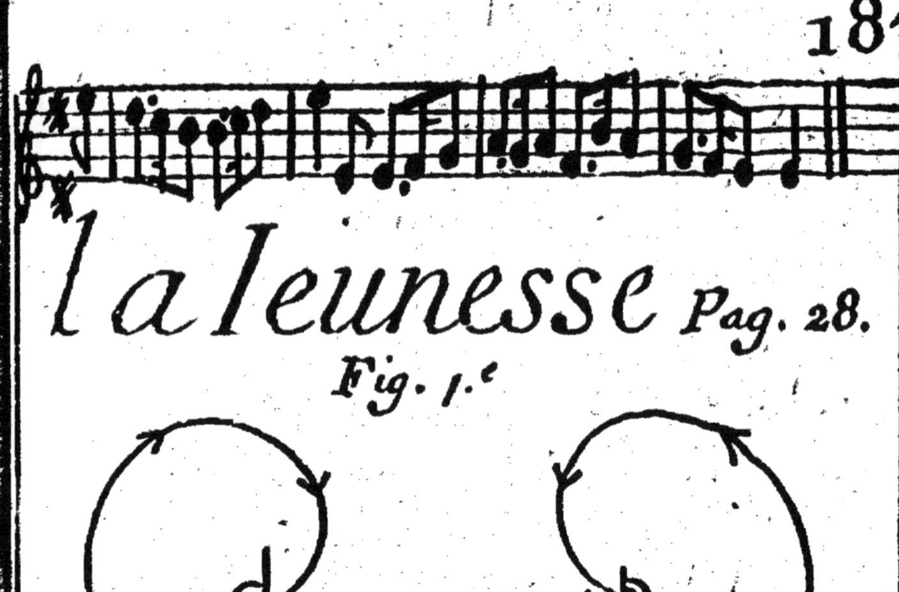
la Ieunesse Pag. 28.
Fig. 1.e

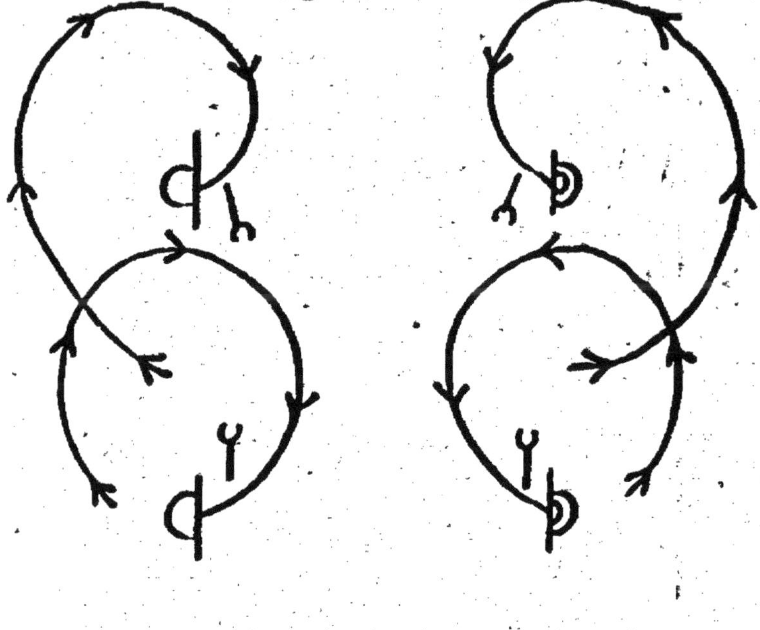

la Ieunesse

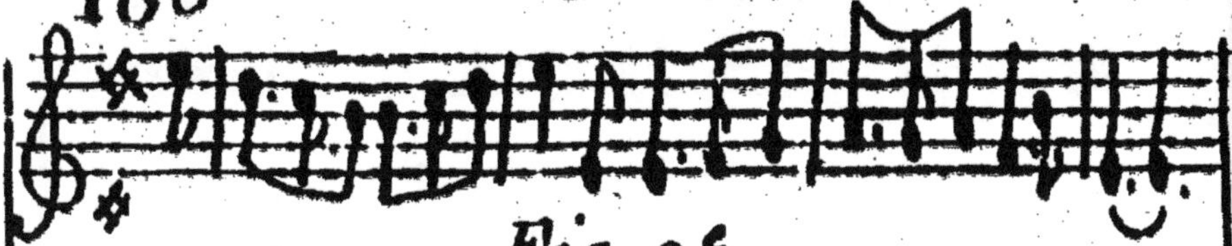

Fig. 2e

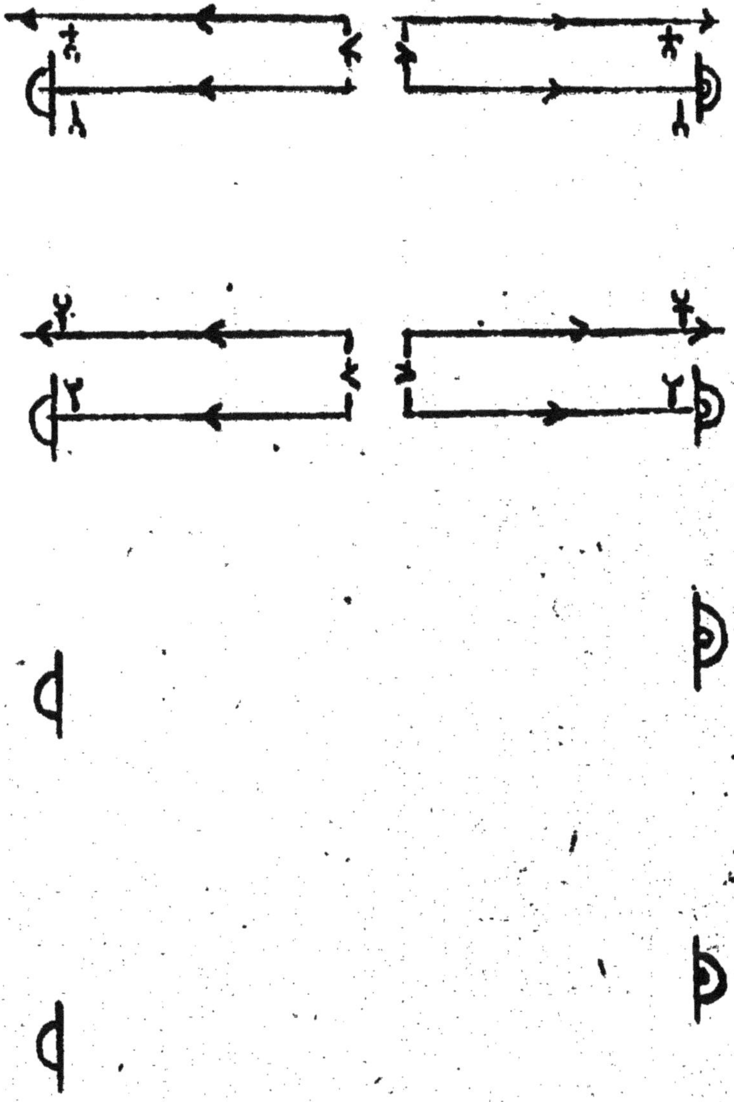

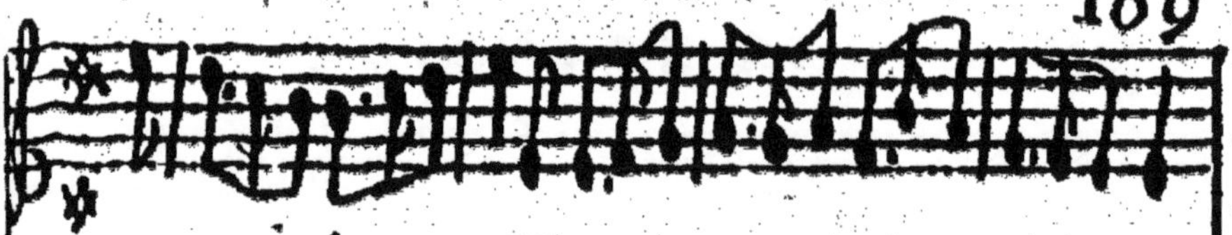

Fig. 3.e

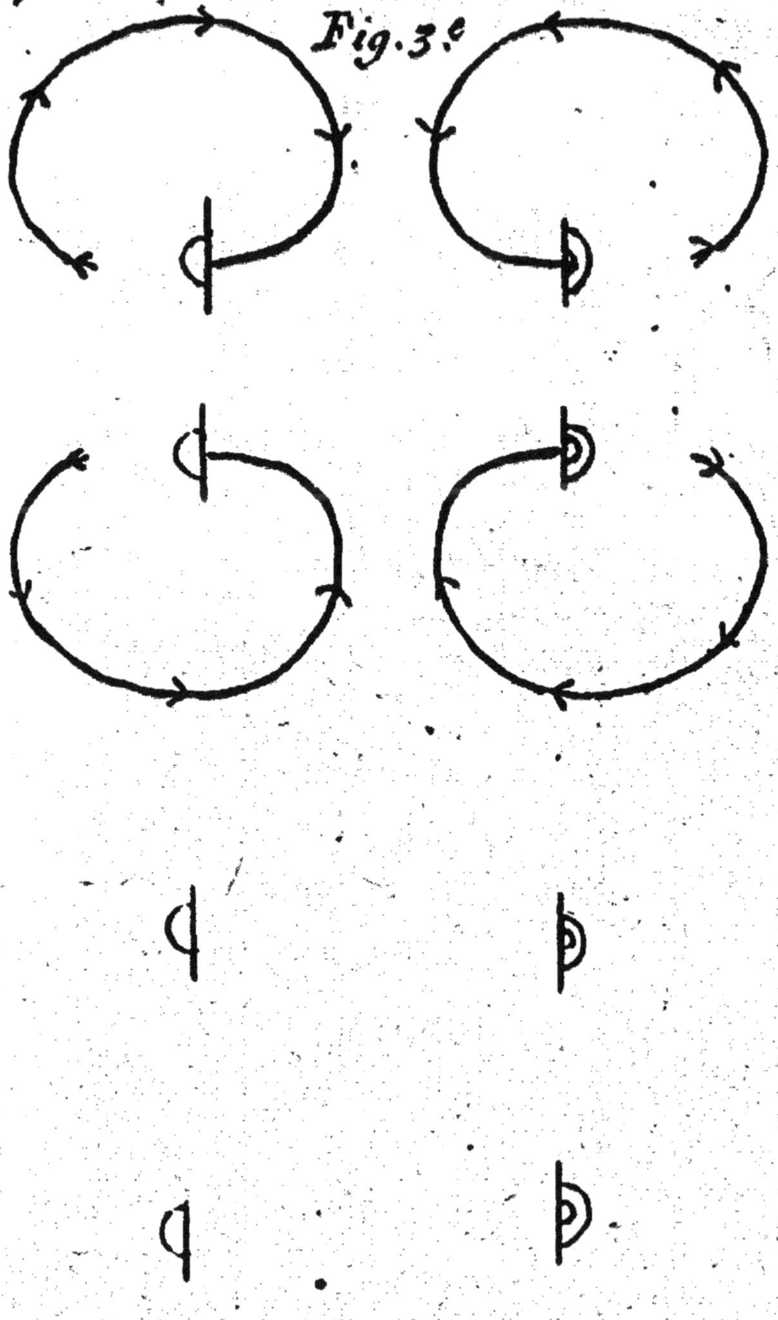

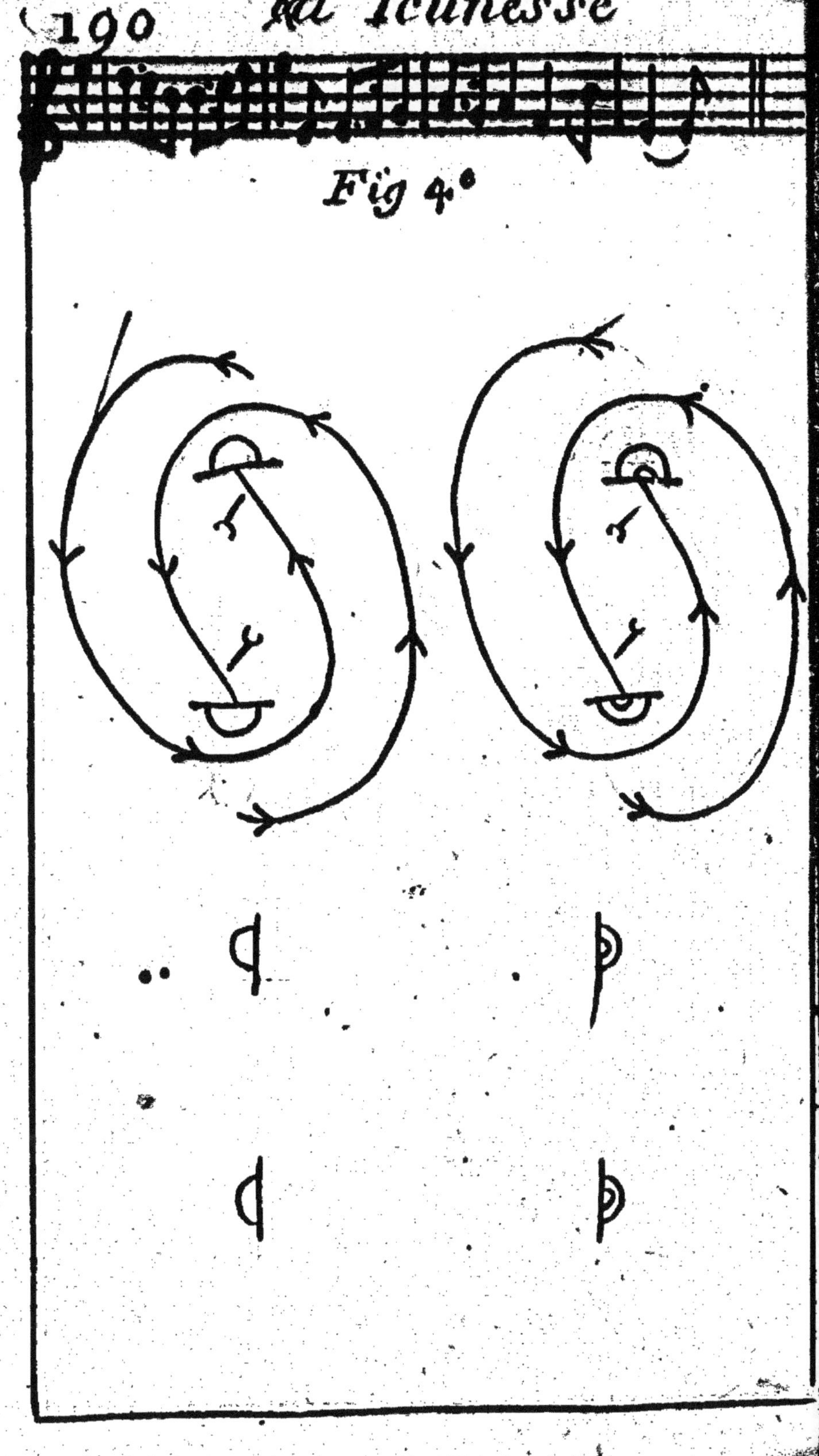
Fig 4e

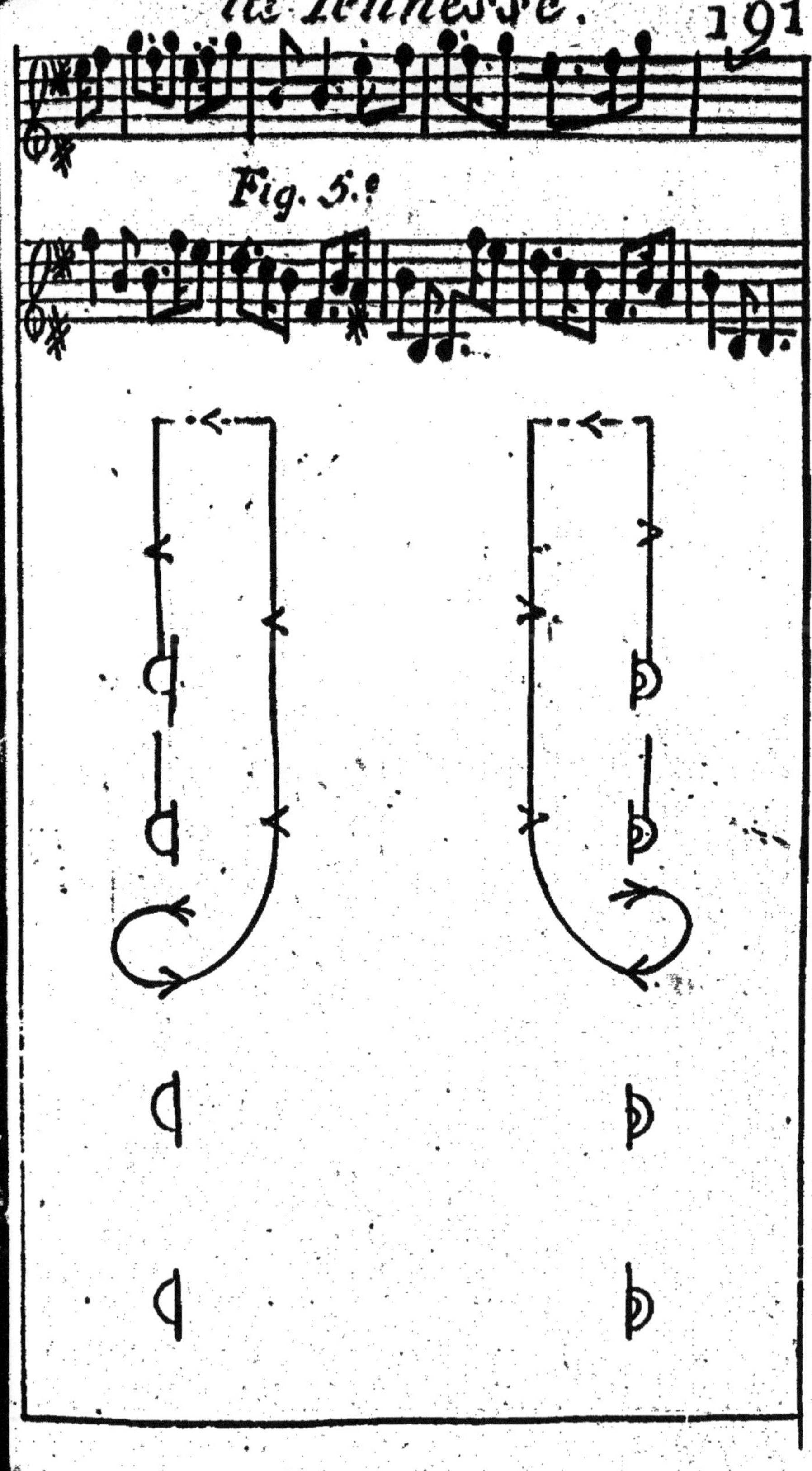
Fig. 5.e

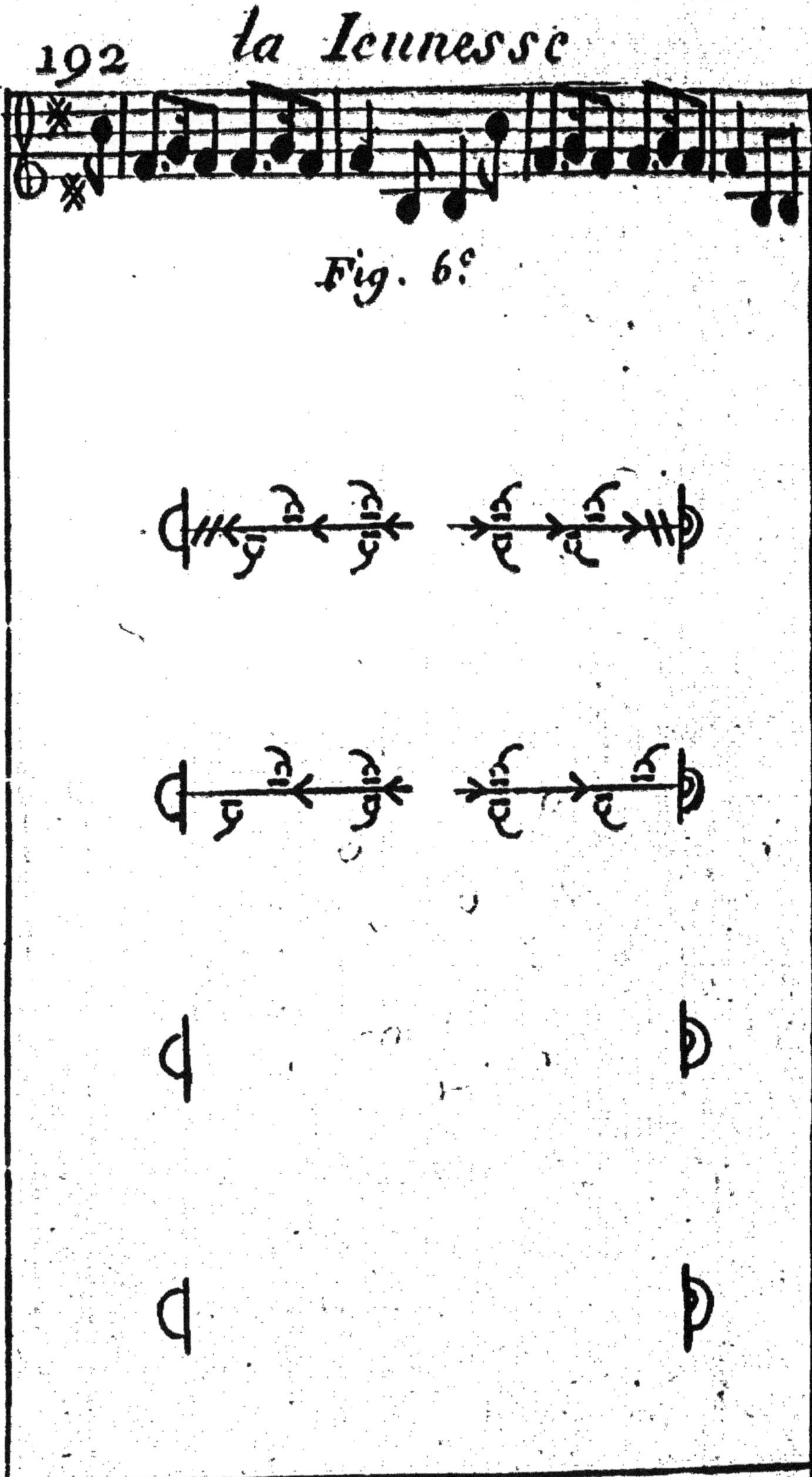

Fig. 6e

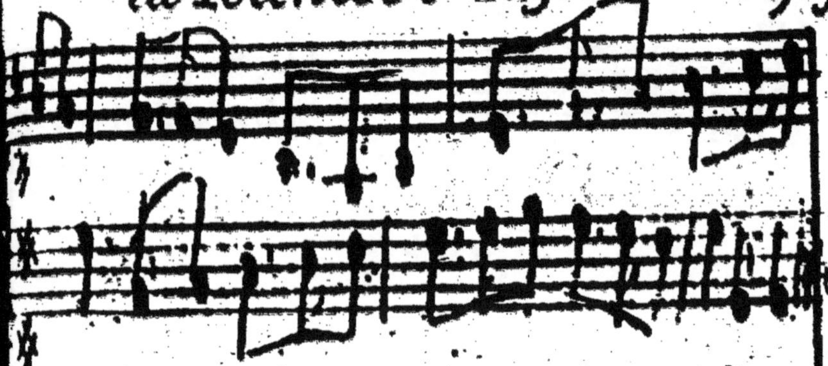

Fig. 7.e

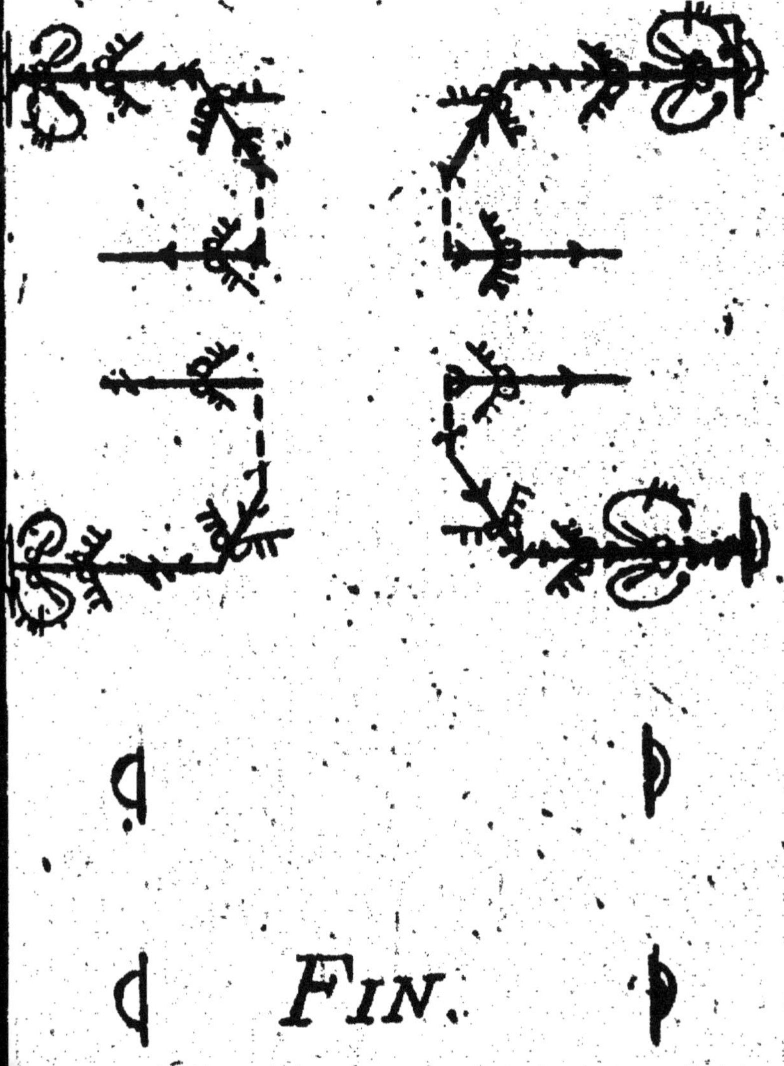

FIN.

TABLE

La Folette.............. Page. 1
l'Alliance. pag..... 9.
la Petitte Ieanneton... pag. 15.
la Badine. pag..... 21
la Charpentier...... pag. 24
la Marechal pag..... 33
la Conty.............. pag. 37
l'Argentine. pag..... 43
Sont des Navets... pag. 53
la Villars. pag..... 58
Madame Robin..... pag. 52
la Samardique. pag..... 70
la Gigue Espagnol... pag. 80
la Baptistine. pag..... 88
le Rigaud d'Angleterre. Pag. 100
ha! Voyés donc pag..... 110
les Mariniers........ pag. 113
la Cribelée. pag.... 119
la Gentilly............ pag. 124
la Victoire. pag..... 131
Milord Biron......... pag. 139
l'Emper dans la lune. pag.... 149
les Folies d'Isac........ pag. 157.
la Triomphante. pag.... 167.
Plaisirs sans crainte.. pag. 173.
Marche du Tékeli. pap..... 181.
la Ieunesse.............. pag. 187.

xtrait du Privilége du Roy.

Par grace et Privilége de sa Majesté
onné a Paris le 22. Aoust 1699.
t confirmé par Arrest contraditoire
u 28. Juillet 1704. et prorogé le 29.
oust 1705. Il est permis au S.r DEZAIS
aître, et Compositeur de Dance de
ire graver ou imprimer, vendre
t debiter dans tout le Royaume
utes sortes d'ouvrage de Dance
nt de sa composition, que de celles
s autres Auteurs, pendant ledit
ms de son privilége, Avec def=
nses à tous graveurs Imprimeurs
t a toutes personnes de quelqu'
ualitez et conditions quelles soient
entreprendre d'en graver, impri=
er, vendre ni débiter sans la per
ission exprès et par écrit dudit
ieur exposant ni de se servir d'
ucuns de ses caracteres a peine
de trois mil liures d'amande la
onfiscation des exemplaire contre=
aits et en tous les dépens dom=
ages et interets ainsi qu'il est
orté plus au long par les dites
ettres de privilége.

Ceux qui auront besoin des principes ou Dictionnaire des Contredances les trouverront dans le premier Recüeil de l'Auteur

Le Public est averty d'affranchir les ports de lettres sans cela elle ne Seront pas receüe.

www.ingramcontent.com/pod-product-compliance
Ingram Content Group UK Ltd.
Pitfield, Milton Keynes, MK11 3LW, UK
UKHW012215240726
13966UKWH00003B/763

9 782012 744356